고전 텍스트와 한국어 문화 교육

전 북 대 학 교
교과교육연구총서 11

고전 텍스트와 한국어 문화 교육

김미진

역락

발간사

　이 시대 교육의 중요성에 대해서는 다시 강조해도 부족함이 없을 듯합니다. 우리 전북대학교 사범대학은 지역사회와 나라를 대표하는 교육 연구와 실천의 요람으로서 나름의 역할을 충실히 해왔음을 자부합니다. 그동안 안으로는 학문적으로 교육의 이론을 세우고, 밖으로는 이를 실천하는 우수한 선생님들을 수없이 배출해 온 역사가 이를 잘 보여준다고 믿습니다. 그러나 하루가 다르게 변화하는 교육 현실은 우리에게 또 다른 도전을 요구하고 있습니다.

　특히 그동안 광범위한 영역에서 교과 교육은 있어 왔으나, 이에 관한 이론 수준의 연구가 부족했던 것이 사실입니다. 이에 우리 전북대학교 교과교육연구소는 이런 학계와 교육계의 반성을 바탕으로 교과 교육 방면의 지식 체계를 구조화할 수 있는 이론의 개발에 노력하기로 했습니다. 교과교육연구총서의 발간과 보급은 이를 뒷받침할 수 있는 사업의 하나로 기획된 것입니다.

　이론 없는 실천은 공허하기 쉽습니다. 우리의 궁극적 목표는 교육 현장에서 이루어지는 것이지만, 이를 위해서는 치열한 이론 탐구가 전제되어야 합니다. 이론 제시가 토론을 낳고, 토론의 결실이 현장에 반영되고, 다시 그 결과가 이론 연구에 영향을 주어야 합니다. 학교 현장에서의 교육은 교과 교육의 형태를 띠고 있습니다. 때문에 교과 교육에 대한 이론적 연구는 어떤 연구보다 우선시되고 중요하게 여겨져야 할 것입니다. 우리 전북대학교 교과교육연구소는 앞으로도 이 점에 역점을 두고 여러 사업을 진행해 나가고자 합니다.

우리 연구소의 노력이 총서의 형태로 결실을 맺기까지는 집필에 참여해주신 연구자 여러분은 물론이거니와, 많은 분들의 헌신적인 노고가 깃들어 있음을 잘 알고 있습니다. 우리는 이를 항상 기억하고 또 다른 결실로 보답하기 위해 노력하고자 합니다. 특히 이런 뜻깊은 사업의 취지에 동감하고 아낌없는 지원을 해주시는 전북대학교 당국의 배려에 감사의 말씀을 드립니다.

　　이제 약간은 두근거리는 심정으로 우리 노력의 결과를 하나씩 세상에 내놓고자 합니다. 아무쪼록 이 총서를 접하는 많은 이들에게 의욕과 성과가 함께 하기를 기원합니다.

전북대학교 교과교육연구소장

책머리에

한국어 교육에 관심을 가지고 관련 일과 연구들을 시작한 지도 어느 덧 꽤 긴 시간이 흘렀다. 한국어 교육, 그 안에서도 한국어 문화 교육에 대한 관심과 고민들은 필자를 석사 과정과 박사 과정으로 이끌었다. 처음 한국어 교육에 발을 들인 이후 줄곧 나의 관심은 문화에 있었다. 언어 교육에 있어 문화는 매우 중요한 부분으로 문화 교육은 필자에게 매우 흥미로운 분야였다. 그러나 필자가 한국어 문화 교육에 관심을 가지고 공부를 시작했을 때에는 한국어 문화 교육에 대한 연구가 거의 전무한 상태였다. 현재는 과거에 비해 많은 연구들이 이루어지고 있지만 아직도 관련 연구들이 부족하며 교육 현장에서의 활용도 미비한 실정이다.

한국어 교육에 반드시 필요한 문화 교육이 등한시되는 것이 참으로 아쉬웠다. 그 아쉬움은 논문으로 이어지게 되었다. 이 책은 필자가 느낀 한국어 문화 교육에 대한 관심과 고민들의 산물인 논문들의 내용을 정리하여 엮은 책이다. 글들을 엮으며 눈에 밟힌 연구의 부족한 부분들로 출간에 대한 부담과 두려움이 크지만 인생에서 첫 책을 출간한다는 기쁨과 설렘으로 향후 연구를 이어가고자 한다. 필자의 연구가 한국어 문화 교육에 조금이나마 도움이 되기를 바란다.

이 책이 나오기까지 여러 선생님들께서 도움을 주셨다. 이 책의 많은 부분을 차지하고 있는 박사 학위 논문을 쓰도록 도움을 주신 강봉근 교수님, 문영진 교수님, 류수열 교수님, 최홍원 교수님께 감사를 드린다. 특히 석사 과정부터 박사 과정 그리고 졸업을 한 현재까지도 필자의 학문적 고민을 항상 함께 해 주시는 지도 교수님이신 한창훈 교수님께 감사함을 표한다.

　시간은 참으로 빠르게 흐른다. 그 시간 안에서 필자의 인생에도 많은 변화가 일어났다. 그 변화에는 많은 분들의 도움이 있었다. 먼저 학부 시절부터 석사 과정과 박사 과정을 거쳐 졸업을 하기까지 한 대학을 10년 이상 다니는 동안 공부 외에는 별다른 걱정 없이 학업에 정진하도록 애써 주신 사랑하는 부모님께 감사함을 표한다. 평생 공부하는 것을 일로 삼은 딸로 인해 연구에 집중할 시간이 필요하면 언제든 육아와 가사를 돌봐 주시느라 지금까지도 계속 고생하시는 부모님께 가슴 깊이 죄송한 마음과 고마운 마음을 전한다. 학부 시절부터 현재까지 대부분의 추억을 공유하고 있는 친구이자 인생의 동반자인 사랑하는 남편에게도 고마움을 전한다. 논문을 쓰는 어찌 보면 외롭고 긴 고뇌의 시간 동안 옆에서 묵묵히 힘이 되어 주어 고맙다. 지금까지의 경험 가운데 가장 큰 변화이자 행복인 아이에게도 감사를 표한다. 엄마가 공부하러 간다고 하면 잘 다녀오라고 해 주는 나의 아이, 고맙고 사랑한다. 항상 웃음을 주고 의지가 되어 주는 동생 가족, 시부모님, 친구들에게도 고마움을 전한다. 많은 분들께서 주신 큰 도움에 감사하는 마음으로 더욱 정진하겠다.

2019년 4월 17일
김미진

차 례

제3부 설화 텍스트를 활용한 한국어 문화 교육

제1부 한국어 문화 교육의 방향과 내용 선정 원리

1. 문화 교육의 현황

1.1. 문화 교육의 개념

문화의 개념은 매우 다양하고 광범위하다. 일반적으로 문화는 지식, 신앙, 예술, 도덕, 법, 관습 및 인간이 사회의 한 성원으로 획득한 어떤 다른 능력과 습관들을 포함하는 복합 총체를 의미한다.[1] Brooks[2]는 문화를 대문화(big C)와 소문화(little C)로 구분하였다. big C는 고전 음악, 무용, 문학, 예술, 건축, 정치 제도, 경제 제도 등 문화적 관례를 일컫는 것 즉, 인간이 이룩한 인간 생활의 최상의 것을 의미하며, little C는 일상 생

---

* 제1부와 제2부의 논의는 필자의 박사학위 논문인 김미진(2015), 「판소리계열 텍스트를 활용한 한국어 문화 교육 연구」의 내용을 일부 수정하여 정리한 내용이다.

1) 서울대국어교육연구소(1999), 『국어교육학사전』, 대교출판, 314면
2) Brooks, Nelson.(1975), "The Analysis of Language and Familiar Cultures," In R.C. Lafayette (ed.), *The Culture Revolution*, Lincolnwood: National Textbook Company
   한재영 외(2005), 『한국어 교수법』, 태학사, 507면
   안경화(2007), 『한국어 교육의 연구』, 한국문화사, 366면

활에서 나타나는 행동 양식, 태도, 신념, 가치 체계 등 집단이 공유하는 인간 생활의 모든 면을 포함하는 것이라 하였다.

Robinson[3]은 문화 요소를 산물, 관념, 행위의 세 가지로 분류하여 논의하였다. 산물에는 문학, 민속, 예술, 음악, 공예 등이 포함되며, 관념에는 신념, 가치관, 제도 등이 포함된다. 또한 행위에는 관습, 습관, 음식, 의복, 여가 생활 등이 포함된다.

Hendon[4] 역시 문화를 big C와 little C로 구분하는데 그는 big C는 고급 문명의 성과들로 주로 과거와 관련되고, little C는 일상 생활문화 중심으로 현대와 관련이 있다고 논의하였다. 이처럼 문화는 인간의 획득한 모든 능력과 습관을 포함하는 복합적이며 총제적인 것으로 설명된다.

한국어 교육에서 문화의 개념 역시 앞서 논의한 문화의 개념과 크게 다르지 않다. 조항록[5]은 문화를 언어 문화, 일상생활 문화, 성취 문화로 나누어 설명한다. 언어문화란 언어에 의하여 형성된 문화, 언어 속에 투영된 문화적 양상으로 나눌 수 있다고 논의한다. 일상생활 문화는 사회 구성원의 행위의 모든 것, 신념, 가치관, 태도 등을 의미하는 것이라 논의한다. 성취 문화는 사회 구성원이 역사적으로 삶을 영위해 오면서 성취한 문물을 의미한다고 분류하고 있다.

박영순[6]은 문화를 정신 문화, 언어 문화, 생활 문화, 예술 문화, 제도 문화, 학문 문화, 산업기술 문화로 나눈다. 정신 문화는 가치관, 민족성, 세계관, 정서, 상징체계, 사상 및 종교 등으로 하위분류될 수 있고, 언어

---

3) 안경화(2007), 『한국어 교육의 연구』, 한국문화사, 366면

4) Hendon, Ursula S(1980), "Introducing Cultures in Elementary College Language Classes," *Modern Language Journal* 64(2)

5) 조항록(2004), 「한국어 문화교육론의 내용 구성 시론」, 『한국언어문화학』1-1, 국제한국언어문화학회, 206면

6) 박영순(2003), 「한국어교육으로서의 문화 교육에 대하여」, 『이중언어학』 제23호, 이중언어학회, 70-71면

제1부 한국어 문화 교육의 방향과 내용 선정 원리

문화는 음운, 형태, 통사, 의미, 경어법, 속담 및 관용어와 같은 언어적 요소와 시, 소설, 수필, 희곡 등과 같은 장르로 나뉜다고 논의한다. 예술 문화는 대중 예술과 고급 예술로 나뉠 수 있는데 각각 음악, 미술, 무용, 영화, 연극 등으로 나뉘어 논의될 수 있으며, 생활 문화는 의식주 생활과 여가 생활 등으로 하위분류 된다고 본다. 또한 제도 문화는 법, 정치, 경제, 사회, 교육, 언론 제도 등을 포함한다고 보고 있으며, 학문 문화는 인문 과학, 사회 과학, 자연 과학, 응용과학을 포함하며, 산업기술 문화은 농업, 임업, 수산업, 토목, 건축, 서비스업 등으로 분류하고 있다.

배현숙[7]은 문화를 상징 문화, 사회제도를 포함한 일상 문화, 그리고 가치 문화로 분류한다. 상징 문화란 태극기, 무궁화, 김치, 불고기, 혹은 무형 문화재 등과 같이 어떤 문화를 공유하는 사람들에게만 통하는 특별한 의미를 지닌 말, 그림, 또는 대상이라고 논의한다. 사회제도를 포함한 일상 문화란 의사소통법, 명명법, 음식문화, 의복문화, 만남의 형태 등과 같이 한국인의 구체적인 일상적 체험과 그 생활양식에 관련된 것을 의미한다고 논의한다. 가치 문화란 집단적 주체 의식, 서열 의식 등과 같이 어떤 한 상태보다 다른 상태를 선호하는 포괄적인 경향성에 관계되는 것을 의미한다고 논의하고 있다.

박경자 외[8]는 문화 교육의 문화 유형을 크게 정보 문화, 성취 문화, 행동 문화로 나눈다. 먼저 정보 문화란 평균적인 교육을 받은 모국어 화자들이 사회, 지리, 역사, 영웅 등에 대해서 알고 있는 정보와 사실을 의미한다고 논의한다. 또한 성취 문화란 목표어 문화에서 성취된 업적을 의미하고, 행동 문화란 한 사회 속에서 한 민족이 행동하는 양식으로 일

---

7) 배현숙(2002), 「한국어 교육에서 문화교육 현황 및 문제점」, 『이중언어학』 제21호, 이중언어학회, 183-185면
8) 박경자 외(1997), 『언어교수학』, 박영사, 371-372면

상생활의 총체를 지칭한다고 문화의 내용을 논의하고 있다.

<표 II-1> 한국어 교육에서 문화의 분류

조항록	박영순	배현숙	박경자 외
• 언어 문화 • 일상생활 문화 • 성취 문화	• 정신 문화 • 언어 문화 • 생활 문화 • 예술 문화 • 제도 문화 • 학문 문화 • 산업기술 문화	• 상징 문화 • 사회제도를 포함한 일상 문화 • 가치 문화	• 정보 문화 • 성취 문화 • 행동 문화

이처럼 광범위하고 다양한 문화의 개념으로 인해 어떤 문화를 선정하여 어느 범위까지 한국어 교육에서 다루어야 할지 명확하게 규정하기가 어려운 상황이 지속되어 왔다. 즉, 다양한 문화의 개념으로 인해 언어 교육에서 문화는 인간 세상을 이루고 있는 온갖 정보로 접근하였다. 이는 결국 문화의 영역을 특정 영역으로 규정하는데 실패하는 원인이 되었으며 언어 교육에서 문화 교육은 난제도 남게 되었다.

문화는 인간을 통해 형성되며 인간의 의식은 문화 형성에 지대한 영향을 미친다. 결국 문화는 인간의 의식, 가치관, 사상 등, 문화 형성의 근간이 되는 정신 문화와 의식이 반영되어 형성된 음식, 사물, 문화재 등의 물질 문화로 나눌 수 있다. 나라마다 문화가 다르게 표출되는 것은 각각의 나라에 존재하는 인간의 공통된 의식이 상이하기 때문이다. 따라서 문화 교육은 가시적 문화를 형성해 내는 원동력인 인간의 의식과 관련된 사상 및 가치관에 그 핵심을 두어야 함이 마땅하다.

문화 교육의 핵심 내용이 될 수 있는 인간의 사상 및 가치관은 근본적으로 인간과 인간의 관계 속에서 형성된다. 인간관계는 가장 작은 단계인 가족에서부터 모든 구성원에 해당하는 사회로까지 확장된다. 다시 말해 인간관계는 연인관계에서 가족이 되어 부부관계를 이루게 되고 자녀를 통해 부녀관계와 형제관계가 형성된다. 이렇게 형성된 가족관계는 유사한 상황을 경험하고 인식하는 다른 가족관계 즉 이웃관계로 이어진다. 이러한 인간관계 속에서 문화 의식은 형성되고 형성된 정신 문화가 사회에 가시적으로 드러나는 물질 문화를 형성한다. 따라서 문화 교육은 인간의 관계 속에 내재된 문화에 주목해야 한다.

본 논의에서는 문화를 정신 문화와 물질 문화로 구분하고, 물질 문화 형성의 근간이 되는 인간의 가치 및 사고 등의 정신 문화를 문화 교육의 내용으로 삼고자 한다. 특히 정신 문화는 인간관계를 바탕으로 형성되고 표현되므로 정신 문화를 확인할 수 있는 인간관계의 하위 항목인 부녀관계, 연인관계, 형제관계, 이웃관계 문화가 포함되어 있는 판소리계열 텍스트에서 문화 교육의 내용을 찾고자 한다.

1.2. 문화 교육의 현황

외국인들의 유입이 늘어나면서 한국어 교육에 대한 수요는 급격히 증가하였다. 그러나 한국어 교육 상황을 살펴보면 문제성이 제기된다. 기능 중심의 언어 교육이 한국어 교육계에 팽배하면서 한국어 교육의 일부 영역인 말하기, 듣기, 읽기, 쓰기, 문법 등의 영역의 교육이 중점적으로 이루어지고 있는 상황이다. 외국의 언어 교육 연구들을 살펴보면 말하기, 듣기, 읽기, 쓰기, 문법 등의 기능 교육과 함께 문화 교육이 함께 이루어지고 있는 모습을 볼 수 있다. 이와 비교해 볼 때 한국어 교육은 문화 교육을 제외한 일부 기능 교육 영역만이 강화된 균형이 맞지 않는 교육 모습을 보이고 있다. 이는 분명 기형적인 모습으로 균형 있는 언어 교육의 모습이 아니다. 문화는 언어와 뗄 수 없는 불가분의 관계이므로 문화를 배제한 언어 교육은 제대로 된 언어 교육이라 할 수 없다. 문화 교육의 부재는 연구의 부재와도 관련된다. 현재 문화 교육 관련 연구는 다른 영역에 비해 매우 부족한 상황이다.

문화 교육은 크게 교실 안에서 이루어지는 경우와 교실 밖에서 이루어지는 경우로 나눌 수 있다. 현재 한국어 교육 기관에서 이루어지고 있는 문화 교육 방법을 살펴보면 교실 안에서 이루어지는 문화 교육은 교재 속에 있는 일부 문화 자료를 활용하여 교육이 이루어지고 있다. 교재에 나타난 문화 항목의 제시 방법9)은 다음과 같다.

<표 II-2> 교재에 나타난 문화 항목의 제시 방법

방법	내용
설명 방식의 사용	문화 항목 설명 (학습자 모어 또는 한국어)
돌출 창의 설정(tip) 및 단편적 기술	본문 옆에 간단한 설명 제시 (학습자 모어) 그림 제시
문화 정보의 제시와 퀴즈	범주화한 문화 정보 퀴즈
문화 정보의 제시와 빈칸 채우기	문화 정보 비교하여 빈칸 채우기
문화 항목+역할극	문화 항목 기술 후 역할극

현재 한국어 교육에 활용되고 있는 대다수의 교재들은 대부분 설명 방식이나 단편적 기술 방법을 채택하고 있어 문화 교육을 위한 자료 제시라고 보기는 어려운 상황이다. 또한 제시된 내용은 단편적인 설명이나 그림 제시 등을 통해 교육하기 편리한 물질 문화 제시에 그치고 있어 문화 교육에 유용한 자료 제시라고 할 수 없다. 그 결과 수업 시간에 교재에 제시된 자료를 활용하여 문화를 교수하기에 자료가 부족함은 물론이며, 교수자가 문화 교육의 중요성을 인식하고 적절한 교수법을 활용하여

---

9) 국립국어원(2009), 『한국어 교육의 이해』, 한국문화사, 313면

제1부 한국어 문화 교육의 방향과 내용 선정 원리

교수해야 할 필요성을 인식하기 어려운 내용인 경우가 대부분이다.

최정순[10]은 한국의 문화요소나 사회적 주제에 대한 교육이 사전적 내용만을 제공하는 지식 학습 위주의 교육으로 진행되고 있는 것을 문제삼고 있다. 권오경[11] 역시 언어 교육의 목적이 자연스러운 의사소통에 있다면 문화 교육은 더욱더 지식이 아니라 능력으로 학습되어야 하며, 백과사전식으로 교수 학습 되어서는 안 된다고 논의한다. 정호선[12]은 현행 한국어 교재를 분석하여 한국어 교재에 나타난 문화 교육의 문제점을 4가지로 지적하였다. 첫째는 학습자의 문화 내용 학습 단계가 모호하다는 점, 둘째는 교재 구성이 너무 평면적이라는 점, 셋째는 문화가 독립적으로 제시된 점, 넷째는 그림이나 사진 제시가 부족하다는 점이다. 그는 한국어 교육에서 원활한 의사소통을 하기 위해서는 문화 교육의 중요성을 인식하고 피상적이고 화석화된 문화 교육을 지양할 것을 제안하였다.

이처럼 단편적인 지식위주의 문화 교육으로는 학습자의 의사소통 능력이나 문화 이해에 도움을 줄 수 있는 교육이 이루어질 수 없다. 또한 한국어 학습의 흥미를 상승시킬 수 있는 문화 교육이 오히려 학습자의 흥미를 저하시키는 요인이 될 수 있어 이러한 교육 방법은 지양해야 한다.

교실 밖에서 문화 교육이 이루어지는 경우는 문화체험 및 행사를 통해서이다. 국내 대학 부설 한국어 교육기관 정규과정의 수준별 문화체험 활동과 행사[13]는 다음과 같이 이루어지고 있다.

---

10) 최정순(2004), 「한국어교육과 한국문화교육의 등가적 통합」, 『언어와 문화』1, 한국언어문화교육학회
11) 권오경(2006), 「한국어 교육에서의 한국문화교육의 방향」, 『어문론총』45, 한국문학언어학회
12) 정호선(2003), 「한국어 교재에 나타난 문화 교육 내용 분석」, 상명대학교 교육대학원 석사논문
13) 국립국어원(2009), 『한국어 교육의 이해』, 한국문화사, 313면

<표 II-3> 국내 대학 한국어 교육기관의 수준별 문화체험 활동과 행사

한국어 수준		행사	체험활동
기본 생활 적응 문화 이해	1급	한국 경험 말하기 대회	교내/시내 견학
	2급	한국노래 자랑 대회	한국 요리 실습
사회생활 적응 문화 수용	3급	연극 대회	사물놀이 배우기
	4급	상황극 대회 (사자성어, 속담 관련)	한지 공예 배우기
전문적인 이해 및 소개 문화 소통	5급	퀴즈 대회 (전문적인 내용)	탈 만들고 탈춤 배우기
	6급	졸업 좌담회, 문화 특강 (한국의 시사 문제)	졸업 여행 (유적 탐방)

그러나 문화체험 활동 및 행사가 위의 표에서 논의된 것처럼 급별로 다양하게 진행되는 학교는 거의 드물다. 대다수의 한국어 교육기관에서는 여러 가지 제도 및 행정상의 문제로 한 학기에 한번 정도 가는 문화체험 즉 친목 여행이 교실 밖에서 이루어지는 문화 교육의 전부라 할 수 있다. 이러한 일회성 문화 체험으로 제대로 된 문화 교육은 불가능하다.

한국어 교육에서 문화 교육은 그 중요성은 인정하고 있으나 실제적인 수업에서 교육되기 어렵다는 인식이 지배적이다. 그 원인은 교육해야 할 문화의 규정이 불분명한 점, 문화 교육과 관련된 교수 이론이나 교수법 등의 연구가 다른 한국어 교육 분야에 비해 부족한 실정 탓이기도 하다. 문화 교육이 중요하기는 하나 어떻게 교수해야 할지 교수자들 조차 모르고 있는 경우가 많은 상황이기 때문이다. 이는 앞서 논의한 것처럼 교재 속에서 문화가 어휘나 문법 등의 다른 기능 교육 영역과 같이 교수하기에 체계적으로 제시되어 있지 않기 때문에 더욱 큰 어려움을 겪고 있으며 등한시 된다고 볼 수 있다. 또한 제시되고 있는 방법 역시 문화 교육을 위한 제시가 아닌 한국어 기능 교육의 제재로서 문화가 활용되거나 알아야 할 문화 내용을 읽기 자료로 제시하는 경우가 대부분이다. 이 같

제1부 한국어 문화 교육의 방향과 내용 선정 원리

은 문화 교육은 학습자에게 문화란 그저 외워야 할, 또는 문법을 익히기 위한 도구로만 인식되어 재미없고 어려운 것으로만 인식되는 문제점을 가져온다.

결국 문화 교육의 여러 문제적 현상의 원인은 문화를 단편적으로 드러나는 물질 문화에 입각해 교육하고자 한 데에 있다. 물질 문화 교육은 단편적인 제시나 일회성 문화체험으로 교육되는 것이 어찌 보면 당연하기 때문이다. 따라서 교육되어야 할 문화 내용에 대한 인식이 바뀌어야 하며, 물질 문화 교육만이 아닌 정신 문화도 교육의 내용으로 삼기 위한 여러 교수법의 개발이 시급하다. 결국 문화 교육은 관련 연구 부족으로 인한 교수법 부재, 일부 교수자들의 문화 교육의 중요성 저평가 인식 문제 등으로 인해 적절히 이루어지지 않고 있으며, 의사소통 기능 중심의 교육이 주를 이루고 있다. 그 결과 많은 외국인 학습자들은 자국과의 문화 차이로 인한 충격을 그대로 겪으며 학습 상황에 각기 대처하고 있어 관련 연구가 다수 요구되는 상황이다.

1.3. 문화 교육의 내용

현재 한국어 교육에서 문화 교육은 반드시 필요한 부분임을 인정하면서도 어떤 문화를 교육해야 할지 그 내용에 있어서 합의점을 찾기가 어려웠다. 특히 한국어 교육 내의 다른 여타의 영역에 비해 문화는 그 내용이 매우 방대하여 한국어 교육에서 꼭 다루어야 할 문화를 선택하고 분류하는 것은 상당히 어려운 작업으로 인식되어 왔다. 앞서 살핀 바와 같이 이러한 문제점들은 교재에서도 그대로 드러났다. 그러나 이러한 작업은 반드시 필요한 부분이며 문화를 체계적으로 분류하고 규정하여 한국어 교육에 활용하여야 함이 분명하다. 이러한 인식이 한국어 교육계에서 고조됨에 따라 현재 여러 학자들이 한국어 교육에서 필요한 문화를 목록화하고 정리하여 문화 교육 내용을 제시하고 있다. 문화 교육의 내용을 선정하고 그 범주를 규정, 교육 수준에 따라 분류하는 작업 등은 다음과 같은 학자들에 의해 논의되고 있다.

한상미[14]는 Brooks, 조항록·강승혜, 김인회 외가 정한 문화 항목과 한상미, 조항록, 우인혜, 김정은, 황인교의 연구를 보완하여 다음과 같이 문화 교육 내용 범주와 주제를 제시하였다.

<표 II-4> 한국어 교육을 위한 문화 교육 내용 범주와 주제

문화 교육 내용 범주	주제
행동 문화	언어 예절, 의사소통 방식, 의식주, 일상생활, 풍습, 의례
성취 문화	종교, 음악, 미술, 영화, 스포츠, 건축, 문학, 제도, 대중매체, 기타 예술
정보 문화	사회, 정치, 경제, 역사, 교육, 지리, 민속, 과학, 가치관 및 태도

그는 이러한 주제들을 다시 소주제로 나누어 제시하며[15], 문화 교육 주제를 초급의 한국어 숙달도를 지닌 학습자들에게는 주로 행동 문화 범주의 주제를, 그리고 중급의 숙달도를 지닌 학습자들에게는 행동 문화와 성취 문화 범주의 주제를, 마지막으로 고급의 한국어 숙달도를 지닌 학습자들에게는 성취 문화와 정보 문화 범주의 주제를 교육하는 것이 유용하다고 논의하고 있다.

<표 II-5> 한국 문화 교육 주제

문화 교육 내용 범주	주제	
	대주제	소주제
행동문화	언어예절	사적·공적 인사, 호칭, 공손성의 표현 방식, 화제
	의사소통 방식	부탁, 요청, 거절, 칭찬, 공적인 대화 및 토론 방식, 발표, 농담

---

14) 곽지영 외(2007), 『한국어 교수법의 실제』, 연세대학교 출판부, 285면
15) 위의 책, 286면

문화 교육 내용 범주	주제	
	대주제	소주제
		이나 유모어, 동작학
	의식주	식생활(음식, 식사, 외식, 술, 간식, 건강식), 의생활(일상복, 예복, 제복 및 기타의상), 주생활(주택, 주생활 문화)
	일상생활	공공기관 이용, 교통, 통신, 기기 사용, 숙박시설, 초대와 방문, 물건사기, 모임, 운동, 취미 생활, 약속과 예약, 가족 관계, 축제나 잔치, 놀아·전통놀이, 애완동물, 화장, 흡연, 저축, 취업, 업무, 동료관계
	풍습	미풍양속(이사떡 돌리기, 집들이 등)
	의례	생일, 결혼식, 돌, 백일 회갑, 제사, 장례식
성취문화	종교	불교, 유교, 기독교, 토속신앙
	음악	대중 음악, 전통 음악
	미술	전시회, 그림 세계
	영화	영화, 연극, 드라마
	스포츠	각종 스포츠
	건축	주요 건축물, 전통 가옥
	문학	동화, 수필, 시, 소설, 시조, 만화
	제도	규율, 법
	대중매체	광고, 뉴스, 신문, 잡지
	기타 예술	공연, 전통 무용, 춤, 탈춤, 사물놀이
정보문화	사회	화폐, 휴일, 병역 제도, 환경
	정치	근현대 정치사
	경제	경제 관련 주요 정보
	역사	근현대 역사, 위인 및 주요 인물
	교육	학교 제도
	지리	지리적 특성, 행정구역 및 주요 도시, 주요 관광지
	민속	민간요법, 토정비결, 관상, 굿, 사주팔자, 미신
	과학	과학 관련 주요 정보
	가치관·태도	숫자 관념, 청결 의식, 공중도덕, 고정관념, 문화충격, 타부

또한 현재 국어기본법에서는 한국어 교원 자격 취득에 필요한 한국 문화 영역인 '한국 민속학, 한국의 현대 문화, 한국의 전통 문화, 한국 문학

개론, 전통 문화 현장 실습, 한국 현대 문화 비평, 현대 한국 사회, 한국 문학의 이해' 등의 과목을 고려하여 문화 교육 내용 목록을 제시하고 있다. 한국어 교원 자격 취득과 관련한 문화 영역과 항목은 다음과 같다.16) 이러한 제시는 한국어를 가르치는 교사에게 문화적 역량이 반드시 필요함을 보여주는 자료라 할 수 있다.

<표 II-6> 한국어 교원 자격 취득에 필요한 한국 문화 영역

문화 영역	대항목	소항목
일상 문화	한국의 전통 사회	의식주 생활, 경제 체계/기술 체계, 친족 관계, 교육 체계, 정치 체계, 일상생활 관련 의식 체계, 교통, 지리 체계
	한국의 현대 사회	의식주 생활, 경제 체계/기술 체계, 친족 관계, 교육 체계, 정치 체계, 일상생활 관련 의식 체계, 교통, 지리 체계
예술 문화	한국의 전통 문화	예술, 사상 및 종교, 음악, 미술, 무용, 건축, 공예/도예
	한국의 현대 문화	예술, 사상 및 종교, 음악, 미술, 무용, 건축, 공예/도예, 매체 문화
한국 문학	한국 문학 개론	한국 문학사, 시대별 문학의 흐름, 장르별 문학의 흐름
	한국 문학의 이해	장르, 주제, 작품, 작가, 성격 및 정체성
한국 역사	한국사	한국 통사, 시대사, 지역 및 집단별 역사
	한국 역사의 이해	사건, 시기 및 시대, 인물 및 단체, 특성 및 정체성

한국에서 한국 사회의 한 구성원으로 살아가게 될 외국인들은 문화 교육이 더욱 절실하다. 즉 결혼이민자들은 문화 교육이 더욱 체계적으로 필요한데 황인교17)는 여성결혼이민자를 대상으로 한 수준별 문화 교육 내용을 다음과 같이 제시하였다.

---

16) 황인교(2008), 「여성 결혼이민자를 위한 한국문화교육 연구」, 『언어와 문화』4-3, 한국언어문화교육학회, 265-287면
17) 황인교 외(2009), 『한국어 교육의 이해』, 한국문화사, 322면

제 1 부 한국어 문화 교육의 방향과 내용 선정 원리

<표 II-7> 여성결혼이민자대상 수준별 문화 교육 내용의 예

급	내용
1급	한국인의 옷, 한국의 식사예절, 한국인의 상차림, 생일, 명절 음식, 한국의 집(현대), 한국의 수, 손가락으로 숫자 세기, 한국의 돈, 시장, 가족 호칭 및 관계, 한국인의 이름, 한국인의 인사 예절, 생일 축하, 한국의 공휴일(기념일, 국경일), 지역 예술 및 공연, 휴대전화, 주요 전화번호, 전화 시작 발화, 대중교통, 한국의 지리, 한국의 나라 이름, 국가, 나라꽃, 신분증, 한글과 세종대왕
2급	한복, 건강 음식(인삼 등), 집들이, 이사, 가계부, 은행, 홈쇼핑, 친척, 한국의 학교, 출입국 관리 사무소, 여성결혼이민자 지원 센터, 한국의 출산 문화, 한국의 명절, 한국의 대중 문화, 대중가요, 경어법, 한국의 신체언어, 휴대전화 문화, 지하철 노선도, 교통 표지판, 계절, 기후, 한국 역사(인물)
3급	전통 의상, 김치, 장 담그는 법, 한국의 전세 문화, 가전제품, 인터넷 쇼핑, 현대 한국의 가족, 한구그이 지방 행정,관혼상제, 백일잔치, 돌잔치, 지역 축제, 동요, 주도(술문화), 관상, 돼지꿈, 12간지, 한국의 신화, 속담, 별명, 대중 매체, 한국의 관광지, 24절기, 한국인의 종교 생활, 한국 역사(사건)
4급	유행, 패션, 향토 요리, 전통 가옥, 외국인 마을, 한국인의 경제 의식, 한국 기업, 한국의 기술, 이웃사촌, 한국의 가족 제도, 서당, 한국의 정치 제도, 여가 문화, 체질과 성격, 한국의 민간 신앙, 정월대보름, 단오, 한자성어, 인터넷 예절, 한국의 유적지, 교통 문화, 한국 문학(현대), 한국의 사상, 한국 역사(지역)
5급	전통 예복, 현대인의 식문화, 주거 양식의 변화, 개성 상인, 보부상, 직업 풍속도, 종친회, 향우회, 선비, 과거 제도, 한국의 정치 문화, 분단, 전통 혼례 문화, 옛날이— 공휴일, 3년상과 49재, 현대 예술, 한국의 호칭과 경어법, 궁중어, 상소, 한국의지리적 위치, 대외 관계, 한국의 문화재, 한국 문학(근대), 한국 역사(시대)
6급	한국의 산업, 한국의 경제, 한국의 첨단 기술, 기부와 혜택, 가부장제, 한국의 인간 관계, 한국의 교육, 한국의 정치 제도, 조선의 신분 제도, 한국의 외교, 해외 봉사, 전통 예술, 한국의 무술, 한국의 네티즌 문화, 역마살/노마드, 문화재 보호, 한국의 종교, 한국 문학(고전), 한국 역사(통사)

이러한 개별적인 연구를 바탕으로 최근 국립국어원에서 국제통용 한국어교육 표준 모형 개발 1단계, 2단계의 과정에 걸쳐 한국어 교육의 내용 및 방법 등에 대한 연구가 진행되었다. 특히 주목할 말한 국제통용 한국어 교육 표준 모형 개발 2단계에서는 현재까지 연구되어 온 문화 목록을 종합하고 한국어 교육기관의 통합 교재 12종과 분리 교재 12종을 확인하여 문화 교육 항목을 규정하였다.[18] 이 연구는 문화 항목을 독립적으로 설정하여 문화의 범주를 규정하고 문화의 내용을 목록화하고 있어

---

18) 국립국어원(2011), 「국제통용 한국어교육 표준 모형 개발 2단계」, 92면

문화 교육의 중요성에 대한 인식과 노력이 엿보인다는 점에서 큰 의의가 있다. 또한 목록화한 문화 항목들을 등급별로 분류하여 그 내용을 제시하고 있어 현재까지 산발적으로 논의되어 오던 연구의 중심을 잡는다는 점에서 연구의 가치를 논할 수 있겠다. 이 연구에서 제시된 한국어 교육 표준 모형의 문화 범주는 다음과 같다.[19]

<표 II-8> 국제통용 한국어 교육 표준 모형 개발 2단계 문화 범주

대분류	중분류	소분류	예시
한국인의 생활	일상 생활	의생활	현대 의생활, 전통의상(한복, 고무신, 짚신), 유행 등
		주생활	현대의 주거 형태(아파트, 기숙사, 원룸 등), 전월세, 하숙/자취 등
		식생활	대표적 음식: 김치, 특별한 날 먹는 음식: 미역국, 합격/이사-떡 등, 계절 음식: 삼계탕, 팥빙수, 냉면, 팥죽, 상차림, 식기(숟가락, 젓가락), 식사예절, 음주예절 등
		계절활동	벚꽃놀이, 단풍놀이 등
		경제활동	소비문화(쇼핑), 재래시장, 흥정과 덤, 재태크, 근검&절약(자린고비), 기부 등
	여가 생활	여행	숙박 종류와 시설, 유명한 여행지, 여행의 종류(수학여행, 신혼여행 등)등
		친목모임/동호회	인터넷 동호회, 찜질방, 노래방, 비디오방, PC방, 조기 축구회, 등산 모임 등
		스포츠	등산, 야구, 축구, 응원(붉은 악마) 등
	공동체 생활	가정생활	가족형태(맞벌이, 1인 가족 등), 출산, 육아, 경조사(돌, 환갑 등), 공공기관 이용(세금 납부 등), 식사예절 등
		학교생활	방과 후 활동, 아르바이트, 축제, 동아리 등
		직장생활	위계질서, 회식문화(뒤풀이, 음주 등), 야유회, 직장 내 예절(약속하기, 직책 부르기 등)
	언어 생활	이름과 호칭	친족 호칭, 호칭 확대, 사회적 호칭(OO 씨, 선후배 호칭), 별명, 한국 사람의 이름 구성 등
		인사	인사말(인사예절 포함), 빈말 표현(어디 가세요? 밥 먹었어요?) 등
		한글과 한국어	한글 창제와 원리, 한국어의 특징(속담, 색채어 등)
		몸짓 언어	비언어적 행위(가슴을 치다 등) 등

19) 국립국어원(2011), 「국제통용 한국어교육 표준 모형 개발 2단계」 문화 영역

제1부 한국어 문화 교육의 방향과 내용 선정 원리

대분류	중분류	소분류	예시
한국 사회	세시 풍속	명절	설, 추석
		주요 절기	한식, 단오, 삼복, 대보름, 칠석 등
	관혼 상제	관례/혼례	성인식, 결혼문화(상견례, 결혼식, 결혼준비, 축의금 등), 결혼정보회사 등
		장례/제례	장례식, 제사 지내는 방법 등
	정치	남북관계	38선, 비무장지대(DMZ), 햇볕정책, 통일, 남북교류(남북회담, 이산가족, 금강산 관광 등) 등
		국제관계	원조 주는 나라, 친일/반일 감정, 친미/반미 감정 등
		정치제도	선거, 투표 등
	경제	경제제도	화폐 단위, 은행(ATM 등), 현금영수증, 소득공제 등
		경제정책	한국 경제의 성장, 물가안정정책, 고용정책, IMF, 자유무역협정(FTA) 등
	교육	교육열	조기 교육 및 유학, 사교육 열풍, 대안교육, 평생교육 등
		교육제도	초·중등, 대학(원), 대학수학능력시험 등
		교육문제	교권추락, 체벌 금지 등
	사회	복지정책	주 5일, 의료보험, 고용보험, 국민연금 등
		사회제도	쓰레기 종량제, 자동차 요일제, 신분증명제도, 출산장려정책 등
		공휴일	국경일(한글날, 삼일절, 광복절, 제헌절, 개천절 등), 기념일(어린이날, 어버이날, 스승의 날, 부처님 오신 날, 크리스마스, 성년의 날 등)
		사회문제	고령화, 저출산, 이혼율, 청년 실업, 자살, 인터넷 중독, 빈부격차, 도농 격차, 지역차, 지역감정, 환경문제 등
	지리	한국의 지리/지형	기후, 계절, 날씨 등
		대표 지역과 축제	부산, 강릉 단오제, 경주 신라문화제, 남원 춘향제, 여주 도자기 축제, 보령 머드축제, 태백산 해돋이 축제 등
	교통	교통수단	교통수단(버스, 지하철, 택시, 기차, 배, 비행기 등)
		교통체계	버스전용차선, 지하철노선, 버스 종류, 환승, 교통카드, 교통예절 등
	통신	과학 기술의 발전	IT 강국, 통신예절, 통신언어(문자 보내기, 이모티콘 사용하기), 인터넷에서의 연락망(소셜네트워크) 등
	다문화 사회	다문화 현상	다문화, 국제결혼, 이주근로자 등
한국의 예술과 문학	예술	전통/현대 음악	아리랑, 판소리, 민요, K-POP, 전래동요 등

대분류	중분류	소분류	예시
		전통/현대 미술	김홍도, 신윤복 등의 그림, 백남준의 비디오 아트 등
		전통/현대 공연	마당놀이, 탈춤, 부채춤, B-boy, 난타 등
	문학	문학작품	고대, 근–현대 소설, 수필, 시, 전래동화, 건국신화, 설화, 전설, 민담 등
한국인의 가치관	가치관	가족주의	'우리'의 사용, 정(情), 한(恨), 신명 등
		건강	웰빙, 민간요법, 보약, 한의원, 침, 목욕(대중탕) 등
		성역할	남존여비의 변화(직업의 변화) 등
		가치관의 변화	미(美)의 기준 변화, 세대 차이 등
	사고 방식	빨리빨리 행동	퀵서비스, 음식배달, 경제발전의 원동력 등
		민간신앙	점, 미신, 금기 등
		종교	기독교, 천주교, 불교 등
한국의 역사	시대별 역사	시대	고대, 근대, 현대 등
	역사적 인물	유명 인물	화폐 인물, 대통령, 스포츠 스타, 한류 스타, 역사적 위인 등
한국의 문화유산	문화재	유형 문화재	전통놀이(윷놀이, 널뛰기, 그네타기, 공기놀이, 닭싸움, 제기차기 등), 전통무예(태권도, 씨름 등), 유적지(경복궁, 숭례문 등), 한옥(기와, 초가, 온돌 등)
		무형 문화재	한복, 강강술래, 전통혼례, 농악 등
		세계문화유산	석굴암, 불국사, 해인사 장경판전, 종묘, 창덕궁, 수원 화성, 경주 역사 유적 지구, 고인동 유적, 조선왕릉, 한국의 역사마을(하회와 양동), 제주 화산섬과, 용암 동굴
	상징물	한국의 상징	국가(애국가), 국기(태극기), 도자기, 인삼, 무궁화 등
외국인의 한국생활	사회 생활	공공기관 이용	출입국관리사무소, 대사관, 외국인등록증 등

앞서 제시한 여러 문화 목록들을 통해 문화에 대한 인식이 점차 증대되고 있음을 확인할 수 있어 다행스럽다. 또한 문화 항목 내에 문화의 근간이 되는 정신 문화가 포함되어 있음 역시 문화 교육에 대한 우려를 조금이나마 반감시킨다. 그러나 아직까지도 문화 교육 영역에서 제시하고

제1부 한국어 문화 교육의 방향과 내용 선정 원리

있는 문화는 그 양이 방대하며, 체계성이 부족하다.

문화의 개념에서 논의한 바와 같이 문화는 정신 문화와 물질 문화로 분류할 수 있다. 정신 문화는 인간의 정신을 바탕으로 형성된 학문, 사상, 종교, 예술 등의 문화를 포괄한다. 이와 반대로 물질 문화는 정신 문화를 바탕으로 생활 속에서 만들어낸 모든 것들을 의미한다. 따라서 정신 문화는 한 사회의 내면을 이루고, 물질 문화는 한 사회의 외면으로 드러난다. 사실 이 두 영역은 따로 분리되어 있는 것은 아니다. 정신 문화와 물질 문화는 서로 상보적으로 영향을 주며 존재하기 때문이다. 문화 교육을 행할 때 이 두 문화는 모두 교육의 내용으로 다루어져야 한다. 그러나 현재 문화 교육 상황을 살피면 물질 문화 교육에 편중되어 있는 문제적인 모습을 보인다. 따라서 본고에서는 문화 교육의 내용으로 정신 문화와 물질 문화를 분류하고 정신 문화를 살필 수 있는 인간관계에 초점을 두어 문화를 살피고자 한다.

2. 문화 교육의 발전 방향

2.1. 문화 교육의 중요성

우리 주변의 외국인 수는 과거에 비하여 급격히 증가했다. 2012년 행정안전부의 통계에 따르면 우리나라에 거주하는 외국인 주민의 수는 모두 140만 9,577명이라고 한다. 이는 우리나라 전체 주민등록인구(50,734,284명)의 2.8%에 해당하는 것으로서 2011년(1,265,006명) 조사 때보다는 144,571명(11.4%)이 더 늘어난 수치이다.[20] 또한 한국에 거주하고 있는 외국인의

---

20) 행정안전부(http://www.mopas.go.kr) 2012.8.9.일 보도자료
　　이성림·차희정(2013), 「한국 내 결혼이주 여성의 다문화 체험과 정체성 구성-결혼이주

한국은 1980년대 산업화가 이루어지며 많은 노동력이 필요하게 되었다. 이 노동력을 외국인 노동자들이 채우며 한국의 외국인 노동자 수는 증가하였다. 또한 1990년대를 지나며 드라마, 영화 등의 수출로 세계 여러 나라 사람들이 한국의 음악을 듣고 드라마를 보며 한국이라는 나라에 대한 관심을 성장시키는 계기를 만들었다. 이러한 관심은 한국어 학습 의욕에도 영향을 주어 한국어 학습자 증가에도 영향을 미쳤다. 현재 한국어 학습자들의 한국어 학습 계기를 조사해 보면 대부분 한국 드라마, 한국 음악 등을 통해 한국어를 접하였고, 관심을 갖게 되었다고 응답하는 것을 통해 이러한 상황을 확인할 수 있다. 또한 경제적 성장으로 결혼 이민자의 수도 증가하였다.

그 결과 한국어를 학습하고자 하는 외국인 근로자, 유학생, 결혼이민자들은 꾸준히 증가하고 있어 한국어 교육에 대한 관심이 커지고 있다. 이러한 상황 속에서 외국인 학습자를 대상으로 한 한국어 교육은 언어 교육계의 화두로 떠오르게 되었고 많은 한국어 교육 기관들이 생겨났다. 그러나 한국어 교육은 다른 언어 교육 영역에 비해 상대적으로 연구 및 논의가 늦게 시작되어 아직 정체성이 정확히 확립되지 못한 상황이다.

한국어 교육에서 문화에 대한 관심이 시작된 것은 그리 오래 되지 않았다. 그러나 외국어 교육 분야에서 문화 교육이 언어 교육에 큰 영향을 미친다는 것은 여러 연구를 통해 밝혀진 바이다. 문화는 그 개념과 양상은 매우 다양하여 하나로 규정하기 어렵다는 특성을 지닌다. 일반적으로 문화는 지식, 신앙, 예술, 도덕, 법, 관습 및 인간이 사회의 한 성원으로 획득한 어떤 다른 능력과 습관들을 포함하는 복합 총체를 의미한다.21)

여성 수기를 중심으로-」, 한중인문학연구 제38집, 163면
21) 서울대국어교육연구소(1999), 『국어교육학사전』, 대교 출판, 314면

문화와 연결된 사회의 모습을 반영하는 수단이 언어이다. 결국 언어와 문화는 사회라는 연결고리로 밀접하게 연결된 것이다.

언어의 특성을 살펴보면 문화의 중요성을 인식할 수 있다. 각 나라마다 문화가 다르고 문화에 따라 같은 상황을 표현하는 언어 역시 다르게 발전되어 왔다. 예를 들어 농경 생활을 주로 하는 문화권에서는 농경 생활 관련 어휘 및 표현이 다양하며, 수렵 생활을 주로 하는 문화권에서는 수렵 생활과 관련된 어휘 및 표현이 다양하다. 이러한 상황들을 통해 언어가 형성되고 사용되는 것이 문화와 밀접한 관련이 있음을 알 수 있다.

언어는 단순히 사물을 지시하거나 지칭하는 단순한 기호를 넘어선다. 화자들은 단어의 기본의미를 조절, 변화, 첨가함으로써 여러 가지 문화적 의미를 포괄적으로 전달한다. 이러한 언어의 은밀한 기호성으로 인해 다른 문화권에 있는 외국인 학습자들은 언어 속에 내재된 넓은 범위의 의미를 완전히 이해하기 어렵다.[22] 결국 문화를 정확하게 이해하지 못하면 언어에 포함된 단어의 독립적이고 개별적인 의미는 이해할 수 있지만, 단어들이 형성하는 문맥 속의 내포된 문화적 의미는 정확히 이해하기 어렵다.

언어와 문화는 서로 분리해서 논의할 수 없는 불가분의 관계에 놓여있다.[23] 문화를 다른 기능 교육의 부차적인 도구로만 여기는 것은 어불성설이다. 결국 진정한 언어 교육이 이루어지기 위해서는 문화 교육과 말하기, 듣기, 읽기, 쓰기, 문법 교육 등의 의사소통 기능 교육이 한국어 교육이라는 전체에서 각자의 독자적인 위상을 지니고 균형 있게 교육되어야 한다. 그러나 현재 문화 교육은 TOPIK 시험이나 대학 입학 관련 시

---

22) 박영순 외(2008), 『한국어와 한국어교육』, 한국문화사, 520-521면
23) 김미진(2009), 「설화를 통한 한국어 문화 교육 연구」, 『교과 교육 연구』제1호, 전북대학교 교과 교육 연구소, 294면에서 언어와 문화의 관계에 대하여 논의함.

험에 의해 그 위상이 기능 교육에 비해 저평가 되고 있는 것이 사실이며 이에 따라 한국어 교육에서 등한시되고 있는 실정이다. 이는 균형이 무너진 한국어 교육의 모습으로 분명 문제가 있다.

문화 교육은 크게 두 가지 측면에서 그 필요성이 드러난다. 먼저 문화 교육은 의사소통 능력의 지속적인 향상 측면에서 필요하다. 문화 교육이 제대로 이루어지지 않으면 한국어라는 언어를 말하고 듣고 쓰고 읽겠지만 한국어의 의미를 제대로 이해하지 못한 채 의사소통하는 앵무새와 같은 모습이 될 수밖에 없기 때문이다. 그 결과 한국어 학습자들의 일정 수준 이상의 한국어 능력 발전은 불가능해진다. 이러한 문제적인 상황은 우리 주변에서 종종 찾아 볼 수 있다. 한국어 능력은 유창하지만 문화적인 교육이 이루어지지 않은 외국인들은 대화 도중 등장하는 문화 관련 어휘를 이해할 수 없게 되어 결국에는 이상한 대화를 하게 된다. 다음 제시된 박영순24)의 한국의 문화적 배경을 모르고는 이해가 어려운 어휘들이 그 예이다.

(1) 영희는 춘향이야.
(2) 우리 아버지는 멋있는 분이야
(3) 올해는 세뱃돈을 별로 못 받았어.
(4) 효도할 부모님이 안 계시니 정말 쓸쓸해.
(5) 한국 사람은 정에 약해.
(6) 올 추석에는 꼭 성묘를 가야겠어.
(7) 가는 날이 장날이다.
(8) 한국에는 족보를 가진 가정이 많다.
(9) 한국 집은 반드시 온돌방이 있다.
(10) 씨름은 한국의 독특한 운동이다.

24) 박영순 외(2008), 『한국어와 한국어교육』, 한국문화사, 528면

제 1 부 한국어 문화 교육의 방향과 내용 선정 원리

위의 단어들의 문화적 배경을 인식하고 못한다면 유창한 한국어 실력을 가지고 있어도 결국에는 의사소통이 이루어지지 않으며 앞서 논의했듯이 이상한 대화가 될 것이다. 결국 앞서 논의한 언어와 문화의 연관성과 함께 문화 교육의 필요성이 드러난다. 또한 백봉자[25]의 논의에서 제시된 예를 통해 사회 공동체 문화 이해의 중요성을 알 수 있다. 그는 외국인들에게 아래의 대화를 보여주고 환자 부인이 옆에 있었다면 뭐라고 했을까? 라는 질문을 하였더니 아래와 같은 반응을 보였다고 한다.

> 의사: 콜레스테롤 수치가 높으시군요
> 환자: 음식 조심을 하고 있는데요.
> 의사: 운동 부족이에요. 복부 비만도 있으시고요. 모두 운동 부족 때
>   문입니다.
> 환자부인: (?   )

외국인들은 대부분 "오, 불쌍한 당신!"이라며 먹고 싶은 것도 못 먹고 체중 조절을 하느라고 애쓰는 남편이 불쌍하다는 반응을 보였을 것이라고 응답했다고 한다. 그러나 한국 부인들 대부분은 아내 말을 안 듣고 집에서도 가만히 앉아 텔레비전이나 보니까 그렇게 되었다고, "그것 봐요. 내가 운동 좀 하랬잖아요" 식의 반응을 보였을 것이라고 응답했다고 한다. 이처럼 한국인과 외국인은 사회적 정서가 다르다는 것을 알 수 있으며 자신이 학습할 언어가 사용되는 사회 문화를 이해하는 것이 그 나라의 언어를 이해하는데 큰 작용을 한다는 논의를 하였다.

문화 교육은 한국어를 학습하는 모든 학습자 즉, 외국 유학생, 외국인 근로자, 결혼이민자들에게 공통적이며 필수적인 부분이다. 황인교[26]는

---

25) 백봉자(2006), 「문화 교육 자료의 개발 방향」, 『외국어로서의 한국어교육』31, 연세대학교언어연구원한국어학당, 1-23면

국가 간의 교류가 활발해짐에 따라 늘어난 외국인들에게 능숙한 한국어 구사와 빠른 한국 생활의 적응은 매우 절실한 부분이라고 논의하며 이들에게 한국 전반에 대한 이해가 기본적으로 필요하다고 하였다. 이들에게 필요한 한국 전반의 이해를 가능하게 하는 것은 바로 문화 교육이라고 논의하며 그 필요성을 피력하였다. 그러나 앞서 논의한 것과 같이 현재 유학생들은 TOPIK 시험에서 높은 점수를 얻는 것에 급급한 나머지 문화 교육은 등한시하고 있는 상황이다. 교수자 역시 학생들의 TOPIK 시험 결과나 대학 입학 능력 결과 등의 단기적 목표만을 위해 문화 교육을 등한시 하는 것이 다반사인 상황이다. 이러한 상황이 지속되면 결국 학습자는 수준 높은 한국어는 구사할 수 없는 결과를 낳게 된다. 따라서 외국 유학생들에게 문화 교육은 지속적인 한국어 능력을 향상시키기 위해 필수적이라 할 수 있다.

또한 한국어를 배우는 학습자들이 모두 TOPIK 시험이나 대학 입학만을 목적으로 하고 있지 않다. 한국어를 배우는 외국인 근로자들에게는 TOPIK 시험이나 대학 입학이 중요한 것이 아니다. 이들에게 한국어는 한국 사회에서 한국인들과 함께 일을 잘 하며 살기 위한 것이며, 이것이 한국어 학습의 이유이자 목적이다. 외국인 근로자들은 한국에서 사회생활을 하게 되는 사람들이다. 이렇게 한국에서 사회생활을 하며 살아가야 하는 외국인들이 단순히 기능 교육 즉, 말하기 듣기 읽기 쓰기 문법 교육만을 통해 언어를 배우게 된다면 한국어를 겉으로는 잘하는 것처럼 보일 수는 있지만 실제 한국에서 사용되고 있는 살아있는 한국어를 접했을 때 이를 이해하지 못하는 문제점이 생기게 된다. 결국 이들의 한국어 학습 목적과는 동떨어진 잘못된 교육이 된다. 특히 이들은 한국의 중장년층의

---

26) 황인교 외(2009), 『한국어 교육의 이해』, 한국문화사, 303면

제1부 한국어 문화 교육의 방향과 내용 선정 원리

사람들과 함께 일을 하는 경우가 많기 때문에 한국인들에게 현재까지 이어져오고 있는 전통적인 사상과 관념은 무엇이며, 과거와 다르게 변화한 사회상 등이 무엇인지 인식하는 것이 중요하다. 또한 이러한 문화적 요소를 알고 있을 때 비로소 자연스러운 의사소통이 가능해진다. 외국인 근로자들이 한국의 문화를 인식하고 자연스러운 의사소통을 하게 된다면 한국에서 사회생활을 할 때 생기는 불미스러운 일들을 미연에 방지할 수 있고 한국에 대한 편견을 조금이라도 줄일 수 있을 것이다.

결혼이민자들은 앞서 논의한 유학생이나 근로자들과는 또 다르다. 결혼을 통해 한국 국적으로 가지고 한국 사회의 한 구성원으로 잘 살아가는 것이 목적인 결혼이민자에게 문화 교육은 더욱 절실하다. 결혼이민자와 거의 모든 시간을 함께하는 가족구성원들은 모두 한국인이다. 따라서 이들에게 한국의 가족관계, 전통과 현대의 생활 문화, 예절 등의 문화는 한국어로 의사소통하는 것 그 이상으로 매우 중요한 부분이다. 황인교[27]는 한국에서 살아가는 외국인 학습자들에게 부부 또는 가족 간의 의사소통 및 자녀 교육, 일상생활 등을 위하여 적극적인 문화 교육이 필요하며, 문화 교육이 결여된 한국어 능력 숙달은 어렵다고 논의하였다. 또한 한국에서 살아가는 외국인 학습자들은 한국 문화와 자국의 문화 비교를 통해 새로운 문화 창출에 기여할 인재들이므로 이들에게 적극적인 문화 교육은 중요한 부분이라고 논의하였다.

결혼이민자들은 문화적 차이에서 접하는 문화충격이 유학생보다 훨씬 크다. 앞서 잠깐 논의했듯이, 한국에서 가족을 이루고 한국 사회의 구성원으로 직접 살아가야 하기 때문이다. 서종남[28]의 연구에서 몽골 출신의

---

27) 황인교 외(2009), 『한국어 교육의 이해』, 한국문화사, 303면
28) 서종남(2009), 「결혼이민자 가정의 문제점과 해결방안 연구」, 『시민교육연구』 제42호, 한국사회과교육학회, 111면

면담대상자는 한국사회의 가족중심 가치관이 기대이상으로 강하여 이해
가 되지 않을 때가 많다고 면담과정에서 이야기하였다고 한다.

> 저는 아름다운 한국어와 역사, 문화 등이 재미있고, 맛있는 요리 등
> 을 배우며 즐겁게 생활한 지 1년 뒤 취직도 하여 더욱 기뻤습니다. 그래
> 서 대한민국의 한 구성원으로서 열심히 생활하고 싶었습니다. 그러나
> 이해가 잘 되지 않는 것은 한국의 강한 가족중심의 문화입니다. 처음에
> 는 연장자는 잘 모시는 것 같고 부모와 자녀의 관계가 특별하게 보였습
> 니다. 그러나 몽골에서는 결혼을 결정할 때조차도 20살이 넘으면, 다들
> 자신들이 알아서하며 반대하는 부모는 거의 없습니다. 그런데 32살의
> 저의 남편은 하다못해 영화를 보러 갈 때도, 자신의 어머니께 전화를
> 해서 "엄마, 영화보고 저녁 먹고 가도 돼요?"라고 꼭 보고인지 허락을
> 받는 것인지를 합니다. 그럴 때면 독립적인 몽골 생활을 하던 저로서는
> 이해가 되지 않아 불편한 마음이 됩니다.(30세 여, 몽골 출신 O씨, 2009.
> 05. 08. 면담일지 중)

또한 본 연구자에게 한국어 수업을 들었던 베트남 출신의 결혼이민자
(여, 베트남 출신 O씨, 2011년 1학기 수업 중)는 한국의 시어머니와 며느리의
관계가 베트남과는 다르게 평등한 관계가 아닌 수직적 관계라는 점에서
어려움을 느낀다고 이야기하였다. 이러한 어려움들은 사실 한국인 며느
리들에게도 어려움을 주는 부분이기는 하다. 한국 사회에서 고부갈등은
그 뿌리 깊기 때문이다. 그러나 한국인 며느리들은 자신의 의견이 옳고
시어머니의 의견이 잘못된 것이라고 해도 그 자리에서 당장 시어머니의
의견이 잘못되었음을 시인하게 하고 수정하거나 철회하게 하는 행동을
하지 않는다. 즉, 연장자를 공경하며 그들의 권위를 인정하는 한국의 문
화적 배경을 알고 있기 때문이다. 그러나 이에 반해 외국인 며느리들은
이러한 문화적 특징을 알지 못하고 이해하지 못해 가족 관계 속에서 어
려움을 겪는 경우가 많다. 이처럼 결혼을 통해 한국으로 이민을 와서 생

제1부 한국어 문화 교육의 방향과 내용 선정 원리

활하게 되는 결혼이민자들에게 문화적 차이에서 오는 충격은 생각보다 심각하다. 유학생이나 근로자들뿐만 아니라 결혼이민자들에게도 한국어 문화 교육은 절실히 필요한 부분이며 그 필요성은 다음과 같다.[29)]

첫째, 결혼이민자들은 결혼을 하여 한국에 오게 되었으며 한국에서 생활하게 된 사람들이다. 따라서 한국어가 생활에 밀접하게 영향을 주며, 특히 문화적인 부분을 이해하지 못하면 한국 생활에 많은 어려움을 겪게 된다. 따라서 한국어 문화 교육이 필수적이다. 둘째, 결혼이민자들과 함께 생활하는 가족 구성원의 특성이다. 결혼이민자들은 상당수가 농어촌 지역에서 생활하며 많은 결혼이민자들이 나이가 많은 어른을 모시고 사는 경우가 많다. 또한 함께 사는 배우자의 나이 역시 많은 경우가 많다. 따라서 그들의 문화적 특성을 이해하지 못한다면 가족생활은 어려움을 겪게 된다. 즉, 서로의 문화를 알지 못하기 때문에 결혼이민자들은 다른 가족들의 행동을 이해하지 못하고 오해를 하게 되며, 이는 가정의 불화로 이어지게 된다. 셋째, 자녀와의 소통 및 교육문제이다. 결혼이민자는 한국인과 결혼하여 한 가정의 어머니로 살아가게 된다. 하지만 한국의 문화에 대한 이해가 없다면 자녀와의 소통은 어려우며 자녀의 교육적인 측면에서도 부정적인 영향을 줄 수밖에 없다.

결국 모든 한국어 학습자에게 기능 중심의 한국어 교육만을 행하는 것보다는 문화와 함께 한국어를 가르치는 방안이 필요하다. 특히 인간관계에서 나타나는 문화 또는 지켜야 할 도리 등을 가르치는 일은 한국 사회에서 소통하기 위해 중요한 부분으로 교육이 필요하다.

다음으로 문화 교육은 정서적 안정을 통해 학습의 효과를 높이기 위해서도 필요하다. 크라센[30)]은 감정여과 가설을 근거로 정서적 요인도 제2

---

29) 김미진(2011), 「결혼이민자를 위한 한국어 문화 교육 연구-판소리계 소설 <심청전>을 중심으로」, 『한어문교육』24, 한국언어문학교육학회

언어습득에 중요한 역할을 한다고 하였다. 이해할 수 있는 입력이 되더라도 만약 그 입력이 충분히 투입되지 못하게 하는 정신적 장애, 즉, 감정여과가 많아지면 언어습득이 방해를 받는다는 것이다.31)

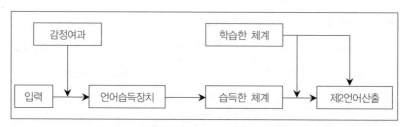

<그림 Ⅱ-1> 크라센의 제2언어습득에 대한 모니터 이론 모형

이는 한국어를 학습하는 한국어 학습자에게도 해당되는 부분이다. 한국어 학습자에게 한국어 습득에 충분한 입력을 투입하더라도 학습자의 감정여과가 많다면 학습 효과를 기대할 수 없다. 여기서 관심을 가져야 할 부분은 바로 감정여과 장치이다. 한국어 학습자에게 감정여과 장치로 작용될 수 있는 요인은 문화 차이이기 때문이다.

슈만32)은 목표 언어문화에 대한 제2언어 학습자의 사회적, 심리적 간격이 목표언어를 접촉하고 수용하는 정도를 좌우함으로써 제2언어 습득에 결정적 영향을 준다고 논의하였다. 특히 심리적 간격은 목적 언어와 문화에 기인하는 자극 압박 통합 등의 정서적 요인에 의해 결정된다고 보았다.33) 결국 문화가 학습자의 심리적 간격을 결정하게 되고, 심리적

---

30) Krashen, S D (1982), Principles and Practices in Second Language Acquisition, *Pergamon Press*, Oxford.
31) 박이도(1996), 『모국어 습득과 외국어 학습』, 한국문화사, 167면
32) Schumann, J. H(1975), Second language acquisition, *The Pidginization Hypothesis*, Dissertation, Havard University.
33) 박이도(1996), 모국어 습득과 외국어 학습, 한국문화사, 196면

제 1 부 한국어 문화 교육의 방향과 내용 선정 원리

간격은 언어 습득에 성패를 좌우할 수 있는 중요한 부분으로 작용한다는 것이다. 그러나 두 이론 모두 결점이 없는 완벽한 이론이라 할 수는 없다. 그러나 문화 학습이 언어를 습득하는데 큰 영향을 미칠 수 있음을 보여주는 이론들임은 분명하다.

결국 제대로 된 언어 학습을 하기 위해서는 한국어를 학습하고자하는 모든 학습자에게 적절한 문화 교육이 필요하다. 한국어는 고맥락 언어로 언어 속에 숨겨진 의미가 많다. 한국어는 이러한 특징으로 인하여 숨겨진 의미를 모른 채 대화를 하게 되면 소통이 어려운 언어이다. 숨겨진 의미는 대부분 문화적 맥락과 연결이 되어있는 경우가 많다. 따라서 외국인 학습자들이 숨겨진 의미를 이해하고 자연스러운 의사소통을 하기 위해 문화 교육의 중요성은 매우 크다. 또한 학습자의 문화 충격을 줄여주어 정서적인 안정을 통해 한국어 교육의 효과를 증대시키고 지속적으로 한국어 교육에 임할 수 있도록 하기 위해서도 문화 교육은 중요하다.

2.2. 문화 교육의 방향

현재 한국 문화 교육의 중요성에 대한 인식이 점차 확대되어감에 따라 문화 교육 방안들이 개발되고 있다. 국제한국어교육학회[34]는 문화 교육 방법을 교육 공간과 교수학습 활동 주도성에 따라 분류하였다. 그 내용은 다음과 같다.

<표 II-9> 문화 교육 방법 분류표

교육 공간	교수학습 활동 주도성	방법	
교실, 학교	1. 교사 주도	강의	문화 특강, 문화 강좌, 설명회
		언어 수업	문화 주제 수업, 문화 소재 활동, 정보 수집 화

---

34) 국제한국어교육학회(2010), 『한국문화 교육론』, 형설출판사

교육 공간	교수학습 활동 주도성		방법
			동, 문화 퀴즈, 비언어 의사소통 행동 교육, 비교 문화적 화용 교육, 멀티미디어 수업, 문화 여담, 문화 자료 제공
		문화 전용	문화 감지 도구, 문화 캡슐, 동작을 통한 지도, 신문, 문화 섬, 문학, 문화 주제 워크숍
	2. 학습자 주도		역할극, 토의, 토론, 문화주제 발표, 연극, 게임(속담, 고사성어, 비유, 관용 표현), 에피소드 이야기, 노래
	3. 수업 외 독립 학습		도서관, 멀티미디어 자료실 활용, 학습 일지 작성, 학습 방법에 대한 도움 요청, 학습 도우미와 문화적 이슈 토의, 동아리 참여, 교수학습 센터·외국인 학생 지원 센터 이용, 대학 문화 행사 참여
교실 밖, 실세계 사회	1. 교사 주도		현장 학습, 수학여행, 문화 체험
	2. 학습자 주도		현장 언어 실습, 생활 과제, 프로젝트, 다독, 다문화 축제
	3. 독립 학습		관찰 학습, 취미 활동, 방송·영화·인터넷 이용, 여행, 교육, 독서, 연구 조사, 창작 활동, 지역 사회 행사 참여

한상미[35]는 문화 교육의 방법으로 비교법, 문화 동화장치, 문화캡슐, 문화 섬, 인터넷, 참여 관찰, 관찰, 영상물의 활용, 출판물의 활용, 목표어 화자와의 접촉, 여행 등의 방법을 제시하였으며, 국립국어원[36]은 관찰, 매체 이용, 문화 훈련법, 문화 캡슐, 문화 활동 참여 및 기획 등의 방법을 제시하였다. 여러 연구에서 제시하고 있는 방법을 다음 표와 같이 정리할 수 있다.

<표 II-10> 문화 교육 방법

문화 교육 방법		문화 교육 내용
문화 자료 제시법	비교법	• 문화 교육의 가장 기본적인 방법으로 문화 간에 존재하는 차이점을 학습자들이 비교하도록 하는 방법 • 문화 차이가 일어나는 상황이나 텍스트를 제시하고 서로 다른 문화에 대해 학습자들이 토론하고 발표하는 방법으로 수업이 진행됨

---

35) 곽지영 외(2007), 『한국어 교수법의 실제』, 연세대학교 출판부, 295-303면
36) 국립국어원(2009), 『한국어 교육의 이해』, 한국문화사, 325면

제1부 한국어 문화 교육의 방향과 내용 선정 원리

문화 교육 방법		문화 교육 내용
	문화감지 도구	• 학습자가 경험할 수 있는 문화적인 문제가 생기는 사례와 학습자가 반응할 수 있는 선택 문항을 제시하여 선택하게 한 후 그 답에 대한 피드백을 통해 문화 차이를 인식하게 하는 방법 • 피드백이 정확히 이루어져야 문화 교육의 효과를 얻을 수 있음
	문화 캡슐	• 학습자 자국의 문화와 목표 문화의 차이점을 보여주는 다양한 시각 자료나 실물 자료를 제시하고 이와 관련된 토론을 진행하여 문화를 교수하는 방법
	문화섬	• 교실 주변을 문화를 보여주는 공간으로 활용하는 방법 • 목표 문화 관련 포스터, 그림, 사진 등을 벽면이나 게시판에 붙여 학습자들이 확인할 수 있도록 하는 방법으로 교사가 학습자의 수준에 맞는 주제를 다양하게 선정하여 문화 섬을 만드는 것이 중요함
관찰 보고법	참여 관찰	• 특정 언어공동체에서 직접 그 구성원으로 생활하면서 그 공동체 사회의 문화적 행위를 인지하고 학습하는 방법 • 한국 사회의 구성원으로 살아가는 결혼이민자에게 특히 유용한 방법으로 자신의 상황과 문화적 차이 등을 파악하고 논의하는 방법으로 교육이 이루어짐 • 주의점 : 교사가 개인의 사생활에 직접 관여하지 않는 자세 필요
	관찰	• 학습자가 학습해야 하는 특정 의사소통 행위를 관찰자로서 지켜보는 방법 • 직접 관찰이 어려운 상황이 많아 대부분 비디오 테이프로 녹화된 영상이나 영화, 드라마의 장면을 통해 교육이 이루어짐 • 관찰 후 기록을 하게 한 후 의견을 나누는 방법으로 교육이 진행됨
매체 활용법	인터넷	• 인터넷을 활용하여 직접 문화를 확인하는 방법 • 접근성이 용이하고, 다양한 유형의 문화를 포괄적으로 담고 있어 유용한 문화 교육 방법임 • 주의점 : 문화 교수 전 자판 익히기와 같은 기본적인 교육이 필요하며, 방대한 정보를 통제하여 문화 교육 주제에 맞는 통제된 교육이 이루어질 수 있도록 하는 자세 필요
	영상물	• 드라마, 영화, 광고, 다큐멘터리 등의 영상물을 활용하는 방법 • 학습자의 흥미 유발에 매우 효과적인 문화 교육 방법임 • 영상물의 분량 및 난이도 조절을 통해 수준별 학습자에 따른 교육이 가능한 교육 방법이며, 언어 자극 외에 장면의 시각적 자극을 통해 학습자의 이해를 높일 수 있는 교육 방법임 • 학습자의 문화 차이에서 발생하는 문제 상황을 보여주는 장면의 제시를 통해 문화 교수 가능 • 주의점 : 영상물의 분량이나 주제에 맞는 영상의 선정 등이 사전에 이루어져야 함
	출판물	• 신문, 잡지 등의 출판물을 활용하는 방법 • 출판물에는 교재에 포함되지 않는 실제적 문화가 다수 포함되어 문화 교육에 유용함

문화 교육 방법		문화 교육 내용
		• 신문을 읽고 요약하거나 기사 완성하기, 신문 주제에 대해 비교문화적인 관점에서 토론하기 등의 활동을 통해 문화와 의사소통 기능의 통합적 교육이 가능함
실제적 체험법	목표어 화자와의 접촉	• 목표어 화자와의 직접 만나서 대화하는 방법 • 교실에서 사용하는 제한적 의사소통에서 벗어나 실제적 의사소통을 하고 다양한 문화와 지식을 학습하는 방법 • 언어 교환, 버디 프로그램, 편지, 메일, 메신저하기 등의 친구 만들기 방법과 목표어 화자 인터뷰하기 등의 방법이 활용 가능
	여행 및 관람, 참여	• 직접 지역을 방문하여 풍습 및 역사 등의 문화적 정보 얻거나 박물관, 전시회 관람을 통해 문화적 정보를 얻는 방법, 다양한 문화 활동에 직접 참여하는 방법 • 통제되지 않은 자유 여행도 문화를 느끼는데 도움을 될 수 있으나, 문화 교육 내용을 체계적으로 제시하고 싶다면 교사가 여행이나 관람을 하기 전 그 곳에서 알아 볼 수 있는 문화적 정보 리스트를 제시하여 학습자들이 직접 정보를 확인해 작성하도록 방법 등을 활용하는 것이 유용함

문화 교육은 이러한 문화 교육의 방법들을 바탕으로 기본적으로 문화의 우위를 따지지 않고 각각의 문화를 존중하는 문화 상대주의적인 태도를 갖고 교육을 진행하는 것이 중요하다. 이 기본적인 태도가 무너진 교육 즉, 어느 한 쪽 문화를 우월하게 바라보는 시각에서 교육이 이루어지거나 한쪽 문화에 동화시키려는 교육 등은 학습자들에게 목표 문화에 대한 부정적 인식을 갖게 할 수 있으므로 주의가 필요하다. 특히 정신 문화의 교육은 더 세심한 주의가 필요하다. 한국인의 사상 및 가치관만이 옳다는 문화 사대주의적 관점이 아닌 한국인의 의식의 특성을 상대주의적 시각에서 제시하고 그에 따른 물질 문화 양상을 함께 제시하는 것이 하나의 교육 방향이 될 수 있다. 결국 학습자들이 서로 자국의 문화와 한국의 문화를 모두 인정하는 시각, 문화 상대주의적인 시각을 가지고 문화를 비교하는 태도가 필수적이다.

또한 현재의 문화 교육의 내용을 반성할 필요가 있다. 문화 교육에서 문화는 크게 정신 문화와 물질 문화로 나뉜다. 현재 문화 교육은 직접 눈으로 살필 수 있는 물질 문화의 교육에 초점이 맞추어져 있다. 이는 교수의 편의성과 관계가 있다고 할 수 있다. 직접 경험하거나 사진, 영상 등으로 직접 실체를 확인할 수 있는 실체를 직접 확인할 수없는 정신 문화에 비해 교육이 손쉽기 때문이다. 현재 문화 교육의 가장 큰 문제로 지적되고 있는 단편적인 지식으로서의 문화 교육은 바로 이와 관계가 깊다. 사실 물질 문화는 시대가 변하고 사상이 변하면 그 모습은 충분히 변화 가능하다. 결국 물질 문화는 정신 문화에 종속되어 있다고 해도 과언이 아니다. 물질 문화의 근원이 되는 학문, 사상, 종교, 예술 등의 정신 문화는 한 나라의 특수성으로 인식될 만큼 특징적인 것으로 교육의 편의성과 별개로 정신 문화의 문화 교육적 반영이 시급하며 중요하다. 따라서 현재 단편적인 물질 문화 교육에 편중되어 있는 문화 교육의 문제점을 정확히 진단하고 문화 교육의 중요한 부분인 정신 문화의 교육에 대한 지속적인 연구 및 방안 개발이 필요하다.

2.3. 문학 작품의 문화 교육 활용 가치

문학은 인간의 가치 있는 체험을 언어로 형상화한 것이다. 인간은 한 사회 속의 구성원으로 살아가며 그 사회의 문화를 체험한다. 이러한 일반적인 또는 특별한 문화적 체험들이 주인공의 서사로 정리된 것이 바로 문학 작품이다. 서사는 어떠한 사건에 참여하는 인간과 그 사건이 소통되는 장, 그리고 그들의 경험을 보여줌으로써 의미를 부여하는 소통 양식이다.[37] 결국 서사가 보여주는 인간과 그 소통의 장 즉, 사회, 그들의 체험은 문화의 모습과 일치한다. 따라서 서사를 통해 문화 교육이 이루어져야 함은 어찌 보면 당연한 일이라 할 수 있다. 결국 다양한 서사가

---

37) 문영진(2007), 『동시대의 삶과 서사 교육』, 한국문화사, 21-22면

담긴 문학 작품 속에는 직접 경험하기 어려운 수많은 문화적 상황 및 체험들이 담긴다. 즉, 한 사회의 문화적 모습이 고스란히 문학 작품 속에 내재된다. 문학은 특정한 사회의 문화가 집약된 것이라 할 수 있다. 이러한 문학의 특징은 문학을 활용한 문화 교육이 상당히 효과적일 수 있음을 예측 가능하게 한다.

문학 작품은 언어가 사용되는 모습을 구체적으로 실현한 실현태이자 살아 있는 언어 자료로서 역할을 하기 때문에 문학 교육은 곧 언어 교육 자체이다.38) 결국 문학을 활용한 언어 교육은 기본적인 수준에서 벗어난 상위 단계의 한국어 학습, 즉 고급스럽고 자연스러운 언어 학습 면에서 큰 가치를 지닌다. 또한 한국어 교육에서 문학 교육과 관련된 세 가지 능력인 의사소통 능력, 문화 능력, 문학 능력은 위계적인 관계에 놓이기도 하지만 서로 상보적인 관계를 맺고 있으며, 문학을 활용한 한국어 의사소통 기능 교육, 문학을 통한 한국의 사회 문화 교육, 한국어 교육에서 한국문학에 대한 교육은 순차적으로 이루어지지만 일정 단계에 이르면 한국어 학습자의 의사소통 능력과 문화 능력, 문학 능력은 통합적으로 작용하여 상승효과를 거두게 된다.39)

문학은 형상과 인식의 복합체이며, 문학작품은 인식과 행동의 주체인 '자아'와 그 대상인 '세계'의 관계로 이루어져 있다.40) 이를 통해 문학 속에는 인물의 내면은 물론 그 인물이 존재하는 세계의 모습이 그대로 드러나 있음을 알 수 있다.

---

38) 서울대학교 한국어문학연구소 외(2012), 『한국어 교육의 이론과 실제』, 아카넷, 510-512면
39) 서울대학교 한국어문학연구소 외(2012), 『한국어 교육의 이론과 실제』, 아카넷, 515면
40) 이헌홍 외(2012), 『한국 고전문학 강의』, 박이정, 24면

제1부 한국어 문화 교육의 방향과 내용 선정 원리

작품외적 자아 –	작품내적 자아 – 작품내적 세계	– 작품외적 세계

<그림 II-2> 현실세계와 인물의 관계[41]

문학 작품 내에는 세계가 중요한 한 부분을 이루고 있으며 이 세계는 작품이 형성된 사회의 모습과 분리될 수 없는 긴밀한 관계를 맺고 있음이 자명하다. 따라서 문학 작품 속에 문화가 드러나는 것은 당연한 일이 아닐 수 없다.

한국어 교육보다 조금 더 먼저 연구가 시작된 외국어 교육에서는 문학 작품의 중요성을 인식한 연구들이 더 많다. 특히 외국어 교육에서 문학 작품을 활용하는 것이 중요한 역할을 한다는 것은 콜리와 슬레이터의 연구[42]를 통해 살필 수 있다. 그 내용은 다음과 같다.

① 가치 있고 실제적인 자료 : 문학 작품은 가치 있고 실제적인 자료를 제공한다. 초급 단계의 학습이 끝나면 고급스러운 문장을 보아야 하는데 묘사하기, 서사하기, 풍자하기, 비유하기 등의 고급스러운 언어 능력을 익히려면 신문, 광고문 등에서 보충할 수 없는 고급스러운 문장을 문학 작품들에서 익히게 된다.
② 문화적 풍요화 : 문학 작품은 문화적 풍요를 보여 준다. 문학 작품 속에 담긴 문화 맥락은 문화 이해에 유익하다.
③ 언어적 풍요화 : 문학 작품 속에는 언어 자료가 풍부하다. 어휘, 표현, 문체 등이 다양하여 학습 대상 언어의 세계를 확장하는 데 유익하다.
④ 개인적 연관 : 문학 작품을 읽으면서 학습자는 대상 언어를 통해서 상상력의 세계를 넓히어 고급스러운 언어 능력을 기를 수 있다.

---

41) 이헌홍 외(2012), 『한국 고전문학 강의』, 박이정, 24면
   조동일의 연구 재인용
42) 서울대학교 한국어문학연구소·국어교육연구소·언어교육원(2012), 『한국어 교육의 이론과 실제』, 아카넷, 513면

결국 문학 작품을 문화 교육에 활용하게 되면 문학 작품 속에 담긴 언어적 특징과 문화적 특징의 균형 있는 학습이 가능해진다. 그 결과 의사소통 능력의 향상은 물론이며 문화 맥락을 익히게 되고 이는 문화 이해 및 나아가 목표 언어를 더 깊이 이해하는데 긍정적인 영향을 줄 수 있다. 따라서 문학 작품의 문화 교육적 활용은 가치가 매우 높으며 유용하다.

이처럼 문학은 직접 체험이 불가능한 많은 것들을 간접 체험하게 해준다. 외국인들은 한국의 많은 문화를 체험하고 배우고자 하며 이는 언어 교육에서 있어서도 반드시 필요한 부분이다. 그러나 모든 문화를 직접 경험할 수는 없다. 또한 과거부터 현재까지 전해지고 있는 정신과 관련된 문화들을 모두 체험하여 학습하기란 불가능하다. 따라서 문화가 풍부하게 녹아있는 문학 작품을 통해 문화를 학습하는 것은 직접 체험이 불가능한 것들을 학습할 수 있는 좋은 기회가 될 수 있다. 특히 과거부터 현재까지 한국인의 의식 속에 남아 있는 문화들은 고전 문학 작품 속에 다수 내재되어 있으므로 고전 문학 작품들을 통하여 한국어 문화 교육을 실시한다면 그 효과가 상당할 것이다.

고전 문학은 그 작품이 전해지는 사회 구성원들의 의식 및 사상, 형상들을 고루 담고 있는 문화적 산물이다. 특히 한국의 고전 문학 작품 내에는 과거 한국인의 풍속, 제도, 생활, 의식 등이 내재되어 있다. 당대의 중요한 사상이나 생활상 등은 고전 문학 작품 속에 고스란히 담겨 후대에 전해지기 때문이다. 앞서 논의한 것처럼 우리는 문학을 통해 직접 체험할 수 없는 다양한 문화를 간접 체험할 수 있다. 현존하고 있는 문화에 비해 과거의 전통 문화는 더욱더 직접 체험하고 학습하기가 어렵다. 이러한 불가능한 체험을 가능하게 해 주는 것이 바로 고전 문학 작품이다.

고전 문학의 모티프들은 전통적인 문화는 물론이며, 현재 한국인들의 보편적인 문화까지 잘 반영하고 있다. 고전 문학 작품에는 우리 민족의

제 1 부 한국어 문화 교육의 방향과 내용 선정 원리

정신요소, 정서가 잘 담겨 있으며 이는 현재까지 전해지며 한국인의 보편적인 문화를 형성한다. 과거의 것으로 머물고 있는 문화는 물론이며 현재까지 전해지고 있는 의식 및 사상 문화까지도 모두 고전 문학 내에 잘 반영되어 있다.

고전 문학 작품은 한국인의 전통적 문화의식, 즉, 세계관, 가치관, 우주관 등 한민족 정신세계의 원형과 본질이 내재되어 있어, 이를 교육에 활용한다면 한국어의 기초적인 의사소통 능력 향상은 물론 고급스런 텍스트까지의 이해를 이끌어내는 것, 이를 바탕으로 한국어로 표현할 수 있는 언어 능력까지 함양할 수 있다.[43] 즉, 고전 문학 작품은 한국 문화를 바르게 이해하는데 도움을 주어 문화 이해 능력을 형성하는 효율적인 텍스트로 활용이 권장된다. 고전 문학 교육의 중요성에 대한 논의는 여러 학자들에 의해 다양하게 이루어지고 있다.

먼저 외국인을 위한 한국어 교육에서 고전 문학 교육의 중요성을 세 가지로 논의된다.[44] 첫째, 한국어의 역사에서 그 정수적 표현을 얻은 것은 고전 문학이며, 그러한 표현은 오늘날의 한국어에도 이어지고 있다는 점에서 고전 문학은 한국어 교육의 중요한 교재가 된다는 점이다. 둘째, 한국인의 언어 생활사에서 삶과 세계를 인식하는 틀과 지향하는 가치를 가장 잘 표현한 것이 고전 문학이며, 이에 대한 학습을 통해 한국인의 사고방식과 가치관을 잘 알 수 있고 그것의 능력을 기를 수 있다는 점이다. 셋째, 한국의 고전 문학은 인류사에서 한국인이 성취한 고전으로 한국어로 이루어진 고전을 배우는 것은 한국 문화가 세계 문화의 일원으로서 이룬 최고의 성과를 이해하는 것이라는 점이다. 이러한 점을 염두할 때

---

43) 한국고소설학회(2005), 『고전소설 교육의 과제와 방향』, 월인, 91-115면
44) 김종철(2002), 「한국 고전문학과 한국어교육」, 『한국어교육』Ⅰ. 서울대 사범대학 외국인을 위한 한국어교육 지도자 과정

문화 교육의 적절한 텍스트로 고전 문학을 활용하는 것이 유용하다는 것을 알 수 있다.

양민정45)은 한국 문화 교육에 있어서 고전 문학의 활용은 적극적 의의를 확보할 충분한 내실을 갖추고 있다고 논의한다. 그 근거의 첫째는, 한국어에 대한 단순한 문법, 어휘 등의 언어적 구사로 인한 의사소통 능력을 넘어서 한국 문화의 이해 및 다양하고 심도 있는 한국어의 습득과 구사라는 양 축을 다 이룰 수 있는 효과적 텍스트라는 점이다. 둘째는, 외국인 학습자들에게 학습의 흥미와 사고력, 자국 문학과의 대비 능력, 나아가 자국의 문화와의 대비 능력 등을 키워 줄 수 있는 데에도 효과적이라는 점이다.

고전 문학 작품은 한 사회의 문화적 경험의 총체가 담겨 있는 텍스트로 외국인 학습자에게 다양한 문화 요소 제시가 가능한 텍스트이다. 이러한 고전 문학 작품을 문화 교육에 활용한다면 학습자 자국과의 문화 인식 차이를 최대한 줄이고 한국에 대한 이해를 도울 수 있을 것이다. 분명하다. 특히 고전 문학 작품은 전 세계적으로 공통적인 모티브가 다수 존재하기 때문에 학습자 자국에 비슷한 모티브를 지닌 작품과의 비교가 용이하다. 결국 고전 문학 작품은 학습자가 자국과의 문화 비교를 통하여 흥미롭게 문화적 욕구를 충족시킬 수 있다는 점에서도 유용한 자료라 할 수 있다.

그러나 고전 문학 작품을 문화 교육에 활용하기 위해 해결해야 할 점도 있다. 고전 문학 작품의 고어 문제이다. 고전 문학 작품이 고어로 되어 있는 문제는 한국어 교사 또는 연구자들이 외국인 학습자의 수준에 맞는 어휘나 문법으로 개작하여 학습에 적용하거나 또한 한국의 초, 중

45) 양민정(2005), 「외국인을 위한 한국문화 교육 방안 연구-한국 고전문학을 중심으로」, 『국제지역연구』9-4, 한국외국어대학교 외국학종합연구센터

제1부 한국어 문화 교육의 방향과 내용 선정 원리

등 교육에서 활용하고 있는 자료를 활용한다면 큰 문제가 되지 않을 것으로 보인다. 문화 교육은 문화를 익혀 한국어 의사소통 능력을 고급 단계로 향상시키거나 문화 충격을 줄이는 것을 목표로 한다. 따라서 교수자는 학습자의 이해가 가능한 텍스트를 준비하여 학습자 스스로 자국과의 문화 비교를 할 수 있도록 하는 노력이 필요하다.

제2장 한국어 문화 교육의 내용 선정 원리

1. 한국어 문화 교육의 원리

본 절에서는 한국어 문화 교육 내용 선정 시 이론적 기반으로 삼아야 할 내용 구성 원리에 대해 논하고자 한다.

① 문화 상대주의 개념에 입각한 문화 비교

한국어 문화 교육은 문화적 배경이 각기 다른 학습자들을 대상으로 한다. 따라서 한국어 학습자들이 학습하게 되는 학습 상황은 여러 문화가 함께 뒤섞인 가운데 한국 문화의 특수성을 가르쳐야 하는 특수한 상황이다. 이러한 다문화적 상황에서 갈등 없이 한국어 문화를 가르치기 위해서는 교육 원리가 필요하다. 문화 교육에 관한 원리는 사대주의적 관점에서 상대주의적 관점으로 변화하고 있다. 즉, 과거 식민지 교육 시대의 사대주의적 관점에서는 문화를 주입하고 동화시키려는 의식이 강했으나 이는 많은 갈등을 야기했다. 이러한 문제를 해결하기 위해 현재는 상대주의 관점이 기초가 되어야 함을 강조한 이론들이 주를 이루고 있다.

한국보다 먼저 다문화 상황이 시작된 외국에서는 이러한 문화 교육의 문제적 상황 및 갈등을 최소화하기 위한 연구들이 다수 진행되어 왔다.[46) 미국의 경우 다문화적 상황과 갈등을 해결하기 위해 동화주의, 용광로 이론, 샐러드 볼 이론 등 다양한 모습으로 논의가 이루어져 왔다. 또한 해외 여러 나라 역시 문화 차이를 녹여 없애 동화시키자는 입장에서 문화적 다양성을 인정하자는 조합적 다문화주의, 상호문화주의를 지향하는 경향을 보이고 있다. 이러한 문화 교육의 흐름은 결국 문화를 하나로 동화시켜 버리는 것보다는 상호 비교를 통해 여러 문화를 인식하도록 하는 것이 효과적임을 보여 준다.

한국어 교육에서도 마찬가지이다. 한국어 교육의 학습자는 성인 학습자로 자국의 문화에 대한 인식과 자부심이 내재된 상태이다. 이러한 상황에서 한국 문화의 우월성을 강조한 교육은 오히려 한국 문화에 대한 반감을 가지게 할 우려가 있다. 따라서 각 나라의 문화 비교를 통해 한국 문화의 특수성을 스스로 발견하게 하는 문화 교육 원리가 필요하다. 결국 한국어 문화 교육은 문화 상대주의 개념에 기초하여 문화를 비교해야 하며 문화의 평가하는 태도는 지양해야 한다.

② 문화 간 소통을 통한 상호 문화 이해

문화의 차이는 학습자 스스로 극복하기가 어려우며, 목표 문화에 대한 편견이나 갈등을 유발하기 쉽다. 또한 문화적 배경이 다른 타국의 문화를 교육할 때 교육의 방향이나 방법이 잘못 계획되면 학습자가 문화 교육 내용을 불필요한 타국만의 지식으로 인식할 우려가 있다. 이러한 문

---

46) 김윤주(2014), 『다문화 배경 학생을 위한 한국어(KSL) 교육의 이해와 원리』, 한국문화사, 299면

제점은 결국 학습자에게 영향을 미쳐 학습 저하로 이어질 수 있다. 따라서 한국어 문화 교육에서 이러한 문제점을 해결하기 위해서는 문화 간 소통을 통해 상호 문화 인식이 가능하도록 구성되어야 한다. 즉, 일방향성을 띤 주입식 교육의 방법으로는 학습자의 흥미를 유발하기 어려우며, 문화를 화석화시켜 학습자에게 필요 없는 고리타분한 지식이라는 인식을 각인시킬 수 있다. 따라서 상호 문화를 이해하기 위해서는 상호문화주의적 관점에 입각하여 문화적 배경이 다른 학습자들 스스로 자국의 문화와 비교를 통해 한국 문화의 특수성을 스스로 인식하게 하는 방법을 활용할 필요가 있다.

상호문화주의적 관점에서의 문화 교육이란 자신의 문화적 특수성을 인식하고 타인의 문화에 대한 인식과 배움의 과정을 거쳐 자신과 타인 사이의 공통점과 차이점을 인식하며 서로를 인정하고 받아들이는 과정을 통한 문화 교육을 의미한다.[47] 한국어 문화 교육 역시 이 상호문화주의적 관점에 입각하여 문화 간 소통을 통해 상호 문화 이해 능력을 향상시키기 위한 문화 교육 원리가 필요하다. 장한업[48]은 상이한 문화를 가진 사람들 간의 이해는 결코 저절로 이루어지지 않는다는 프랑스의 상호문화 교육에 입각하여 '자기중심에서 벗어나기', '타인의 입장이 되어보기', '타인과 협력하기', '타인이 현실과 나를 어떻게 인식하는지를 이해하기'와 같은 상호문화 교육의 방법론적 원칙을 제시하였다. 그는 상호문화 교육의 방법론적 원칙을 학생들에게 문화개념을 이해시키는 단계, 학생 자신의 고유한 시각을 인식시키는 단계, 타인의 문화를 발견하는 단계, 자기 문화와 타인의 문화를 비교하는 단계, 상대화하게 하는 단계, 타인

---

47) 김윤주(2014), 『다문화 배경 학생을 위한 한국어(KSL) 교육의 이해와 원리』, 한국문화사, 306면

48) 장한업(2009), 「프랑스의 이민정책과 상호문화교육-한국 사회에 주는 시사점을 중심으로」, 『불어불문학연구』 79, 한국불어불문학회, 645-652면

의 문화를 수용하게 하는 단계로 나누어 단계별로 구체화하였다. 이는 한국어 문화 교육에도 많은 시사점을 준다.

한국어 문화 교육 내용을 선정하고 구성할 때에도 이러한 상호문화 교육에 입각하여 학습자 스스로 소통을 통해 서로의 문화를 이해해 갈 수 있는 내용이 구성되어야 한다. 또한 소통을 통한 문화 교육은 한국어 문화 교육과 의사소통 기능 교육을 동시에 행하여 문화 능력과 의사소통 능력을 함께 향상시킬 수 있는 방법으로 학습자에게 유용한 방법이라 할 수 있다.

③ 다문화 문식성을 바탕으로 한 문화적 행간 이해

한국어 문화 교육의 내용을 선정하기 위해서는 다문화 문식성 개념의 이해가 필요하다. 한국어 문화 교육에서 교육 내용으로 선정되어야할 내용들이 다문화 문식성과 관련된 내용들이기 때문이다. 문식성은 여러 개념이 있다. Banks[49]가 제안한 다문화 문식성은 지식의 고안자나 그들의 이해관계를 규명하고, 지식의 가정을 밝히며, 다양한 민족과 문화적 관점에서 지식을 검증하고, 지식을 인간적이며 정의로운 세계 구현을 위한 행동 지침으로 지식을 사용할 수 있는 기술과 능력이라고 정의하였다. 또한 Moore[50]는 다문화 문식성은 학교에서 발생하는 언어를 학습하고 학문을 배우러 오는 모든 학생들의 문화적 경험, 역사, 그리고 언어를 연결 짓는 과정이라고 정의하였다. 이러한 다문화 문식성 개념은 현재 한국의 다문화 교육 현장에 연계되어 논의가 이루어지고 있다. 심상민[51]은

---

49) 김윤주(2014), 『다문화 배경 학생을 위한 한국어(KSL) 교육의 이해와 원리』, 한국문화사, 70면 재인용
50) 김윤주(2014), 『다문화 배경 학생을 위한 한국어(KSL) 교육의 이해와 원리』, 한국문화사, 71면 재인용
51) 심상민(2009), 「다문화 사회에서의 문식성 교육의 제 문제」, 『국어교육학연구』 35, 국어

다문화 문식성을 단순히 글을 읽고 쓰는 능력뿐만 아니라 사회 문화적 맥락에서 문화의 다양성을 이해하고 표현하는 능력이라고 정의하며 문화 반응 수업 적용을 통한 다문화 문식성 교육에 대해 제안하고 있다.

이러한 다문화 문식성은 한국어 문화 교육에서도 영향력을 지닌다. 단순한 의사소통 능력을 넘어선 사회 전반에 걸친 지식과 정보 체계에 대한 이해와 소통은 한국어 문화 교육의 목표이다. 따라서 다문화 문식성 개념 바탕으로 문화 교육 내용 선정하고 교육함으로 통해 문화적 행간 이해가 이루어져야 한다. 또한 이러한 문화 이해를 바탕으로 자연스러운 의사소통 및 문화 전달 능력 형성이 이루어지도록 해야 한다.

④ 문화 충격을 줄여 정서적 안정 도모

한국어 문화 교육 내용은 문화 충격을 줄여 주어 학습자의 정의역 영역에도 도움을 줄 수 있는 내용이 선정되어야 한다. 장한업[52]은 크고 작은 문화 차이는 사람들 사이의 편견과 갈등을 유발할 가능성이 매우 높다고 논의하였다. 이는 문화 차이가 학습자간 갈등이나 학습자와 교사간의 갈등 또는 학습자와 한국과의 갈등으로까지 이어질 수 있음을 시사한다. 이러한 갈등적 상황은 학습자의 교육에 악영향을 미칠 수 있다.

Schumann[53]은 정서적 요인에 의해 결정되는 학습자의 사회적, 심리적 간격이 목표언어를 접촉하고 수용하는 정도를 좌우함으로써 언어 습득에 결정적 영향을 준다고 논의하여 정의적 영역의 중요성에 대한 논의하였

교육학회, 331-359면

김윤주(2014), 『다문화 배경 학생을 위한 한국어(KSL) 교육의 이해와 원리』, 한국문화사, 72면 재인용

52) 장한업(2009), 「프랑스의 이민정책과 상호문화교육-한국 사회에 주는 시사점을 중심으로」, 『불어불문학연구』 79, 한국불어불문학회, 650면

53) Schumann, J. H(1975), Second language acquisition, *The Pidginization Hypothesis*, Dissertation, Havard University.

다. Krashen[54]은 이해할 수 있는 입력이 충분하더라도 감정여과 즉 언어 습득을 방해하는 정의적 문제가 있으면 언어 습득에 방해가 일어난다고 논의하며 교육의 정의적 영역의 중요성에 대해 논의하였다.

이러한 정의적 영역의 중요성은 한국어 학습에서도 나타난다. 문화 충격이 그 모습이다. 한국어 학습자는 문화가 다른 언어를 학습하며 문화 충격을 경험하게 되며 이러한 문화 충격이 제대로 극복되지 못하면 결국 한국어 학습을 중도에 포기하게 되거나 학습 수준의 향상이 일정정도에만 머물게 되는 결과를 가져와 한국어 학습에 큰 영향을 미친다. 따라서 문화 충격을 줄일 수 있는 문화를 선정하여 문화 교육이 이루어져야 한다.

⑤ 정신 문화에 중점을 준 문화 교육

한국어 문화 교육에서 문화 분류에 대한 논의는 계속되어 왔다. 먼저 조항록[55]은 언어 문화, 일상생활 문화, 성취 문화로 분류하였고, 박영순[56]은 문화를 정신 문화와 물질 문화, 전통 문화와 현대 문화, 대중 문화와 고급 문화, 무형 문화와 유형 문화로 분류하였다. 권오경[57]은 문화를 성취 문화와 행동 문화, 관념 문화로 나누고 관념 문화를 바탕으로 성취 문화와 행동 문화가 발생한다고 논의하였다. 이러한 논의를 토대로 문화 교육의 내용은 크게 물질 문화와 정신 문화로 나뉜다. 정신 문화는 그 문화를 형성하고 있는 사회 구성원의 정신체계를 의미한다. 그리고 물질 문화는 정신 문화를 바탕으로 형성된 문화적 산물을 의미한다. 결

---

54) Krashen, S D (1982), Principles and Practices in Second Language Acquisition, *Pergamon Press*, Oxford.
55) 조항록(2004), 「한국어 문화교육론의 내용 구성 시론」, 『한국언어문화학』 1-1, 국제한국 언어문화학회 206면
56) 박영순(2006), 『한국어 교육을 위한 한국 문화론』, 한림출판사
57) 권오경(2009), 「한국어 교육에서의 문화 교육 내용 구축 방안」, 『언어와 문화』 5-2, 한국 언어문화교육학회

국 정신 문화는 사상이나 가치관, 정서 등으로 비가시적이지만 한 사회를 그 사회답게 만드는 특수성을 의미한다. 물질 문화는 이러한 정신 문화를 통해 형성된 문화로 눈에 보이는 가시적인 역사적, 사회적, 과학적 산물들을 의미한다. 문화 교육 역시 이러한 물질 문화 교육과 정신 문화 교육으로 나뉠 수 있다.

앞서 논의한 문화 충격을 만드는 문화 차이는 겉으로 드러나는 물질 문화의 차이와 사회에 내재된 정신 문화의 차이가 있다. 먼저 물질 문화는 시각적으로 드러나 단순하게 습득이 가능하다. 따뜻한 나라와 추운 나라의 의상의 차이, 음식의 차이 등은 가시적이며 금방 습득이 가능한 것이 그 예이다. 그러나 정신 문화는 시각적으로 드러나지 않아 그 차이를 느끼기는 하나 그것의 실체를 인식하기가 쉽지가 않다. 이와 같은 맥락의 논의로 장한업58) 역시 문화적 내용 중에는 음식, 건축, 의상 등과 같이 쉽게 알아볼 수 있는 것과 가치, 의도, 개념 등과 같이 보이지 않는 것이 있는데 후자의 것이 오해나 편견의 원인이 될 수 있다고 논의하였다. 따라서 한 사회의 문화를 제대로 이해하고 문화 충격을 줄이기 위해서는 그 사회의 사상 및 가치관 등을 나타내는 그 사회만의 정신 문화의 이해가 필수적이다.

또한 정신 문화는 사회에 내재되어 물질 문화 형성에도 큰 영향을 준다. 눈으로 보이는 물질 문화는 정신 문화가 변화하면 함께 변화하는 특성을 보인다. 결국 문화의 차이를 형성하는 것은 정신 문화의 차이이며 학습자는 이 정신 문화를 이해해야 이해할 수 없는 문화 충격에서 벗어날 수 있으므로 한국어 문화 교육에서는 물질 문화 교육과 정신 문화 교육을 병행하되, 물질 문화의 기초가 되는 정신 문화에 중점을 두어 문화

---

58) 장한업(2009), 「프랑스의 이민정책과 상호문화교육-한국 사회에 주는 시사점을 중심으로」, 『불어불문학연구』 79, 한국불어불문학회, 650면

의 핵심이 문화 교육의 내용으로 구성되어야 한다.

⑥ 한국 문화의 세계화

문화는 한 나라를 대표하는 자산으로 한 민족의 정체성을 드러내는 부분이다. 세계 여러 나라는 자신의 문화를 세계화시키기 위해 많은 노력을 기울인다. 한국 역시 한국의 문화를 세계화하기 위한 여러 노력을 진행하고 있다. 한국어 문화 교육은 한국 문화의 세계화에 크게 이바지할 수 있는 바탕을 지니고 있다. 한국어 학습자는 한국어 문화 교육 후 자의적 또는 타의적으로 한국 문화를 전달하게 되기 때문이다. 그러나 상대 문화에 대한 이해의 부족, 즉 상대 문화에 대한 피상적, 표피적 이해가 상대 문화에 대한 거부와 부정으로 발전하는 경우가 일반적이다.[59] 그 결과 제대로 된 문화 전달은 이루어지지 못하게 된다. 따라서 문화 교육은 한국 문화에 대한 인식을 정확하게 하여 학습자가 향후 한국 문화를 올바르게 전달할 수 있도록 구성되어야 한다. 이를 위해서 문화 교육은 한국에 보편적으로 존재하는 문화와 특수하게 존재하는 문화를 그 내용으로 구성하여 문화 인식을 정확히 할 수 있도록 해야 한다.

또한 문화는 살아있는 유기체와 같이 계속 변화한다. 따라서 학습자 스스로 소통 능력을 통해 지속적으로 한국 문화를 비교하여 인식하고 전달할 수 있도록 구성해야 한다. 그래야 한국의 문화가 변화하여도 이 변화의 원인이 되는 문화를 이해하고 한국의 문화에 대한 인식을 꾸준히 가질 수 있게 되기 때문이다. 따라서 한국어 문화 교육은 학습자의 문화적 소통 능력 향상에도 관심을 기울여야 한다.

결국 한국어 문화 교육은 올바른 문화 이해를 위해 그 내용이 구성되

---

59) 박세일(2010), 『창조적 세계화론』, 서울대학교출판문화원, 422면

어야 하며, 학습자의 문화 소통 능력을 향상 시킬 수 있도록 내용이 구성되어야 한다. 이를 통해 문화갈등을 넘어서 문화상생[60]을 이루어 간다면 한국 문화의 세계화는 성공적으로 이루어지고, 지속적으로 이어져 나갈 수 있을 것이다.

2. 한국어 문화 교육의 목표

모든 교육은 목표나 목적이 그 내용을 좌우한다. 언어 교육은 언어와 문화를 통합하는데 그 목적이 있다. 언어 교육은 궁극적으로 언어 학습을 통해 언어의 표면적 의미와 내면적 의미를 모두 이해하여 오해 없는 소통을 목적으로 한다. 한국어 문화 교육 영역에도 목표가 있다. 한국어 문화 교육의 목표는 개인적 차원의 목표와 사회적 차원의 목표로 양분된다.

<표 II-11> 문화 교육의 목표

개인적 목표	→	사회적 목표
의사소통 능력 신장	←	한국 문화의 세계화

문화 교육의 목표는 다음과 같은 세부적 문화 교육 목표로 세분화된다.

<표 II-12> 문화 교육의 세부적 목표

개인적 차원	사회적 차원
• 한국 문화에 대한 기초 지식을 이해하고 일상 의사소통 생활에 필요한 문화 능력을 함양한다. • 한국어로 이루어지는 담화 상황에 능동적으로 참여할 수 있는 한국어 문화 맥락 능력을 기른다.	• 한국 사회와 문화에 적절히 대응할 수 있는 상호 문화 이해 및 소통 능력을 기른다. • 문화 인식에 자신감을 가지고 한국 사회를 위한 긍정적인 태도와 한국 문화의 세계화에 이바지한다.

---

60) 박세일(2010), 『창조적 세계화론』, 서울대학교출판문화원, 421면

한국어 문화 교육의 개인적 목표는 의사소통 능력 신장이다. 모든 언어 학습의 기본 목표는 의사소통 능력 신장이다. 문화 교육 역시 마찬가지이다. 언어와 문화는 본고에서 지속적으로 논하듯이 불가분의 관계이다. 따라서 의사소통 능력 신장을 위해서는 문화 교육이 필요하며 이는 문화 교육의 중요한 목표이다. 결국 문화 교육은 의사소통 능력을 신장하기 위해 그 내용이 선정되어야 한다.

국어과 교육의 목표[61]는 창의적이고 능동적인 국어 사용 능력, 문화 창조에 중점을 두고 있으며 한국어 교육의 목표 역시 의사소통 능력과 기본적인 문화 이해 능력에 중점을 두고 있다. 또한 영국의 자국어 교육과정의 목표는 언어 능력, 창의성, 문화이해, 비판적 이해이며, 미국의 외국어 교육과정의 목표 역시 의사소통, 문화, 다른 학과목과의 연계, 비교, 다문화 사회에의 참여로 이루어져 있다.[62] 이를 통해 자국 언어 교육이든 외국어 교육이든 언어교육의 핵심적인 목표는 의사소통 능력 향상과 문화 능력 향상임이 드러난다. 이러한 개인적 차원의 문화 교육 실천 원리는 다음과 같다.

<표 II-13> 개인적 차원의 문화 교육 실천 원리

개인적 차원의 문화 교육 목표	인지적 영역	숨겨진 의미 이해	→	의사소통 능력 신장
	정의적 영역	문화 충격 완화		

---

61) 2011 개정 국어과 교육과정(교육과학기술부 고시 제 2011-361호)
　　김윤주(2014), 『다문화 배경 학생을 위한 한국어(KSL) 교육의 이해와 원리』, 한국문화사, 227면 재인용
62) 서혁(2007), 「한국어 교육과 국어교육의 관계 설정: 상호 발전과 세계화를 위한 과제」, 『국어교육학연구』30, 국어교육학회
　　서혁(2008), 「다문화 시대의 한국어 교육」, 『초등국어교육』17, 서울교대 초등국어교육연구소
　　김윤주(2014), 『다문화 배경 학생을 위한 한국어(KSL) 교육의 이해와 원리』, 한국문화사, 228면 재인용

의사소통 능력을 신장하기 위해서는 인지적 영역과 정의적 영역에서 교육이 이루어져야 한다. 먼저 인지적 영역의 목표는 숨겨진 의미 이해이다. 의사소통 능력을 신장하기 위해서는 문장이나 담화 내에 숨겨진 의미 즉 행간을 이해해야 한다. 문장과 문장 사이에 숨겨진 사회적 의미인 행간은 문화마다 다르게 존재한다. 한국어는 특히 문맥 안에 내포된 문화적 의미가 많은 언어이다. 따라서 문화 교육은 행간 속에 숨겨진 문화적 의미를 이해하는 데 목표를 두어야 한다.

다음으로 정의적 영역의 목표는 문화 충격 완화이다. 학습자가 새로운 언어적 상황을 접하게 되면 문화 충격을 받게 된다. 특히 자국이 아닌 목표어 국가에서 언어교육과 생활이 함께 이루어지면 문화 충격은 더욱 커진다. 문화 충격은 심리적으로 학습에 영향을 주게 된다. 따라서 학습자의 문화충격을 최대한 줄여주는 것이 의사소통 능력을 향상시키는 지름길이 된다. 결국 문화 교육은 문화 충격을 줄이기 위한 문화적 내용을 이해하는 데 목표를 두어야 한다.

한국어 문화 교육의 사회적 목표는 한국 문화의 세계화이다. 한국어 문화 교육을 통해 외국인 학습자는 한국의 문화를 학습하게 되고 한국이라는 나라를 인식하게 된다. 언어 교육은 단순한 의미의 교육적 가치를 넘어선다. 학습자는 언어를 학습하여 기계적으로 언어를 사용하는데 그치지 않는다. 언어를 학습한 학습자는 언어를 사용하여 한국을 알리게 되는데 기여한다. 이때 학습자에게 그 나라의 문화적 지식이 언어와 함께 내재되어 있다면 한국의 문화가 함께 세계에 알려질 수 있다. 현재 한국 문화가 여러 매체를 통해 전 세계에 전해지고 있다. 하지만 이는 유행에 따른 일회성 관심에 그치는 경우가 대부분이다. 결국 한국어 학습자에 대한 지속적이고 체계적인 문화 교육이 한국 문화를 세계화하는 지속 가능한 방법이라 할 수 있다. 이러한 사회적 차원의 문화 교육 실천 원리는 다음과 같다.

<표 II-14> 사회적 차원의 문화 교육 실천 원리

사회적 차원의 문화 교육 목표	한국 문화 인식 및 전달 능력 형성		→	한국 문화의 세계화
	보편성	특수성		

한국 문화를 세계화하기 위해서는 한국 문화 인식 및 한국 문화 전달 능력 형성에 목표를 둔 교육이 필요하다. 한국 문화 인식 및 문화 전달 능력을 형성하기 위해서는 기본적으로 정확한 문화 인식이 필요하다. 정확한 문화 인식은 보편성과 특수성을 통해 이루어질 수 있다. 즉, 전 세계에 보편적으로 존재하는 보편적인 문화를 통해 한국 문화를 인식하고 전달할 수 있다. 또한 한국에만 특수하게 존재하는 문화를 통해서도 한국 문화 인식 및 한국 문화 전달이 이루어질 수 있다. 따라서 문화 교육은 보편성과 특수성 발견에 목표를 두어야 한다. 또한 학습자 스스로 문화 비교를 통해 한국의 보편적인 문화와 특수한 문화를 지속적으로 발견하여 한국의 세계화에 꾸준히 이바지하기 위해서 학습자에게 스스로 한국과 자국의 문화를 비교할 수 있는 능력을 형성시키는 데에도 목표를 두어야 한다.

3. 한국어 문화 교수-학습 설계의 기반

문화를 교수-학습하는 과정에서 기본 과정은 문화지식을 선정하는 것이다. 한국 사회에 존재하는 모든 문화를 한국어 학습자가 학습해야하는 것은 아니기 때문이다. 따라서 한국어 학습자에게 필요한 한국 문화지식을 선정하는 과정이 필요하다. 한국어 문화 교수-학습 설계의 기반은 여타 다른 교과 교수-학습 설계의 기반과 유사한 과정을 거친다. 특히 그 과정이 국어 교수-학습 설계의 기반과 유사하다.

남가영[63])은 심영택의 국어지식의 교수학적 변환 과정을 변형하고 재구성하여 국어지식의 교육적 변환 과정을 논하였다. 국어지식의 교육적 변환 과정은 국어지식이 여러 단계의 교육적 변환 과정 즉, 실세계, 학문적 지식, 가르칠 지식, 학습자의 지식의 과정을 거쳐 완성된다는 것이다. 여기서 실세계는 지식이 되기 이전의 자료를 의미한다. 이러한 지식 이전의 자료 바탕으로 국어학자가 비교하고, 분석하여 학문적 지식을 구성한다. 이렇게 구성된 학문적 지식 가운데 국어교육학자는 국어교육적으로 유의미한 내용을 선정하고 재구조화하여 가르칠 지식을 구성한다. 가르칠 지식이 선정되면 교사는 교실 상황에 맞게 가르칠 지식을 재맥락화하고 재인격화하는 일을 한다. 이러한 과정을 거쳐 국어 교육 내용이 선정되고 국어 교수-학습 방안이 마련된다는 것이다.

앞서 논의한 바와 같이 문화 교육 상황과도 이와 다르지 않다. 따라서 문화 교육적 변환 과정을 거쳐 문화지식을 선정하는 과정이 필요하다. 문화 지식의 교육적 변환 과정은 다음과 같이 도식화할 수 있다.

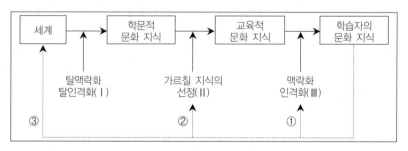

<그림 Ⅱ-3> 문화 지식의 교육적 변환 과정

63) 남가영(2003), 「메타언어적 활동에 대한 국어교육적 연구: 소집단 고쳐쓰기 활동을 중심으로」, 서울대학교 석사학위논문 82-84면
심영택(2002), 「국어적 지식의 교수학적 변환 연구」, 국어교육 108, 한국국어교육연구회, 158면

현실 세계에는 여러 문화가 존재한다. 이러한 실세계 문화는 작가가 의도적으로 작품 세계에 반영하기도 하고 의도와는 관계없이 작품에 반영되기도 한다. 결국 작가는 세계에 존재하는 문화를 탈맥락화와 탈인격화 등의 과정을 통해 반영한다. 이렇게 문학 작품 속에 담긴 모든 문화가 한국을 특징을 나타내는 보편타당한 문화는 아니므로 모든 것이 문화 교육의 대상이 될 수는 없다. 이때 한국어 문화 교육학자의 영향이 필요하다. 한국어 문화 교육학자는 문학작품이나 여타의 텍스트에 반영된 문화를 문화 교육의 목표 및 목적, 학습자의 수준 등을 고려해 교육내용을 배열하고 선정해야 한다. 즉 학문적 문화 지식을 교육적 문화 지식으로 선정하는 하는 것이다. 이렇게 교육적 문화 지식 즉 문화 교육의 내용이 선정되면 한국어 교실 내에서 최고의 교육적 효과를 나타낼 수 있도록 교사는 교육 방안을 마련해야 한다.

참고문헌

곽지영 외(2007), 『한국어 교수법의 실제』, 연세대학교 출판부.

국립국어원(2009), 『한국어 교육의 이해』, 한국문화사.

국립국어원(2011), 「국제통용 한국어교육 표준 모형 개발 2단계」.

국제한국어교육학회(2010), 『한국문화 교육론』, 형설출판사.

권오경(2006), 「한국어 교육에서의 한국문화교육의 방향」, 『어문론총』45, 한국문학언
　　어학회.

권오경(2009), 「한국어 교육에서의 문화 교육 내용 구축 방안」, 『언어와 문화』 5-2, 한
　　국언어문화교육학회.

김미진(2009), 「설화를 통한 한국어 문화 교육 연구」, 『교과 교육 연구』제1호, 전북대
　　학교 교과 교육 연구소.

김미진(2011), 「결혼이민자를 위한 한국어 문화 교육 연구-판소리계 소설 <심청전>을
　　중심으로」, 『한어문교육』24, 한국언어문학교육학회.

김윤주(2014), 『다문화 배경 학생을 위한 한국어(KSL) 교육의 이해와 원리』, 한국문화사.

김종철(2002), 「한국 고전문학과 한국어교육」, 『한국어교육』Ⅰ. 서울대 사범대학 외국
　　인을 위한 한국어교육 지도자 과정.

남가영(2003), 「메타언어적 활동에 대한 국어교육적 연구: 소집단 고쳐쓰기 활동을 중
　　심으로」, 서울대학교 석사학위논문.

문영진(2007), 『동시대의 삶과 서사 교육』, 한국문화사.

박경자 외(1997), 『언어교수학』, 박영사.

박세일(2010), 『창조적 세계화론』, 서울대학교출판문화원.

박영순 외(2008), 『한국어와 한국어교육』, 한국문화사.

박영순(2003), 「한국어교육으로서의 문화 교육에 대하여」, 『이중언어학』 제23호, 이중
　　언어학회.

박영순(2006), 『한국어 교육을 위한 한국 문화론』, 한림출판사.

박이도(1996), 『모국어 습득과 외국어 학습』, 한국문화사.

배현숙(2002), 「한국어 교육에서 문화교육 현황 및 문제점」, 『이중언어학』 제21호, 이
　　중언어학회.

백봉자(2006), 「문화 교육 자료의 개발 방향」, 『외국어로서의 한국어교육』31, 연세대학
　　교언어연구원한국어학당.

서울대국어교육연구소(1999), 『국어교육학사전』, 대교 출판.

서울대학교 한국어문학연구소·국어교육연구소·언어교육원(2012), 『한국어 교육의 이

론과 실제』, 아카넷.

서울대학교 한국어문학연구소 외(2012), 『한국어 교육의 이론과 실제』, 아카넷.

서종남(2009), 「결혼이민자 가정의 문제점과 해결방안 연구」, 『시민교육연구』 제42호, 한국사회과교육학회.

서혁(2007), 「한국어 교육과 국어교육의 관계 설정: 상호 발전과 세계화를 위한 과제」, 『국어교육학연구』30, 국어교육학회.

서혁(2008), 「다문화 시대의 한국어 교육」, 『초등국어교육』17, 서울교대 초등국어교육연구소.

심상민(2009), 「다문화 사회에서의 문식성 교육의 제 문제」, 『국어교육학연구』 35, 국어교육학회.

심영택(2002), 「국어적 지식의 교수학적 변환 연구」, 『국어교육』 108, 한국국어교육연구회.

안경화(2007), 『한국어 교육의 연구』, 한국문화사.

양민정(2005), 「외국인을 위한 한국문화 교육 방안 연구-한국 고전문학을 중심으로」, 『국제지역연구』9-4, 한국외국어대학교 외국학종합연구센터.

이성림·차희정(2013), 「한국 내 결혼이주 여성의 다문화 체험과 정체성 구성-결혼이주 여성 수기를 중심으로-」, 『한중인문학연구』 제38집.

이헌홍 외(2012), 『한국 고전문학 강의』, 박이정.

장한업(2009), 「프랑스의 이민정책과 상호문화교육-한국 사회에 주는 시사점을 중심으로」, 『불어불문학연구』 79, 한국불어불문학회.

정호선(2003), 「한국어 교재에 나타난 문화 교육 내용 분석」, 상명대학교 교육대학원 석사논문.

조항록(2004), 「한국어 문화교육론의 내용 구성 시론」, 『한국언어문화학』 1-1, 국제한국언어문화학회.

최정순(2004), 「한국어교육과 한국문화교육의 등가적 통합」, 『언어와 문화』1, 한국언어문화교육학회.

한국고소설학회(2005), 『고전소설 교육의 과제와 방향』, 월인.

한재영 외(2005), 『한국어 교수법』, 태학사.

황인교 외(2009), 『한국어 교육의 이해』, 한국문화사.

황인교(2008), 「여성 결혼이민자를 위한 한국문화교육 연구」, 『언어와 문화』4-3, 한국언어문화교육학회.

2011 개정 국어과 교육과정(교육과학기술부 고시 제 2011-361호).

행정안전부 2012. 08. 09일 보도자료

(http://www.mopas.go.kr)

Brooks, Nelson.(1975), "The Analysis of Language and Familiar Cultures", In R.C. Lafayette (ed.), *The Culture Revolution*, Lincolnwood: National Textbook Company.

Hendon, Ursula S(1980), "Introducing Cultures in Elementary College Language Classes," *Modern Language Journal* 64(2).

Krashen, S D (1982), Principles and Practices in Second Language Acquisition, *Pergamon Press*, Oxford.

Schumann, J. H(1975), Second language acquisition, *The Pidginization Hypothesis*, Havard University.

제2부 판소리계열 텍스트를 활용한 한국어 문화 교육

제1장 **판소리계열 텍스트의 한국어 문화 교육 내용 선정 원리**

1. 판소리계열 텍스트의 문화 교육 활용 가능성

1.1. 판소리의 문화적 가치

판소리64)는 이야기를 노래로 하는 한국 특유의 공연 양식이다. 소리를 하는 창자를 중심으로 발전된 외국의 공연 양식과는 차이를 보이는 판소리는 소리를 하는 창자와 그 소리를 듣는 청자, 그리고 북으로 장단을 연주해 주는 반주자가 공연을 이끌어 나간다. 여기서 중점을 둘 것은 반주자와 청자의 존재이다. 판소리의 반주자 즉 북을 치는 고수는 공연의 단순한 연주자가 아니다. 청자 역시 그저 공연을 관람하는 관중의 역할이 아니다. 이들은 창자가 판소리를 하는 중간 중간 추임새를 넣어 판소리 공연의 한 역할을 하며 공연에 어우러져 판 구성에 한 몫을 한다. 이는 한국 특유의 어우러짐 문화로 볼 수 있으며 나와 너 즉 공연자와 연주자, 공연자와 관중으로 구별되는 외국의 관념과 다르게 공연을 함께 진행하

---

64) 판소리학회(2010), 『판소리의 세계』, 문학과 지성사, 13면

는 우리의 개념이 내포되어 있다고 볼 수 있다. 함께 어우러지는 문화는 현재까지 한국의 독특한 문화로 자리매김하고 있다.

판소리는 17세기말 이전에 형성되었을 것으로 추정되며, 18세기에 이르러 상업이 발달하고 도시 문화가 소비적 성향으로 진행되면서 창자가 길러지고 이야기가 풍성해졌을 것으로 짐작된다.[65] 판소리는 심청가, 춘향가, 홍보가, 적벽가, 배비장타령, 옹고집타령, 매화타령, 신선타령, 무숙타령, 토끼타령, 장끼타령, 변강쇠타령의 열두 마당이 존재하였으나, 현재는 심청가, 춘향가, 홍보가, 적벽가, 수궁가 다섯 마당이 전승되고 있다.

2003년 11월 7일 유네스코에서는 판소리의 전통성과 예술성, 독창성 등을 인정하여 세계문화유산으로 지정했다. 세계문화유산 선정 조건은 문화적 역사적 전통이 있고 가장 훌륭하고 기술이 뛰어난 것이며, 긍정적인 정체성을 부여하고 그 지역민을 하나로 묶는 역할을 하면서 현재도 그 지역민들에게 사회적 문화적 기능을 하고 있으며, 보존과 보호의 미흡으로 사라져 갈 위험에 처한 상태이거나 급격한 변화에 의해 사라져 갈 상태 등이었다.[66] 이러한 조건에 부합되는 판소리는 하나의 민족이 향유하는 예술이 아닌 전 세계가 인정한 예술로 발돋움하게 되었다.

판소리는 한국의 음악이라 일컬어지며 현재까지 그 명맥을 이어오고 있다. 과거 조선시대부터 현재까지 여러 이본과 변용을 거치는 과정에서 한국 민족의 문화는 그 안에 그대로 담기게 되었다. 특히 한국인의 정서로 대표되는 정, 한, 충, 효, 열 등의 정서들은 판소리 작품 속에 다수 내재되어 있다. 따라서 한국인의 언어에 영향을 미치고 있는 한국인의 독특한 정서를 교육하기 위한 작품으로 판소리만한 작품을 찾기 어렵다.

---

65) 이헌홍 외(2012), 『한국 고전문학 강의』, 박이정, 321면
66) 김진영(2004), 「왜 판소리가 우리 시대의 화두인가?」 『인문학연구』 8, 경희대학교 인문학연구원, 8면

또한 전통 문화 가운데 현재까지 여러 분야에서 모티브가 활용되어 전해지고 있는 것이 바로 이 판소리이다.

류수열[67]은 판소리가 우리의 전통 문화 중에서도 현재까지 자체적인 생명력을 가지고 있는 몇 안 되는 문화 유산 중의 하나라는 점에 주목했다. 판소리 생명력은 민족적 성정의 보편성을 담고 있기 때문이라는 것이다. 특히 김대행[68]은 판소리는 노래로 향유되므로 음악 문화이며, 창자·고수 및 청자와의 일체감을 통해 구체화되므로 공연 문화이고, 그 내용이 이야기이므로 언어 문화이면서, 우리 민족의 독창성과 공감성을 바탕으로 이루어지므로 민족 문화라고 논의하며, 판소리를 여러 문화적 측면에서 입체적으로 조망하였다. 이러한 논의는 결국 판소리의 문화적 가치를 인정하며 판소리 내에 한국인의 보편적이면서도 특수한 문화가 내재되어 있음을 보여준다.

앞서 논의한 바와 같이 판소리는 한국의 전통 문화 유산 가운데 세계적으로 그 문화적 가치를 인정받은 작품이다. 또한 한국의 특수한 문화를 잘 담고 있는 작품이며, 여러 문화적 측면에서도 가치가 있는 작품이다. 따라서 판소리의 한국어 문화 교육적 가치는 더 강조할 필요가 없다. 특히 한국의 가치 있는 문화유산이지만 사라져 갈 상태에 있는 판소리를 한국어 문화 교육에 활용하는 것은 문화유산의 보존을 위해서도 가치가 있다. 판소리를 한국어 문화 교육에 활용한다면 판소리를 전 세계적으로 널리 알릴 수 있어 판소리의 명맥을 이어나가고 세계화하는 데에도 큰 기여를 할 수 있을 것이기 때문이다. 결국 이러한 판소리의 특성으로 볼 때 한국어 문화 교육의 자료로서 판소리는 활용 가치가 매우 높다.

---

67) 류수열(1998), 「판소리에 대한 국어교육적 접근-<흥보가를 중심으로>-」, 『판소리연구』9, 102면
68) 판소리학회(2010), 『판소리의 세계』, 문학과 지성사, 14면

하지만 판소리를 듣고 이해할 수 없는 외국인들에게 그저 한국의 예술성 높은 전통 음악이라며 교육을 강요한다면 오히려 역효과를 불러 올 수도 있다. 따라서 외국인들에게 효과적으로 전달할 수 있는 방안이 마련되어야 할 것이다. 분명 외국인 학습자에게 교육하게 된다면 많은 이점이 있는 판소리를 외국인 학습자들에게 효율적으로 지도할 수 있는 방안 마련이 향후 남아있는 과제라 할 수 있다.

1.2. 판소리계열 텍스트의 문화 교육 활용 가치

효과적인 문화 교육 위해서는 과거부터 현재까지의 한국의 생활, 풍습, 정서, 사상 등을 담고 있는 자료가 필요하다. 전통 문화와 현대 문화는 별개의 것이 아니기 때문이다. 전통 문화와 현대 문화를 분리시켜 교육하게 되면 제대로 된 문화 교육이 될 수 없다. 전통 문화만을 분리시켜 교육하면 현대 문화와의 연관성을 찾지 못한 채 한국 사회에서 인정된 가치 있는 문화를 지식적으로 외우는 데에만 중점을 두며 교육에 대한 흥미를 잃게 할 수 있다. 반면 현대 문화에만 중점을 두어 교육하면 가치 있는 전통 문화 교육을 소홀히 하는 문제가 생긴다. 결국 전통 문화와 현대 문화는 하나의 줄기로 교육해야 한다. 전통 문화는 현대 문화에 지속적인 영향을 주며, 현대 문화는 전통 문화 변화의 원인이 되기 때문이다. 이 둘을 함께 교육할 수 있는 방법은 전통적인 내용을 담고 있으며 현재도 끊임없이 재생산되고 있는 텍스트를 활용하는 방법이다. 이러한 조건을 충족시킬 수 있는 텍스트가 판소리계열 텍스트이다.

또한 한국어 문화 교육에서 핵심적으로 교육이 이루어져야 하는 정신 문화는 물질 문화 영역과는 달리 가시적이지 않다. 따라서 직접 실물이나 그림, 사진 등을 보여주거나 체험하기가 어렵다. 그렇다고 사상이나 가치관을 지식 전달식으로 설명하는 교수법으로 접근하게 되면 학습자는 당연히 흥미를 잃게 되고 제대로 된 교육이 될 수 없다. 따라서 정신 문화 교육은 서사 속에서 이루어져야 한다. 서사 속에서 담긴 정신 문화를 학습자 스스로 읽어내고 느껴야 교육이 가능해지기 때문이다. 이러한 부분에서도 판소리 계열 텍스트는 매우 적합하다.

판소리에는 한국에서 계승되어 내려온 생활문화, 종교문화, 놀이문화, 언어문화, 예술문화 등 유·무형의 문화적 요소가 다양하고 풍부하게 들어 있다.[69] 특히 앞서 논의한 판소리에는 한국어 문화 교육에서 핵심 요소가 되는 한국의 정신 문화가 고스란히 담겨 있어 한국어 문화 교육에 대단히 효율적인 자료이다. 판소리는 여러 매체를 통해 과거의 것으로 머물지 않고 현재까지 자주 상연 및 공연되고 있어 현재의 삶을 살아가고 있는 우리에게 지속적으로 영향을 주고 있다. 또한 한국인이라면 판소리계열 텍스트의 내용이나 주인공을 모르는 사람이 없을 정도로 많은 사람들의 의식에 자리 잡고 있는 텍스트이다. 결국 이러한 여러 가치를 통해 판소리계열 텍스트는 한국 문화 교육에 효과적인 텍스트임을 확인할 수 있다.

하지만 판소리를 그대로 문화 교육에 활용하기에는 여러 어려움이 따른다. 공연학적 요소나 음악적 요소 또는 고어의 이해 등이 그 어려움으로 작용한다. 따라서 판소리의 문화적 특성이 담겨 있는 서사성은 살리며 활용의 어려움은 줄일 수 있는 판소리계열 텍스트를 문화 교육에 활용하는 것이 유용하다. 그러나 종합공연예술인 판소리를 판소리계열 텍스트로 접하는 것은 판소리를 온전하게 이해하지 못할 수 있다는 우려도 있다. 그러나 류수열[70]은 이러한 우려에 대해 판소리가 독서물로도 인정

---

69) 양민정(2008), 「한국어 문화교육과 판소리의 세계와 방안 연구」, 『국제지역연구』 제12권 제3호, 213면
70) 한국고소설학회(2005), 『고전소설 교육의 과제와 방향』, 도서출판 월인, 345면

받았음을 근거로 하여 판소리를 듣는 텍스트가 아닌 읽는 텍스트로 접한다 하더라도 그 핵심 의미는 변하지 않으며 충분한 교육적 가치가 있다고 논의하며 판소리계 소설의 교육적 가치를 논하였다. 이는 판소리의 핵심 내용이 판소리계 소설에도 동일하게 내재되어 있으며 그 가치가 분명하다는 것을 보여준다.

현재 다양한 장르에서 판소리의 모티브를 활용한 작품들이 등장하고 있다. 또한 판소리계열 텍스트는 다양한 독자층 즉, 어린이부터 성인까지 모든 층을 대상으로 재구성되어 읽혀지고 있다. 이러한 작품들은 전통적 판소리 향유에 대한 부담감을 줄여주고 사람들이 친근하게 접할 수 있도록 하고 있다. 또한 한국어 학습자의 수준에 따라 재구성된 교재를 선정하거나 교수자가 직접 학습자의 수준에 알맞게 재구성하는 것도 가능한 텍스트이다. 따라서 판소리계 소설이나 판소리계 공연 등의 판소리계열 텍스트는 판소리의 문화 교육적 적용의 문제점을 해결하는 열쇠가 될 수 있다.

판소리계열 텍스트 가운데 판소리계 소설은 19세기 유통이 시작되어 현재까지 널리 익히고 있는 고전 문학 작품으로 한국인의 정서 및 문화를 잘 나타내고 있다. 판소리계 소설은 효, 정, 충 등의 사상 및 가치관을 주제로 삼고 있어서 한국어 문화 교육에 효율적인 텍스트이다. 효, 열, 우애 등의 전통적인 사상 또는 권선징악과 같은 관념들은 한국인들의 정서에 깊은 영향을 주는 사상 및 관념들이다. 그러나 일각에서는 이러한 사상들의 교육이 과연 올바른가에 대한 논의가 이루어지고 있는 것은 사실이다. 물론 기존 이데올로기를 그대로 답습하는 것이 과연 옳은 것인가에 대한 비판적 시각도 필요하다. 그러나 언어 교육에서의 문화 교육은 사상 교육이 아니다. 한국어 문화 교육의 내용은 한국인이 중요시 여긴 가치관 또한 현재까지 이어져 오는 특수한 사상 등이 무엇이며, 그것을 왜 중요시 여겼는지, 생활에 어떻게 영향을 미쳤는지 등이 교육의 내용이 되어야 한다. 따라서 판소리 계열 텍스트에 드러나는 정, 한, 충, 효, 열 등의 문화적 특성은 그 이데올로기의 옳고 그름이 중요한 것이 아니다. 중요한 것은 한국인이 중시 여겨 왔으며 현재까지도 이를 중시 여기고 있는 한국인의 가치 및 사상을 반영하고 있다는 점에서 그 의의를 찾을 수 있다. 그러나 이러한 사상 및 가치관을 외국인 학습자들에게 한 마디로 정의하여 사전식으로 교육한다면 학습자들은 어렵고 재미없는 관념들로 받아들일 가능성이 높다. 따라서 이러한 사상들을 몇 마디로 정의하여 지식전달식으로 교육하는 것보다 판소리계 소설의 서사 속에서 교육하는 것이 효과적이다.

판소리계 소설에는 앞서 논의한 바와 같이 문화 교육의 핵심이 되어야 하는 정신 문화의 여러 갈래인 가족문화, 대중문화, 사회문화, 종교문화 등의 내용이 풍부하게 내재되어 있다. 특히 판소리계 소설에는 인간 사이에 필요한 관계 의식에 대한 내용이 잘 드러난다. 심청전에는 부녀, 부자 관계가, 춘향전에서는 연인, 부부 관계와 장모와 사위관계가, 흥부전에는 형제관계가, 옹고집전에는 이웃관계가 잘 드러난다. 또한 관계를 단편적으로 드러내고만 있는 것이 아니라 이러한 관계 속에서 어떻게 행동해야 하는지를 이야기를 통해 입체적으로 전달하고 있다. 따라서 판소리계 소설을 활용하여 한국인의 정신 문화를 교육하는 것은 매우 효율적이다.

판소리계 소설은 고전 문학 작품으로 한국인의 정서 및 문화를 잘 나타내고 있다. 앞서 논의한 바와 같이 판소리계 소설은 한국인들의 의식 속에 깊게 자리 잡고 있으며 현재까지 한국인의 생활에 영향을 주고 있다. 특히 학교 교육과정 속에 판소리계 소설은 꾸준히 등장하며, 교육되고 있다. 7차 교육과정 고등 문학 18종 중 판소리계 작품을 본 제재로 삼지 않은 경우는 단 한 종 밖에 없으며, 그 외에는 모두 한 편 이상의 판소리계 소설을 다루고 있다.

예를 들어 <심청전>은 국어과 중등교육과정 1차 교육과정에서부터 6차 교육과정까지 빠지지 않고 등장했던 작품으로, 전 국민 가운데 심청이를 모르는 사람이 거의 없을 정도이다. 한국인에게 교육적으로 가치가 있다고 여겨지는 작품인 <심청전>을 활용하여 외국인 학습자들에게 문화 교육을 실시한다면 문화 학습과 함께 가족관계 속에서의 한국적인 올바른 도리를 이해하는데 유용할 것이다. 특히 학부모의 지위를 갖게 되는 결혼이민자들이 자녀가 배우게 되는 판소리계 소설의 내용을 인식하고 있다면 자녀 교육에도 도움이 될 것으로 기대된다. <춘향전> 역시 한국인에게 꾸준히 교육되고 있는 판소리계 소설이다. 한국인에게 꾸준히 교육적으로 가치가 있다고 여겨지는 작품인 <춘향전>은 그 위상이 높으며, 현재까지 대다수의 한국인들의 의식에 자리 잡고 있어 한국에서 사회생활을 하고자 하는 외국인 학습자에게 그 교육적 가치 역시 충분히 높다고 할 수 있다.

판소리계 소설의 교육적 가치는 국어 교육계뿐만 아니라 한국어 교육계에서도 부각되고 있다. 고전 작품의 교육적 가치와 관련하여 양민정71)은 고전소설 작품을 텍스트로 한 한국어교육은 언어적 차원을 넘어서서 고전소설 창작 당대의 한국인들의 생활상, 서민적 정서, 남녀 애정담, 가치관 등 한국의 중세 문화를 흥미 있고 쉽게 익힐 수 있게 하고자 하는데 그 의의를 두고 있다고 논의한다.

판소리계 소설은 앞서 논의한 것과 같이 효, 정, 충 등의 문화적 특성을 주제로 삼고 있다. 이러한 정서들은 한국인에게 중요한 정서이지만 학습자에게 그 의미를 전달하고 이해시키기 난해한 것들이다. 그러나 판

---

71) 양민정(2009), 「고전소설을 활용한 한국어교육 방법」, 『국제지역연구』 제7권 제2호, 288면

소리계 소설 및 판소리 계열 텍스트의 서사성을 활용하여 교육하면 학습자들의 이해를 이끌어내기가 쉬워진다. 또한 판소리계 소설 및 판소리 계열 텍스트는 표면적 주제와 이면적 주제가 함께 공존하는 텍스트로 학습자에게 당대의 문화를 다양한 시각으로 접근하고 이해하게 하는 장점도 가지고 있다. 결국 판소리계열 텍스트는 과거와 현재의 문화를 교육하는 텍스트로서 그 가치가 높다.

2. 판소리계열 텍스트의 한국어 문화 교육 내용

2.1. 판소리계열 텍스트와 문화 교수요목의 인접성

판소리계열 텍스트에 내재된 문화 요소는 매우 다양하다. 특히 한국의 특수성을 나타내는 인간관계 관련 문화들이 상당수 포진되어 있다. 본 장에서는 판소리계열 텍스트의 중심이 되는 판소리계 소설 내에 존재하는 한국어 문화 교육 요소와 국제통용 한국어교육 표준 모형 개발에서 제시한 한국어 교육 표준 모형의 문화 범주의 인접성을 논의하고자 한다. 국제통용 한국어교육 표준 모형 개발에서 제시한 한국어 교육 표준 모형의 문화 범주는 가장 최근에 정리, 연구된 문화 교수요목이며, 앞서 많은 문화 교육 관련 연구자들의 연구 항목을 다양하게 반영하고 있어 문화 교수요목 비교에 적절할 것으로 생각한다.

국제통용 한국어교육 표준 모형 개발에서 제시한 한국어 교육 표준 모형의 문화 범주와 판소리계 소설에 제시된 문화 범주의 인접 내용은 다음과 같이 정리할 수 있다.

<표 Ⅲ-1> 판소리계 소설에 제시된 한국 문화 범주 및 내용

대분류	중분류	소분류	예시	등급
한국인의 생활	일상 생활	의생활	전통의상(한복, 고무신, 짚신)	1,2급
		주생활	주거 형태	1,2급
		식생활	대표적 음식	1,2급
		경제활동	근검절약	3,4급
	공동체 생활	가정 생활	가족형태	2,3급
	언어 생활	이름과 호칭	친족 호칭, 한국 사람의 이름 구성	1,2,3급
		인사	인사말	1급
		몸짓 언어	비언어적 행위	2급
한국 사회	세시 풍속	주요 절기	단오	4급
	경제	경제정책	한국 경제의 성장	7급
	사회	사회문제	빈부격차	6,7급
	지리	한국의 지리/지형	기후, 계절, 날씨	1,2,3급
		대표 지역과 축제	강릉 단오제, 남원 춘향제	3급
한국의 예술과 문학	예술	전통/현대 음악	판소리	3,4급
		전통/현대 공연	마당놀이, 부채춤	3,4급
	문학	문학작품	전래동화, 설화, 전설, 민담	6,7급
한국인의 가치관	가치관	가족주의	우리, 정, 한, 신명	5,6급
		성역할	남존여비의 변화	6급
		가치관의 변화	미의 기준 변화	6급
한국의 역사	시대별 역사	시대	고대, 근대, 현대	5,6,7급
한국의 문화유산	문화재	유형 문화재	전통놀이, 한옥	2급
		무형 문화재	한복	2급

이를 표를 통하여 판소리계 소설이 담지하고 있는 문화 요소가 매우 다양하며, 한국어 문화 교육 요소와 일치하는 부분이 상당히 많다는 것을 알 수 있다. 특히 표를 통해 알 수 있듯이 판소리계 소설에는 한국 사회, 한국인의 가치관, 한국의 역사 등의 내용이 다수 포함되어 있다. 이

러한 의식 관련 영역의 문화는 인간관계 속에 내재되어 있어 직접 실물을 제시하기가 불가능하며, 설명으로 교육하기에도 어려움이 많은 영역이다. 이러한 정신 문화 영역을 판소리계 소설의 서사 내에 포함된 내용을 활용하여 지도한다면 학습자는 서사의 흐름에 따라 큰 어려움 없이 자연스럽게 문화를 습득하게 될 것으로 기대한다.

본고에서 활용하고자 하는 <심청전>, <춘향전>, <흥부전>, <옹고집전> 텍스트에는 한국인의 생활, 한국인의 가치관, 한국 사회 등의 영역에 포함된 문화 요소들이 다수 담겨 있다. 특히 인간관계를 통해 드러나는 문화의 모습이 부녀관계, 연인관계, 형제관계, 이웃관계의 구체적인 모습을 통해 드러나 있다. 따라서 사진으로 보여주거나 말로 설명하여 가르치기 어려운 가치관, 사회의식 등의 정신 문화를 서사 속에서 자연스럽게 교육할 수 있어 그 활용 가치가 더욱 높을 것으로 기대된다.

2.2. 판소리계열 텍스트의 한국어 문화 교육 내용

문화 교육에 대한 필요성 및 인식은 5C, Cummins, 국제통용 한국어 표준 모형 개발 등의 논의를 통해 알 수 있다. 특히 국제통용 한국어 표준 모형 개발에서 아래와 같이 영역별 하위 요소에 문화 영역을 포함하여 문화 교육의 중요성을 인식하고 있음을 알 수 있다.

<표 III-2> 표준 교육과정의 영역별 하위 요소

등급 기술 영역	영역별 하위 요소	기술방법
주제	화제	세부적 기술
언어기술	말하기, 듣기, 읽기, 쓰기, 과제	추상적 기술
언어지식	어휘, 문법, 발음, 텍스트	세부적 기술
문화	문화지식, 문화실행, 문화관점	추상적 기술

국제통용 한국어 표준 모형 개발은 영역별로 진행되었는데, 전문가 의견 수렴은 문화 범주와 그 외 범주로 나누어 진행되었으며, 문화 범주는 문화와 국어 교육의 전문가 5인의 의견을 수렴을 통해 이루어졌다. 그 외 범주는 전문가 토론회를 개최하여 의견을 수렴, 토론을 진행하였다.72) 이러한 방법으로 의견이 수렴되어 문화 부분의 의견은 다양한 의견의 수렴이 이루어졌다고 보기는 어려운 한계점이 있다. 또한 표준 교육과정 개발은 다양한 측면에서 이루어지고 있는 다양한 교수-학습을 하나의 모형으로 재편성하고자 하는 의도가 아니라 교육과정을 수립하고 설계하는 데 있어 객관적인 준거로 삼기 위함이었음을 주지하며, 한국어 교육의 참조 기준으로 삼을 것을 제안하고 있다.

국제통용 한국어 표준 모형 개발73) 보고서의 문화 영역 설계 원리 및 방향을 살펴보면, 문화항목이 단순히 의사소통 능력을 신장시키기 위한 도구가 아닌 문화 교육 자체에 대한 중요성을 반영하고 있음을 주지하고 있다. 따라서 의사소통 교육의 보조적 위치에서 벗어나 전문적인 문화 교육을 시행할 수 있는 원리 및 방향 개발이 필요하다.

<표 Ⅲ-3> 등급별 문화 내용 기술

등급	내용
1급	1. 한국인의 일상생활에서의 식생활 문화를 이해한다.
2급	1. 한국인의 행동 양식(인사법, 손짓, 몸짓 등)을 이해한다. 2. 한국인의 주생활(주거, 건축 등)의 특징을 이해한다. 3. 한국인의 식생활(음식, 음주, 식사 예절 등)의 특징을 이해한다. 4. 한국의 교통 문화(교통, 운송, 길 찾기 등)의 특징을 이해한다. 5. 한국인의 경제 활동(화폐, 구매 등)을 이해한다. 6. 한국인의 예절(예법에 맞는 의례적 행동)을 이해한다. 7. 한국의 기후(날씨 등)의 특징을 이해한다. 8. 한국인의 의생활(한국인의 옷차림, 한복 등)의 특징을 이해한다.

72) 「국제통용한국어표준모형개발 2단계」, 5면
73) 「국제통용한국어표준모형개발 2단계」, 90-91면

등급	내용
3급	1. 한국인의 여가 문화(여행, 취미 생활 등)의 특징을 이해한다. 2. 한국인의 가족 관계, 친족 호칭 등을 이해한다. 3. 한국인의 개인적 활동(동아리, 친목 모임 등)을 이해한다. 4. 한국인의 사회적 활동(직장생활, 학교생활 등)을 이해한다. 5. 한국의 지리적 특징을 이해한다. 6. 한국을 대표할 만한 지역을 안다. 7. 한국의 문화유산(무형 문화: 노래, 춤 등)을 이해한다. 8. 한국인의 가족 제도(대가족, 핵가족 등)의 특징을 이해한다.
4급	1. 한국인의 세시 풍속을 이해한다. 2. 비언어 행휘(가슴을 치다 등)에 나타난 한국 문화를 이해한다. 3. 기본적인 한국의 사회적 규범과 관습(제도, 관습, 의식, 의례 등)을 이해한다. 4. 한국의 문화유산(유형 문화: 도자기, 사찰 등)을 이해한다. 5. 한국의 교육 제도를 이해한다. 6. 한국의 대중문화(가요, 영화 등)를 이해한다. 7. 한국의 국가 상징물(태극기, 애국가 등)을 이해한다.
5급	1. 대략적인 한국의 역사를 이해한다. 2. 한국을 대표할 만한 인물(역사적 인물, 현대 유명 인사 등)에 대해 이해한다. 3. 한국의 교육 문화의 특징(입시, 학원, 교육열 등)을 이해한다.
6급	1. 한국의 특징적인 역사(식민 지배, 한국전쟁, 분단 상황 등)를 이해한다.
7급	1. 한국의 종교, 철학, 윤리, 민간신앙에 반영된 가치관을 이해한다.

등급별 문화 내용 기술을 살펴보면 1급, 2급은 일상생활 문화 즉, 물질 문화[74] 위주로 이루어져 있으며, 3급부터 7급까지는 한국인의 행동, 의식, 가치관, 사회 등의 정신 문화로 이루어져 있음을 알 수 있다. 이는 국제통용 한국어 표준 모형 개발에서도 정신 문화의 중요성을 인식하고 있음을 알 수 있다. 그러나 결국 문화 교육의 구체적 제재 및 내용은 자율에 맡기고 있어 문화 교육의 구체적인 제재 선정이 필요하다.

문화 교육의 개인적·사회적 목표인 의사소통 능력 향상과 한국 문화의 세계화를 달성하기 위해서는 텍스트적 가치와 맥락적 가치를 모두 내

---

74) 국제통용한국어표준모형개발에서는 문화영역의 하위 요소로 문화지식, 문화실행, 문화관점을 제시하고, 문화를 정보문화와 행동문화, 성취문화로 구분하여 1등급부터 7등급까지 순차적으로 등급화하였다.

재하고 있는 텍스트가 필요하다. 특히 정신 문화 요소를 다수 담지하고 있는 텍스트가 필요하다. 한국어 교육 표준 모형의 문화 범주에서 정하고 있는 한국인의 가치관 영역은 다음과 같다.

<표 Ⅲ-4> 문화 범주에서 정하고 있는 한국인의 가치관 영역

한국인의 가치관	가치관	가족주의	'우리'의 사용, 정(情), 한(恨), 신명 등
		건강	웰빙, 민간요법, 보약, 한의원, 침, 목욕(대중탕) 등
		성역할	남존여비의 변화(직업의 변화) 등
		가치관의 변화	미(美)의 기준 변화, 세대 차이 등
	사고 방식	빨리빨리 행동	퀵서비스, 음식배달, 경제발전의 원동력 등
		민간신앙	점, 미신, 금기 등
		종교	기독교, 천주교, 불교 등

한국인의 가치관 영역은 가치관과 사고방식으로 분류되어 있다. 세부 항목으로는 가족주의, 건강, 성역할, 가치관의 변화, 빨리빨리 행동, 민간신앙, 종교로 나뉘어져 있다. 그러나 이러한 분류는 문화의 단면을 모아 놓은 것으로 위계적으로 항목화하기 어려운 부분이 있다. 또한 국제통용 한국어 표준 개발 모형에서 주지하였듯이 그 세부 예시는 참고 사항이며 예시된 내용이 고정적인 것은 아니다. 결국 분류된 항목의 교육이 필요함을 논하는 것이지 그 세부적 내용은 정해지지 않아 향후 관련 문화를 내재한 텍스트를 찾고 문화 교육 내용을 선정하는 과정이 필요함을 알 수 있다.

한 사회의 가치관은 그 사회 구성원인 인간의 관계 속에서 형성된다. 한국인의 가치관을 교육하기 위해서는 인간관계에 초점을 맞춰 문화를 재분류하는 것이 유용하다. 인간관계는 크게 부모와 자식 관계, 남녀 연인 관계, 형제 관계, 이웃 관계로 나눌 수 있다. 따라서 한국인의 가치관 영역에 인간관계 분류를 융합하여 문화를 항목화하는 것이 효과적인 분류가 될 수 있다.

<表 III-5> 한국인의 가치관 영역

한국인의 가치관	인간관계	부녀관계 문화
		연인관계 문화
		형제관계 문화
		이웃관계 문화

따라서 본고에서는 한국인의 가치관이 잘 드러나는 인간관계의 모습이 표현된 텍스트로 판소리계열 텍스트 심청전, 춘향전, 홍부전, 옹고집전을 선정하여 세부적 가치 문화 교육 내용을 선정하고자 한다.

3. 판소리계열 텍스트의 한국어 문화 교육 방법

3.1. 판소리계열 텍스트의 한국어 문화 교육의 과정

대부분의 학습자는 처음 외부의 문화를 접하게 되면 대부분은 문화 충격에 빠지게 된다. 이때의 접촉은 일반적인 직접적 접촉을 의미한다. 즉, 학습을 매개로 한 접촉이 아닌 실생활에서 몸으로 직접 체험하는 것을 의미한다. 이러한 상이한 문화와의 접촉으로 자신이 가지고 있던 문화 인식 체계와 상이할 때 더 큰 충격을 경험하며 직접 체험은 이러한 충격을 극대화한다. 이러한 학습자의 문화 충격은 한국어 학습에 상당한 영향을 미친다. 이때의 영향은 학습 의욕 저하, 우울감, 부적응 등의 부정적 영향을 주는 경우가 많으므로 학습자의 문화 충격을 줄여주는 것이 한국어 학습에도 도움이 된다. 또한 한국어 자체에도 많은 문화가 반영되어 있어 문화 교육은 언어 교육의 필수적인 요소이다. 따라서 한국어 교수자는 한국어 학습자의 문화 충격을 완화와 한국어 학습 효과의 향상을 위하여 문화 역시 다른 기능 영역과 마찬가지로 교육적 접근을 시도

해야 한다.

모든 교수-학습은 인식의 과정을 거쳐 내용이 학습된다. 문화 교수-학습 역시 마찬가지로 일련의 문화 인식 과정을 거쳐 학습된다.[75] 문화 인식 과정은 문화 접촉→문화 인식→문화 반영의 3단계의 과정을 거친다.

1단계: 문화 접촉	→	2단계: 문화 인식	→	3단계: 문화 반영

<그림 Ⅲ-1> 문화 인식의 과정

먼저 첫 번째 단계는 문화 접촉 단계이다. 이 과정의 문화는 직접 경험한 문화와 간접 경험한 문화 모두를 포함한다. 즉 문화 교육의 목표를 달성하기 위해 선정된 문화 내용을 직접 또는 간접적으로 접촉하는 단계이다. 두 번째 단계는 문화 인식 단계이다. 문화를 접촉한 후 자문화와의 비교 과정을 통하여 유사점과 상이점을 구분하는 단계이다. 이는 학습자의 의식 속에서 매우 자연스럽게 일어나는 과정으로 목표어 문화를 이해하고 인식하는 과정이다. 이때 문화 인식은 개인의 내부 의식을 통해 형성되는 내면화 과정과 개인의 외부 즉 사회에 대한 인식을 통해 형성되는 사회화 과정을 거친다. 그 결과 학습자 내부 의식 즉, 가치관에 영향을 주거나 학습자 외부 인식 즉, 사회관에도 영향을 주게 된다. 이러한 문화 인식 단계를 거친 후 세 번째 단계인 문화 반영 단계를 거친다. 문

---

75) 문화 인식 과정은 해독, 문자 이해, 추론적 이해, 이해의 조정으로 이루어지는 독서의 구성과정과 일부 유사성을 보인다. 또한 트리안디스는 상호문화적 능력을 발달시키기 위한 과정을 인식 단계, 연합(결합)단계, 자율적 단계로 나누어 제시한 바 있으며, 이를 손예희는 이 단계를 바탕으로 문화권이 다른 학습자들의 시 교수학습 원리를 자동성의 원리, 모국어 효과의 원리, 언어-문화의 연계 원리로 나누어 살폈다.
이용남 외 역(2005), 『인지심리와 학교학습』, 교육과학사, 340-353면
손예희(2005), 「외국인을 위한 한국 현대시 교육 연구: 이미지를 중심으로」, 서울대 석사 논문, 79-80면

화 반영은 전 단계에서 인식한 유사하거나 상이한 문화를 바탕으로 문화 지평을 확장하는 단계로 문화 계승, 창조, 재형성 등의 모습을 보인다.

문화 교육의 과정 역시 이러한 문화 인식의 과정을 바탕으로 구성되어야 효과적인 문화 교육이 가능해진다. 문화 인식의 과정을 바탕으로 한 문화 교육의 과정은 다음과 같은 단계로 이루어진다.

1단계: 문화 텍스트 이해	→	2단계: 문화 텍스트 내 문화 인식	→	3단계: 문화 확장

<그림 Ⅲ-2> 문화 교육의 과정

첫 번째 단계는 문화 텍스트 이해이다. 문화 텍스트는 실물자료와 글로 된 텍스트 자료 모두를 포함한다. 그러나 실물자료의 경우 보는 즉시 학습자의 의식에서 인식의 과정이 이루어지기 때문에 교수자의 역할이 크지 않다. 교수자는 자료를 보여주는 제시자의 역할과 자료에 대한 간략한 설명을 하는 안내자의 역할을 할 뿐이기 때문이다. 그러나 문화 교육은 이러한 제시로만 이루어져서는 안 된다. 눈에 보이지 않는 정신 문화는 가시적인 물질 문화에 영향을 미치므로 정신 문화를 텍스트 내에서 찾아 교수하는 것이 더 큰 의미를 지닌다. 따라서 문화 교육의 과정은 실물 자료의 단순 제시 및 설명보다는 텍스트 내의 가치 문화를 인식하게 하는 과정이 더 유의미하다. 이 단계에서 교수자는 학습자의 교육 목표와 수준에 알맞은 문화 텍스트를 제시해야 하며 학습자는 그 내용 이해에 목표를 두고 학습에 임하는 자세가 필요하다. 결국 문화 텍스트 이해 단계는 텍스트의 문자적 의미를 이해하는 내용 이해의 과정인 것이다.

두 번째 단계는 문화 텍스트 내 문화 인식이다. 전 단계에서 이해한 텍스트의 내용을 바탕으로 내재된 문화를 발견하는 과정이다. 이때 학습자는 텍스트 간 비교나 자국과의 문화 비교 등을 통하여 문화 발견이 가능하다. 따라서 이 단계에서 교수자는 학습자가 문화를 발견할 수 있도록 조력해야 한다. 특히 교수자는 학습자 간 문화 비교가 이루어질 때 상호 문화를 비방하거나 우월하게 인식하지 않도록 문화 상대주의 관점의 자세 인지하고 학생들의 대화의 중심을 잡아야 한다. 결국 이 단계는 문화 텍스트 내에 내재된 문화 내용을 인식하고 이해하는 단계이다.

끝으로 세 번째 단계는 문화 확장이다. 이 단계는 앞서 텍스트를 통해 이해한 문화가 형성된 배경이나 상황을 인식하고, 그 문화가 갖는 가치까지 이해하는 단계이다. 특히 텍스트에 내재된 문화의 형성 배경 인식을 통해 과거의 문화와 현재의 문화의 연결성을 찾아 문화의 총체적 인식이 가능해지는 단계이다. 또한 문화의 종합적 재구성을 통해 문화를 내면화하는 단계이다. 따라서 이 과정을 통해 학습자는 텍스트 내에 제시된 문화를 확장적으로 인식하게 되어 새로운 문화 창조에도 기여할 수 있게 된다.

3.2. 판소리계열 텍스트를 활용한 한국어 문화 교육 실천 원리

문화 교육은 의사소통 능력 신장의 개인적 목표와 한국 문화의 세계화의 사회적 목표를 지닌다. 의사소통 능력 신장은 숨겨진 의미 이해와 문화 충격 완화를 통해 실현될 수 있으며, 한국 문화의 세계화는 한국 문화 인식 및 전달 능력 형성을 통해 실현 가능하다. 이 장에서는 앞 절에서 논의한 문화 교육의 개인적·사회적 목표를 실현하기 위한 실천 원리를 다음과 같이 모색하였다.

<표 Ⅲ-6> 판소리계열 텍스트를 활용한 한국어 문화 교육의 실천 원리

판소리계열 텍스트를 활용한 한국어 문화 교육의 실천 원리			
비교를 통한 분석적 문화 이해		맥락을 통한 확장적 문화 이해	
국가 간 문화 이해	국가 내 문화 이해	집약적 문화 이해	포괄적 문화 이해

가. 비교를 통한 분석적 문화 이해

비교는 문화를 연구하거나 문화를 교육하는 영역에서 자주 활용되는 개념이다. 문화는 기본적으로 비교를 통해 인식되기 때문이다. 판소리계열 텍스트를 활용한 한국어 문화 교육에서도 다르지 않다. 판소리계열 텍스트에는 다양한 문화적 요소가 내재되어 있다. 이를 분석적으로 찾아내어 이해하는 과정은 비교를 통해 구체화 될 수 있다. 비교는 자국과 한국을 비교하는 국가 사이 비교를 통한 방법과 과거와 현재를 비교하는 나라 내 비교 방법이 있다.

<표 Ⅲ-7> 비교를 통한 분석적 문화 이해 실천 원리

공시적 비교 이해: 국가 간 문화 이해	→	비교를 통한
통시적 비교 이해: 국가 내 문화 이해		분석적 문화 이해

비교를 통한 분석적 문화 이해는 공시적 비교 이해와 통시적 비교 이해 두 가지 전략을 활용할 수 있다. 공시적 비교 이해는 판소리계열 텍스트를 읽고 한국과 학습자 자국의 문화를 비교하여 국가 사이의 문화적 간극 요소를 읽어내는 것이다. 즉, 판소리계열 텍스트에 존재하는 문화 정보의 비교를 통하여 동시대이나 사회에 달라짐에 따라 다르게 존재하는 공시적 문화 요소를 파악하는 과정을 통해 문화를 분석적으로 이해하게 된다.

통시적 비교 이해는 판소리계열 텍스트를 읽고 한국의 과거와 현재를 비교하여 국가 내에 시간적 흐름에 따른 문화적 간극 요소를 읽어내는 것이다. 이때는 판소리계열 텍스트에 존재하는 문화 정보와 현재 한국 사회에 존재하는 문화 정보의 비교를 통하여 시간의 흐름에도 불변하는 문화 요소와 시간의 흐름에 따라 변화하는 문화 요소, 변화 과정의 파악을 통해 문화를 분석적으로 이해하게 된다.

결국 판소리계열 텍스트의 비교를 통한 분석적 문화 이해는 국가 사이에 존재하는 공시적 비교와 국가 내에 존재하는 통시적 비교를 통해 형성되며, 이는 한국어 문화의 분석적인 이해를 가능케 한다.

나. 맥락을 통한 확장적 문화 이해

맥락은 여러 연구자들에 의해 연구되어 왔는데, 텍스트 그 자체일 수도 있고 텍스트의 생산과 수용에 영향을 미치는 상황, 관련 지식과 기능, 전략일 수도 있다.[76] 또한 의사소통의 모든 것을 결정하고 그에 따른 모든 상징적인 행위의 기초가 되는 것이기도 하다.[77] 맥락은 그 내용이 상황 맥락, 문화 맥락, 텍스트 간 맥락, 텍스트 내 맥락으로 구분[78]되기도 하고, 상황 맥락과 사회문화적 맥락으로 구분[79]되기도 한다. Halliday와 Hasan은 맥락을 앞서 논의한 네 영역으로 분류하고, 이 중 문화 맥락이 텍스트에 가치를 부여하고 해석에 제약을 가하는 제도적이고 정신적인

---

76) 신명선(2013), 「맥락 관련 문법 교육 내용의 인지적 구체화 방향」, 『국어교육연구』제32집, 국어교육연구소, 73면

77) Edward Hall(1976), Byond Culture, 최효선 역(2000), 『문화를 넘어서』, 한길사, 143면

78) Halliday, M.A.K and Hasan, R.(1989), *Language, Context, and Text: aspects of language in a social-semiotic perspective*, Oxford University Press

79) 2007년 개정 국어과 교육과정
   신명선(2013), 「맥락 관련 문법 교육 내용의 인지적 구체화 방향」, 『국어교육연구』제32집, 국어교육연구소, 74면

배경을 의미한다고 하였다. 이처럼 맥락은 텍스트에 영향을 주는 다양한 내용을 의미한다.

한국어 문화 교육에서도 이러한 맥락은 중요한 의미를 지닌다. 특히 사회문화적 맥락은 문화 교육에서 의미가 크다. 판소리계열 텍스트에도 사회문화적 맥락이 존재하며 중요한 의미를 지닌다. 따라서 맥락을 통한 확장적 문화 이해는 문화 교육에서 유용하다.

<표 Ⅲ-8> 맥락을 통한 확장적 문화 이해 실천 원리

공시적 맥락 이해: 집약적 문화의 이해	→	맥락을 통한 확장적 문화 이해
통시적 맥락 이해: 포괄적 문화의 이해		

맥락을 통한 확장적 문화 이해는 공시적 맥락 이해와 통시적 맥락 이해 두 가지 전략을 활용할 수 있다. 공시적 맥락 이해는 판소리계열 텍스트를 읽고 텍스트 내에 존재하는 정치, 경제, 사회, 역사 등의 배경 요소를 집약적으로 읽어내는 것이다. 즉, 판소리계열 텍스트에 존재하는 문화 정보의 탐색을 통하여 공시적 맥락 요소를 분석하고 이를 통해 문화를 집약적으로 이해하게 된다.

통시적 맥락 이해는 판소리계열 텍스트를 읽고 텍스트 외에 존재하는 정치, 경제, 사회, 역사 등의 배경 요소를 포괄적으로 읽어내는 것이다. 이때 텍스트 외에 존재하는 요소는 작품이 형성된 이면의 배경 또는 과거의 문화 요소가 현재에 미치는 영향력, 변화과정 등을 포괄한다.

결국 판소리계열 텍스트의 맥락을 통한 확장적 문화 이해는 텍스트에 존재하는 공시적 맥락과 텍스트에 영향을 주는 통시적 맥락의 이해를 통해 형성되며, 이는 한국어 문화의 확장적인 이해를 가능케 한다.

3.3. 판소리계열 텍스트를 활용한 한국어 문화 교수-학습 방법

판소리계열 텍스트를 활용한 문화 교수-학습 방법을 논의하기에 앞서 문화 교수-학습 방법과 관련된 기존의 연구를 살필 필요가 있다. 먼저 레빈과 아델만80)은 학습자의 다양한 읽기 지문을 통해 언어문화의 일면 보여주기, 어휘 발달을 위한 맥락 제공하기, 대화 활동을 통해 문화에 관한 토론 자극하기, 문화적 다양성에 대한 인식과 상호적 소통의 과정 장려하기 등의 목표를 제시하였다. 이러한 연구를 바탕으로 손예희81)는 한국어 학습의 목적82)에 따라 이미지를 중심으로 한 한국 현대시 교수-학습 활동을 이미지 지각하기, 이미지 소통하기, 이미지 구축하기로 제시하였다.

이는 교육의 목표가 언어적 차원의 이해에서 문화적 차원의 이해로 확장된다는 점에서 한국 문화 교수-학습 방법과 과정상 상통한다. 이 과정을 고려한 한국어 문화 교육 현장에서 실천 가능한 판소리계열 텍스트를 활용한 한국어 문화 교수-학습 활동을 정리하면 다음과 같다.

---

80) Levine, D.R. & Adelman, M.B., *Beyond language-intercultural communication for English as a second language*, Prentice-Hall, 1982
    손예희(2005), 「외국인을 위한 한국 현대시 교육 연구: 이미지를 중심으로」, 서울대 석사논문, 92면 재인용

81) 손예희(2005), 「외국인을 위한 한국 현대시 교육 연구: 이미지를 중심으로」, 서울대 석사논문, 93면

82) Cummins, J., "The cross-lingual dimensions of language proficiency", *TESOL Quarterly* 14, 1980.
    초,중,고등학교 언어 학습자들을 대상으로 고려해야 할 언어능력을 기본적인 의사소통 능력(BLCS)과 인지적인 학문적 언어 숙달도(CALP)로 나누어 설명한 J. Cummins의 논의는 여러 논의에서 언급된다. 김윤주는 J. Cummins의 논의가 교육의 방향을 사회 문화적 맥락에 초점을 맞춘 것으로 다문화 배경의 학생에게 유의미함을 논의하였다. 손예희는 현대시 교수-학습 활동에 적용하여 한국어 학습의 목적을 일상적 의사소통을 위한 기본적인 언어 습득 단계인 BICS 차원과 문화적 지식에 대한 습득을 통해 학문적으로까지 나아갈 수 있는 CALP 차원으로 나누어 논의하였다. 결국 기본적 언어 습득의 영역도 중요하지만 이를 바탕으로 나아가야 할 방향은 문화 이해 측면임을 알 수 있다.

<표 Ⅲ-9> 판소리계열 텍스트를 활용한 한국어 문화 교수-학습 활동

	판소리계열 텍스트 내용 이해하기	판소리계열 텍스트 내 문화 이해하기	판소리계열 텍스트 문화 가치 이해하기
소통의 목적	BICS 차원	(비교 단계)	CALP 차원
교육 목표	판소리계열 텍스트의 문자적 이해	→	판소리계열 텍스트의 문화적 이해
교수-학습 활동	• 판소리계열 텍스트를 읽고 시간 순서에 따라 모티브 정리하기 • 판소리계열 텍스트의 주인공 성격 파악하기 • 판소리계열 텍스트 관련 축제 행사 찾아보기	• 판소리계열 텍스트와 유사한 자국의 설화 비교해 보기 • 판소리계열 텍스트에서 한국의 문화 요소 찾아보기 • 판소리계열 텍스트에 담긴 한국의 문화와 자국의 문화 비교해 보기	• 판소리계열 텍스트에 담긴 한국 문화의 과거와 현재를 비교해 보기 • 판소리계열 텍스트에 담긴 문화 요소의 의미에 대해 토론해보기 • 판소리계열 텍스트에 담긴 문화와 자국의 문화를 종합적으로 이해하고 그 가치에 대한 자신의 생각을 정리하기

　　판소리계열 텍스트를 활용한 한국어 문화 교수-학습 활동 단계는 3단계로 이루어진다. 첫 번째 단계는 판소리계열 텍스트 내용 이해하기 단계이다. 이 단계는 텍스트의 내용을 문자적으로 이해하는 단계로 문화적 인식이 없이 기본적인 의사소통능력을 지닌 수준이다. 따라서 판소리계열 텍스트를 읽고 그 내용 이해가 교육의 목표가 된다. 이 단계에서는 문화적 요소를 찾기 보다는 텍스트를 완전히 이해할 수 있도록 지도하는 것이 필요하다. 교수-학습 활동도 이에 초점을 맞춰 판소리계열 텍스트를 읽고 시간 순서에 따라 모티브 정리하는 활동, 판소리계열 텍스트를 읽고 주인공의 성격을 파악하는 활동, 판소리계열 텍스트를 읽고 관련 축제 행사를 찾아보는 활동 등의 텍스트 이해를 목표로 하는 활동이 유의미하다.

　　두 번째 단계는 판소리계열 텍스트 내 문화 이해하기 단계이다. 이 단계는 문화 비교를 통해 목표 문화를 발견하고 이해하는 단계로, 텍스트의 문자적 이해와 텍스트의 문화적 이해의 중간 단계로서 문자와 문화가 융화되어 인식이 이루어진다. 즉, 전 단계에서 이해한 텍스트에 내재된 문화를 발견하는 단계이다. 이때 문화 발견과 인식에 영향을 주는 활동이 문화 비교 활동이다. 따라서 이 단계에서는 학습자가 문화를 자유롭게 비교하여 유사점과 상이점을 찾을 수 있도록 지도하는 것이 필요하다. 교수-학습 활동으로는 판소리계열 텍스트와 유사한 자국의 설화를 비교해 논의하는 활동, 판소리계열 텍스트에서 한국의 문화를 찾아보는 활동, 판소리계열 텍스트에 담긴 한국의 문화와 자국의 문화를 비교해 논의하는 활동 등이 있다.

세 번째 단계는 판소리계열 텍스트 문화 가치 이해하기 단계이다. 이 단계는 텍스트에 내재된 문화 형성의 배경 및 가치를 인식함으로써 문화를 종합적으로 인식하고 내면화하는 단계이다. 즉, 목표 문화를 단편적인 타국의 문화로 인식하는 수준에서 벗어나 문화의 내용과 가치 등의 종합적 재구성이 형성되는 단계이다. 따라서 이 단계에서는 학습자가 문화의 전반을 종합적으로 이해할 수 있도록 돕는 활동이 필요하다. 교수-학습 활동으로는 판소리계열 텍스트에 담긴 한국 문화의 과거와 현재를 비교해 문화의 형성 배경을 인식하는 활동, 판소리계열 텍스트에 담긴 문화 요소의 의미에 대해 토론하여 자신의 생각과 결합해 보는 활동, 판소리계열 텍스트에 담긴 문화와 자국의 문화를 종합적으로 이해하고 그 가치에 대한 자신의 생각을 정리해 보는 활동 등이 있다.

이러한 단계별 활동은 학습자의 문화 간 이해 능력을 형성하고 향상시킨다. 특히 판소리계열 텍스트의 활용은 학습자에게 교육이 필요하지만 교육하기 난해한 가치 문화를 종합적으로 교육하고 내면화시킬 수 있다는 점에서 유용하다.

제2장 판소리계열 텍스트의 한국어 문화 교육 내용 선정

문화는 인간관계에 초점을 두고 형성된 것들이 많다. 특히 과거의 대가족 문화에서부터 현재의 핵가족 문화까지의 변화된 모습은 한국의 중요한 인간관계 문화 중 하나이다. 특히 한국은 가족 간 사이에서 지켜야 할 도리가 강조되는 모습을 보인다. 즉, 부모와 자식의 관계, 부부 관계, 형제 관계 등 가족 간의 도리는 사회적으로 매우 중요시 여겨 왔다. 한국은 가족 관계가 형성이 매우 치밀한 모습을 보인다. 친족 지칭어의 세부성을 통해 이러한 단면을 살필 수 있다.

또한 한국의 특수한 문화는 가족문화에만 그치지 않는다. 한국은 과거에서부터 현재까지 공동체 문화가 강하게 나타나는 모습을 보인다. 개인주의적인 사회로 많이 변화하였음에도 불구하고 현재까지도 공동체 의식은 한국인의 의식 가운데 남아 있다. 판소리계열 텍스트는 여러 인간관계에서 중요시 여겨 온 문화들이 주제로 담겨 있어 한국의 특수한 인간관계 문화를 살피기에 적절하다. 따라서 본 장에서는 판소리계열 텍스트를 바탕으로 한국어 문화 교육에 필요한 인간관계 문화를 살피고자 한다.

1. 부녀관계: <심청전>을 대상으로

1.1. <심청전>과 드라마 <심청의 귀환>의 서사 비교

판소리계 소설 <심청전>은 심청의 가족의 모습을 통해 부녀관계의 이상적 모습과 부부관계의 이상적 모습이 잘 표현된 작품이며 현재까지도 꾸준히 향유되고 있는 작품이다. 특히 <심청전>은 판소리 계열 텍스트 가운데 중요 가족 사상인 효 의식이 강하게 드러나는 작품으로 외국 유학생들의 한국 효 의식 이해에 도움을 주는 것은 물론 한국에서 시부모와 함께 살아가는 결혼이민자의 문화 교육에 그 가치가 클 것으로 기대된다. 효 의식은 한국 이외에도 존재하는 범지구적인 의식이다. 그러나 다른 나라와 구별되는 한국만의 특수한 효 의식이 존재한다. 이러한 한국의 효 의식을 외국 유학생들이 이해함으로써 효 의식을 기저로 표현되는 여러 한국어의 표현들에 대한 깊이 있는 이해가 가능해질 것이라 기대된다. 또한 한국 사회에서 자녀를 키우며 살아가게 될 결혼이민자들은 향후 자녀를 교육할 때에도 효를 가르칠 수 있어 <심청전>의 한국어 문화 교육 효과가 상당히 높을 것으로 생각한다. 따라서 <심청전>은 한국인이 이상적으로 여기는 부모와 자식 문화 관련 사상들을 교육하기에 유용한 자료라 할 수 있다.

드라마 <심청의 귀환>[83]은 가족 문화 사상을 잘 담지하고 있는 판소리계 소설 <심청전>을 현대적으로 재해석한 작품으로 가족 문화를 잘 담아내고 있다. 그러나 현대적 의식이 가미되어 판소리계 소설 <심청전>과 약간 다른 모습으로 인물을 형상화하고 있다. 이는 드라마의 내용은 물론 다음의 기획의도를 통해 확인할 수 있다.

---

83) 드라마 <심청의 귀환>은 2007년 설 특집극으로 KBS에서 방영되었다.

'처량'한 신파극의 여주인공이 아닌 '희생'과 '사랑' 그리고 '용기'의 의미를 일깨워준 소녀 영웅 '심청'을 드라마로 만난다. 판소리계 소설 심청전의 계보를 잇는 또 하나의 이본, <심청의 귀환>은 심청의 효를 어떻게 바라볼까라는 고민에서 출발한다. 숱한 논란이 되어왔던 심청의 효를 중생을 살리는 보살로서의 자비와 사랑으로 확대하여 그 의미가 퇴색되지 않고자 한다. 또한 공양미 삼백 석으로 인해 벌어지는 일련의 사건을 통해 조선사회의 어두운 이면을 유쾌한 풍자와 해학으로 풀어낸 눈물과 웃음이 끝없이 교차되는 신명나는 드라마이다. 우리 고전 심청을 통해 각박한 세태를 곰곰이 반추할 수 있는 의미 있는 시간이 되길 바란다.[84]

따라서 두 작품에 공통적 내재된 부녀관계를 문화 교육 요소로 활용한다면 과거와 현대의 의식을 함께 학습할 수 있어 학습자의 문화 교육에 도움이 될 것으로 기대된다. 또한 두 작품에 투영된 의식의 차이를 통해 나타나는 가족 문화의 전통적 의식은 물론 현대적 의식까지 통시적으로 살필 수 있을 것이라 기대된다.

먼저 판소리계 소설 <심청전>은 그 이본이 약 80여 종 이상에 이르며, 현재까지도 전해지고 있는 판소리계 소설로, 여러 이본들의 공통적인 서사 내용은 다음과 같다.[85]

A. 심청의 출생
  a. 심청은 고귀한 가계의 늦게 얻은 외동딸이다.
  b. 심청의 부모는 선인이 죄를 짓고 인간계로 귀양 오는 꿈을 꾸
    고 심청을 잉태하여 출생하였다.
B. 심청의 성장과 효행
  a. 심청은 일찍 모친을 잃고 봉사인 부친의 양육을 받았다.

---

84) http://www.kbs.co.kr/drama/special/simchung/plan/plan.html
   드라마 <심청의 귀환> 기획의도
85) 최운식(1982), 『심청전연구』, 서울: 집문당, 111-112면

    b. 심청이 자라면서 비범성이 나타났다.

    c. 심청이 동냥, 품팔이를 하여 부친을 봉양하였다.

    d. 심봉사가 개천에 빠졌다가 눈을 뜰 수 있다는 말에 공양미 300석 시주를 약속하고, 심청은 아버지의 눈을 뜨게 하려고 선인들에게 공양미 300석에 몸을 팔았다.

C. 심청의 죽음과 재생

    a. 심청이 인당수(또는 인단소, 임당수) 수신에게 바치는 재물이 되어 물에 빠졌다.

    b. 심청은 용궁에 갔다가 용왕의 도움으로 꽃을 타고 돌아왔다.

D. 부녀 상봉과 개안

    a. 선인들이 해상에서 발견한 꽃을 황제에게 바쳤는데, 그 꽃에서 나온 심청이 황후가 되었다.

    b. 심황후가 아버지를 만나기 위해 맹인 잔치를 열었다.

    c. 심봉사는 심청을 만난 뒤에 눈을 떴다.

이러한 여러 서사의 공통된 내용으로 볼 때 <심청전> 이본 간의 가장 큰 공통점은 부녀간의 도리인 효가 잘 드러난다는 점이다. 즉, <심청전>의 중심을 이루고 있는 효 관념이 많은 이본들의 공통점이라 할 수 있다. 공통점뿐만 아니라 차이점 역시 지닌다. 특히 서사적으로 가장 큰 차이를 보이는 완판본의 내용을 살펴보면 다음과 같다.

① 선인하강의 태몽 뒤에 심학규의 딸 심청이 잉태되어 출생한다.

② 심청의 어머니인 곽씨부인은 심청을 낳은 후 초칠일도 되지 못해 병을 얻어 심청이라는 이름을 지어주고 세상을 떠난다.

③ 심청의 아버지인 심학규는 젖동냥을 먹여 심청이를 키운다.

④ 심청이 예닐곱 살부터 동냥과 품팔이를 통해 아버지를 봉양한다.

⑤ 아버지의 눈을 뜨게 하기 위하여 심청은 공양미 삼백 석에 몸을 판다.

⑥ 심청이 인당수에 몸을 던진다.

⑦ 심청이 옥황상제의 명으로 용궁에서 극진한 대우를 받고 연꽃에 싸여 지상으로 올라온다.

⑧ 심청이 황후가 되고 황후가 된 심청이 아버지를 만나기 위해 황제에게 맹인잔치를 열어달라고 청한다.
⑨ 심봉사는 뺑덕어미와 살다가 재산을 탕진하고 버림받는다.
⑩ 심봉사가 맹인 안씨를 만난 후 맹인잔치에 참석하여 딸을 만나 눈을 뜬다.
⑪ 심봉사가 눈을 뜬 후 심청과 함께 부귀영화를 누리고 자손도 얻는다.

차이점은 다섯 가지로 정리할 수 있다. 첫째, 경판본과 완판본은 이야기의 배경에서 차이를 보인다. 경판본은 대명 성화 연간 남군 땅을 배경으로 지목하고 있으나 완판본은 송나라 말년 황주 도화동으로 배경을 지목하고 있다. 둘째, 심청의 부모 이름이다. 경판본은 심청의 아버지는 심현, 어머니는 정씨로 등장한다. 그러나 완판본은 심청의 아버지는 심학규, 어머니는 곽씨 부인으로 등장한다. 셋째, 심청의 어머니가 죽는 시점이다. 경판본에서는 심청의 어머니가 심청 나이 3살에 죽지만 완판본에서는 7일 만에 죽는 것으로 전개된다. 넷째, 심청 아버지의 눈이 먼 시점이다. 경판본에서는 부인이 죽은 후 맹인이 되는 것으로 나타나지만 완판본에서는 스무 살이 못 되어 맹인이 된 것으로 나타난다. 다섯째, 뺑덕어미의 등장이다. 경판본에서는 뺑덕어미의 등장이 없지만 완판본에서는 뺑덕어미가 등장한다. 이러한 차이점 중 가장 중요한 차이점은 다섯째 차이점인 뺑덕어미의 등장이다. 뺑덕어미의 등장은 곽씨부인과 대조적인 모습으로 올바르지 못한 부인상을 여실히 보여준다.

공통적인 서사 내용과 특징적인 서사 내용을 함께 담지하고 있는 완판본 <심청전>을 통해 한국의 두 가지 가족 간의 도리를 생각해 볼 수 있다. 첫째는 심청과 심학규를 통해 나타나는 부녀관계의 도리인 효라는 한국인의 중요한 문화 관념이다. 둘째는 곽씨부인과 뺑덕어미의 등장을 통해 나타나는 부부관계의 긍정적인 모습과 부정적인 모습이다. 또한 가족 간의 도리뿐만 아니라 권선징악, 인과응보와 같은 한국인의 공통적인 정서 관념도 잘 나타난다. 특히 뺑덕어미가 등장하는 완판본 <심청전>은 가장 널리 알려진 판본으로 많은 향유층을 이루고 있었다. 완판본은 전주 지방에서 간행되었기 때문에 전라도 지역의 특색이 다른 판본에 비해 잘 나타난다. 또한 완판본에는 어린 심청의 효행이 잘 드러나며 특히 뺑덕어미의 등장이 특징적으로 나타난다. 심청의 효행, 곽씨 부인과 대조적인 악독한 뺑덕어미의 모습은 문화 교육 요소로 적절할 것으로 보인다. 따라서 <심청전>의 많은 이본들 가운데 완판본을 본 장에서 다루게 될 <심청전>의 내용으로 삼고자 한다.

다음으로 드라마 <심청의 귀환>의 서사 내용은 다음과 같다.86)

① 앞을 보지 못하는 아버지와 함께 사는 청이는 어려운 환경에도 낙천적이고 적극적인 성격의 꿈많은 16세 소녀다.
② 개울에 빠진 아버지 심봉사를 구해준 화주승이 공양미 삼백석으로 아버지의 눈을 뜰 수 있다고 하자 청은 집안 형편은 생각지도 않고 대뜸 바치겠노라고 서원을 한다.
③ 한편 심청마을의 아전인 백이방네 곡식창고에 있던 삼백석이 도적떼에게 털리자 백이방은 손해를 막아낼 방법을 생각한다.
④ 황현감은 전국 최고의 효 사례를 조정에 올려 중앙정계로 진출할 생각에 효자효녀를 발굴하라고 백이방을 닦달한다.
⑤ 인당수에서 죽음의 위기를 겪고 인신공양을 해야겠다는 중국 상인의 이야기를 들을 백이방은 심청을 팔아 도둑맞은 삼백석을 보충하기로 결심한다.
⑥ 백이방에게서 공양미 삼백석을 마련할 방안을 들은 심청은 엄청난 일이라 엄두를 못내지만 아버지 심봉사가 눈을 떠서 청의 얼굴을 보는 것이 소원이라 하자 결국 결심한다.
⑦ 인당수에서 뛰어 내린 심청은 외딴 섬에서 정신을 차리게 되고 섬

---

86) http://www.kbs.co.kr/drama/special/simchung/view/view.html
　　드라마 <심청의 귀환> 방송보기

에 유배된 왕자인 홍은 청을 처음 보는 순간 사랑을 느낀다.

⑧ 청은 섬에서의 생활이 즐겁지만 아버지가 눈을 떠서 잘 살고 있는 지 늘 걱정되어, 결국 청은 홍에게 섬에서 떠나 아버지 곁으로 가겠다고 하고 홍은 청과 야반도주를 한다.

⑨ 한편 심청마을은 심청의 사연이 알려지며 전국의 명소가 되었고, 황현감은 업적을 인정받아 승승장구하고 있었으며 임금이 심청마을에 내려와 심봉사를 위로하는 맹인잔치를 열 계획 중이었다.

⑩ 그리하여 뺑덕에게 버림받고 떠돌던 심봉사를 데려와 맹인잔치를 준비하던 백이방은 심청이 살아 돌아왔다는 소식에 기겁을 한다.

⑪ 청이 자신이 공양미 삼백석을 빼돌렸다는 사실을 알면 모든 일이 수포로 돌아간다는 생각에 청이를 죽이려 하지만 실패한다.

⑫ 몽은사 화주승에게 사건의 전말을 들은 청은 아버지 심봉사를 구하기 위해 목숨을 걸고 맹인잔치가 벌어지는 관아로 스스로 들어간다.

⑬ 공연패 탈을 쓰고 관아에 들어간 청과 홍은 백이방에서 쫓기다 결국 연회장에 들어가게 되고 임금 앞에서 청은 소리를 하겠다고 한다.

⑭ 심청의 소리를 듣고 임금과 많은 맹인들은 감격하고, 심봉사는 눈을 뜬다.

⑮ 홍은 세자의 신분을 회복하여 청을 세자빈으로 간택하여 혼인하고 둘은 행복하게 산다.

판소리계 소설 <심청전>과 드라마 <심청의 귀한>은 서사 구조에서 공통점과 차이점이 발견된다. 먼저 공통점은 주제이다. 두 서사는 모두 부녀관계의 필수 덕목으로 효를 지향하고 있다. 아버지에 대한 효는 두 서사 모두 희생이라는 모습으로 극대화 되어 효를 주제로 표상하고 있다. 이러한 효행 방식이 올바른 것은 결코 아니다. 아버지를 위해 딸이 목숨을 버린다는 것은 어찌보면 불효라 할 수 있다. 심청의 행동을 비판적으로 논하고 있는 관련 논문들도 다수 존재한다. 그러나 본고에서는 심청의 행동의 옳고 그름을 따지기 보다는 심청이 그러한 행동을 하게 되는 저변의 의식인 효 의식에 대해 논하고 이 의식을 문화 교육의 내용으로 삼고자 한다.

기본적인 주제가 같은 두 서사에는 차이점도 있다. 가장 큰 차이점은 심청이라는 인물의 행동 모습이다. 판소리계 소설 <심청전>의 심청은 드라마 <심청의 귀환>의 청보다 소극적인 모습을 보인다. 판소리계 소설 <심청전>에서 시주를 약속하는 것은 심청이 아닌 심봉사이다. 그러나 드라마 <심청의 귀환>의 청은 아버지의 눈을 뜰 수 있다는 화주승의 말에 자신이 스스로 나서서 시주를 약속한다. 아버지를 위한 효심은 동일하나 그 행동을 주체적으로 결정하는 심청의 주체성을 살필 수 있다. 또 하나의 차이점은 판소리계 소설 <심청전>에서는 보이지 않는 현대의 문제적 사회상이 부각된다는 점이다. 드라마 <심청의 귀환>의 백이방과 황현감은 자신의 출세와 자신의 부 축적을 위해 효행까지 이용하는 모습을 보인다. 이는 출세를 위해 남을 짓밟는 현대사회의 경쟁적 모습, 부 축적을 위해 인간관계의 기본 덕목을 저버리는 물질만능주의의 모습으로 현대 사회의 문제적 모습이며, 드라마는 이를 비판적 시각에서 바라보고 있음을 확인할 수 있다. 이처럼 판소리계 소설 <심청전>과 드라마 <심청의 귀환>은 공통점과 차이점을 보인다.

1.2. <심청전>과 드라마 <심청의 귀환>의 문화 교육 요소

판소리계 소설 <심청전>과 드라마 <심청의 귀환>은 기본적인 주제에서 공통된 모습을 보인다. 이는 과거부터 현재까지 같은 주제로 등장하고 있는 효의 중요성으로 한국인에게 시대가 변해도 변하지 않는 중요한 의식이 효 의식임을 보여주고 있다. 이러한 공통점과 다르게 드라마가 현대에 다시 재해석됨으로써 과거 조선 시대를 배경으로 하고 있지만 과거의 의식만 등장하는 것이 아닌 현대의 의식이 융합되어 있는 모습을 살필 수 있다. 따라서 효를 바탕으로 한 부녀관계 문화의 모습과 함께 사회상까지 함께 비교할 수 있어 과거에서 현재에 이르기까지 변하지 않는 한국의 가족 문화 관련 의식과 변화한 사회상을 교육하기 유용한 텍스트이다.

판소리계 소설 <심청전>의 내용으로 볼 때 중요한 문화 교육 요소는 크게 두 부분이다. 하나는 여러 이본 <심청전>의 공통점인 효 관념으로 부녀관계의 도리를 그 요소로 삼을 수 있다. 둘째는 완판본 <심청전>의 특징인 뺑덕어미를 통해 드러나는 부부관계의 도리이다. 이는 모두 인간 관계 문화에 해당하는 내용으로 문화 교육 요소로 삼을 수 있다.

먼저 가족 문화 가운데 판소리계 소설 <심청전>에서 활용 가능한 문화 교육 요소는 부녀 관계의 도리로 나타나고 있는 효 관념이다. 앞서 살펴본 바와 같이 많은 이본들의 공통점으로 등장하는 효 관념은 <심청전>의 가장 중요한 서사 모티프이다. 효는 한국의 대표적인 문화 관념 중의 하나로 많은 효행설화가 존재한다. <심청전>은 판소리계 소설 가운데 효 관념을 가장 잘 드러내고 있는 작품이다. 효 관념을 <심청전>의 주인공인 심청의 행동을 통해 드러난다.

> 언의더시 육칠 셰라. 얼골리 국식이요 인사가 민첩ᄒ고, 효힝이 출천ᄒ고 소견이 탁월ᄒ고 인자ᄒ미 기린이라. 부친의 조셕 공양과 모친의 졔사를 의법으로 할 쥴을 아니, 뉘 안이 층찬ᄒ리요.
> ᄒ로난 부친게 엿자오되,
> "미물 짐싱 가마구도 공임 겨문 날의 반포홀 조를 아니 ᄒ물며 사롬이야 미물만 못ᄒ오릿가? 아부지 눈 어두신듸 밥 빌너 가시다가 놉푼 듸 집푼 듸와 조분 질노 쳔방지방 단이다가 업푸려져 상키 쉽고, 만일 날 구진 날 비바롬 불고 셔리 친날 치워 병이 나실가 주야로 염여오니, 니나히 칠팔 셰라, 싱아육아 부모 은덕 이제 봉행 못 ᄒ면, 일후 불행ᄒ신 날의 이통한들 갑사오릿가? 오날부텀 아부지는 집이나 직키시면 니가 나셔셔 밥을 빌어다가 조셕 근심 덜게 ᄒ오리다."[87]

<심청전>의 주인공인 심청은 예닐곱 살부터 봉사 아버지를 봉양하기 위하여 동냥과 품팔이를 한다. 이는 나이 어린 아이가 감당하기 쉽지 않은 일이다. 그러나 심청은 눈 못 보는 아버지를 위해 효를 행하며 이는 주변 이웃들에게 칭송을 받는다. 또한 심청이 인당수에 빠지게 되는 결정적인 원인은 아버지의 개안을 위해서이다.

> 이럿타시 빌기를 마지 아니ᄒᆞ니, ᄒᆞ로난 드르니,
> '남경 상고 션인더리 십오 셰 쳐자를 사려 ᄒᆞᆫ다.'
> 하거늘, 심청이 그 말 반기 듯고 귀덕어미 시이 너어 사롬 사라 ᄒᆞ난 곡져를 무른직,
> "우리난 남경 션인으로 인당수 지니갈 졔 졔숙으로 졔ᄒᆞ면 무변디ᄒᆞᆯ를 무사이 월셥ᄒᆞ고 십십만 금퇴를 니기로 몸팔여 ᄒᆞ는 쳐녀 이쁘면 곱슬 앗기지 안코 주노라."
> ᄒᆞ거늘 심청이 반겨 듯고 말을 ᄒᆞ되,
> "나는 본촌 스롬 일너니, 우리 부친 안밍ᄒᆞ사 '공양미 삼빅 셕을 지셩으로 불공ᄒᆞ면 눈을 써 보리라.'ᄒᆞ되 가셰 철빈ᄒᆞ여 판출ᄒᆞᆯ기리 져니 업셔 니 몸 팔여 ᄒᆞ니 나를 사가미 엇더ᄒᆞ뇨?"
> 션인드리 이 마를 듯고,
> "효셩이 지극ᄒᆞ나 가긍ᄒᆞ다."
> ᄒᆞ며 허락ᄒᆞ고, 직시 쌀 삼빅 셕을 몽운사로 슈운ᄒᆞ고,
> "금년 삼월 십오일의 발션ᄒᆞᆫ다."
> ᄒᆞ고 가거늘, 심청이 부친게 엿자오디,
> "공양미 삼빅 셕을 이무 수운ᄒᆞ여쁘니 이졔난 근심치 마옵소셔."
> 심봉사 짐작 놀너여,
> "네 그 말리 원 말인야."
> 심청갓탄 젼츌지 효녀가 엇지 부친을 속이랴마는 사셰브득이라, 잠간 궤술노 속여 디답ᄒᆞ되,

---

87) 본고에서는 심청전의 여러 판본 가운데 뺑덕어미가 등장하여 선인과 악인의 비교가 명확한 완판본을 논의의 판본으로 삼고자 하였다.
정하영 역주(1995), 『한국고전문학전집 13 심청전』, 고려대학교 민족문화연구소, 96-98면

"장승상덕 노부인이 월전의 날다려 수양딸을 삼무려 ㅎ시난듸 차마 허락지 아니 ㅎ엿삽더니, 금자 사셰는 공양미 삼빅 석을 주션홀 기리 젼이 업셔 이 사연을 노부인게 엿자온직 빅미 삼빅 셕을 너여 주시기로 수양딸노 팔여나니다."[88]

심청은 아버지를 위해 자신의 목숨을 바치는 것에 전혀 망설임이 없다. 오히려 아버지를 위해 자신의 목숨을 팔 수 있음을 반긴다. 이처럼 부모를 위해서 고생하는 것은 물론 목숨까지도 바치는 모습을 통해 한국인의 효 개념이 이야기를 통해 드러난다.

심청의 효행은 <심청전> 전반에 걸쳐 등장한다. 심청이 현재까지도 효의 표상으로 일컬어지는 것은 현재까지 향유되는 <심청전>의 저력이라 할 수 있다. 또한 현재까지 향유된다는 것은 효 관념을 중요한 문화교육 요소로 삼을 수 있음을 보여준다. 특히 <심청전>에는 부모와 자식의 관계에서 꼭 지켜야 하는 도리로 효 관념이 잘 드러나고 있다. 어린 나이에도 부모를 위하여 자신을 희생하는 모습, 부모를 위해 목숨까지도 바치는 모습이 바로 그것이다.

드라마 <심청의 귀환>의 심청 역시 아버지에 대한 효를 끊임없이 실천한다. 오히려 아버지의 눈을 뜨게 하기 위해 스스로 화주승과 시주를 약속하는 모습을 통해 판소리계 소설 <심청전>의 심청보다 더 주체적으로 효를 실천하기에 이른다. 또한 아버지를 걱정하던 심청은 자신의 행복인 섬에서의 생활을 포기하고 아버지에게 돌아오며, 아버지를 구하기 위해 목숨을 걸고 맹인잔치에 들어서는 주체적인 모습을 보인다.

그러나 이러한 효행심은 외국인들이 쉽게 받아들이기 어려울 수 있다. 사실 심청의 효행이 과연 진정한 효인가에 대한 논의 역시 한국 사회에

---

88) 정하영 역주(1995), 『한국고전문학전집 13 심청전』, 고려대학교 민족문화연구소, 114-116면

서도 지속적으로 이루어지고 있는 부분이다. 아버지의 눈을 뜨게 하기 위해 죽음을 택한 것은 오히려 아버지를 불행하게 하는 부분이기 때문에 이는 불효라는 것이다. 그러나 이러한 논의가 이루어지는 것 역시 심청의 효에 관한 논의로, 한국 사회에서 효라는 개념이 중요한 논의거리가 되며 한국인들의 의식 속에 깊이 자리 잡고 있음을 알 수 있다. 즉, 효라는 개념을 강하게 부각시키기 위해 목숨을 내놓는 심청의 효를 이야기 그대로 받아들여 진정한 효를 위해 목숨을 내놓아야 한다는 것이 아니라, 한국 사회에 현재까지도 자리 잡고 있는 효 개념을 가르치기 위해 적절히 활용하는 것이 중요하다.

효 관념은 현재 한국인들의 문화 관념으로 확고히 자리 잡고 있다. 명절이나 어버이날이 되면 부모를 만나기 위해 오랜 시간이 걸려서라도 고향을 찾는 것 등을 통해 이러한 관념을 확인할 수 있다. 또한 효는 부모님께 꼭 해야 하는 것으로 인식하여 부모님께 효도를 하지 못하면 도덕적으로 질타를 받는 사회적인 모습도 효 개념이 한국인에게 얼마나 중요한 개념인지 알 수 있게 해 주는 부분이다. 전형적인 효의 이념[89]은 부모를 존경하는 것, 육체적 및 재정적으로 희생하는 것, 책임을 수행하는 것, 은혜에 보답하는 것, 부모를 중심으로 화합하는 것, 부모에게 동정심을 갖는 것, 극진히 부양하는 것, 부모를 위해서는 어려운 일도 수행하는 것 등으로 정리된다. 심청은 이러한 전형적인 효를 다하는 이상적인 인물로 등장하며, 이러한 이야기들을 통해 한국인들은 자신이 효를 다 행하지 못하더라고 이러한 이념이 효행임은 분명히 인식하고 있다.

이처럼 한국인에게 효 개념은 꼭 행해야 하는 문화적 개념이며 이는 과거부터 현재까지 통시적으로 지속되어 온 개념이다. 이는 판소리계 소

---

89) 차용준(2000), 『전통문화의 이해 제7권 한국인의 전통 사상 편』, 전주대학교출판부, 63면.

설 <심청전>과 드라마 <심청의 귀환>에 매우 잘 드러나고 있다. 따라서 효 관념을 <심청전>의 문화 교육 요소로 삼을 수 있으며, 이러한 효 관념을 교육한다면 외국인 학습자들은 한국인들의 의식을 좀 더 깊이 이해하는 계기가 될 수 있을 것이다. 특히 결혼이민자와 같이 한국에서 한국 사회의 구성원으로 살아가야 하는 학습자들은 한국인들이 부모에게 어떻게 대해야 된다고 생각하는지 알 수 있게 될 것이며 한국의 가족관계를 이해하는데 많은 도움을 얻을 수 있을 것이다. 또한 한국 사회의 며느리로 살아가게 될 결혼이민자들이 시부모에게 어떻게 행동해야 하는지 인식하게 될 것이며, 효에 대해 좀 더 자연스럽게 생각할 수 있을 것이라 기대된다.

다음으로 판소리계 소설 <심청전>의 인간관계 문화 교육 요소는 곽씨부인과 뺑덕어미의 행동을 통한 부부관계의 모습이다. 이는 앞서 논의한 완판본의 특징적인 모습이다. 완판본은 가장 널리 알려졌던 판본으로 한국 사회에서 널리 인식되고 있는 <심청전>의 내용이다. 따라서 완판본의 뺑덕어미의 모습은 한국인의 의식에 시사하는 바가 크다고 볼 수 있다. 곽씨 부인이 부부간의 긍정적 도리를 보여준다면, 뺑덕어미는 부부간의 부정적 도리를 잘 보여주고 있다.

> 그 처 곽씨부인 현철ᄒᆞ야, 임사의 덕힝이며 장강의 고음과 목난의 절기와 예기, 가례, 닉칙편이며 주남, 소남, 관져시를 몰을 거시 업스니, 일이의 화목ᄒᆞ고 노복의 은익히며 가면 범절ᄒᆞ미 빅집사가관이라. 이졔의 쳥염이며 안연의 간난이라. 쳥젼구업 바이 업셔 ᄒᆞᆫ 간 집, 단포자의 조불여셕 ᄒᆞ난구나.
> 야외의 젼토 업고 낭셔의 노복 업셔, 가련ᄒᆞᆫ 어진 곽씨부인 몸을 바려 품을 팔러, 싹받어질 관디 도포 힝의 창의 징넘이며, 셥슈 쾌자 중추막과 남녀 의복 잔누비질, 상침질 외올쓰기, 좌쭘 고두 누비 속올이기, 셰답 쌜닉 푸식 마젼, 하졀 의복 한삼 고의, 망건 쑤미기, 갓쓴 졉기, 비

자 단초, 토슈 보션 힝젼 줌치 쌈지, 단임 허릿기, 양낭 볼지 휘양 복건 풍치 쳔의, 가진 금침 베기모의 쌍원앙 수놋키며, 오사 모사 각디 흉비의 학 놋키와, 초상난 집 원사 제복, 질삼 션주 궁초 공단 수주 남능 갑사 운문 토주 분주 명주 싱초 통경이며, 북포 황져 포츈 포문 포졔 추리며, 삼베 빅져 극상 셰목짜기와 혼장디사 음식 숙졍, 가진 중게ᄒ기, 빅산 과졀 신셜노미, 수팔연봉오림과 비상 ᄒ듸 고임질과 쳥홍 황빅 침힝 염식ᄒ기를, 일연 삼빅 육십 일을 하로 반쎠 노지 안코, 손톱 발톱 자자지게 품을 파라 모일 젹의, 푼을 모야 돈을 짓고 돈을 모아 양을 만드러, 일수쳬게 장의변으로 이웃집 착실ᄒ 되 빗슬 주어 실수 업시 바다 들러, 춘추시힝 봉졔사와, 압못보난 가장 공경, 사졀 의복, 조셕 찬수, 입의 마진 가진 별미 비위 맛쳐 지셩 공경, 시종이 여일ᄒ니, 상ᄒ촌 사름더리 곽씨부인 음젼타고 층찬ᄒ더라.90)

곽씨 부인은 어질고 지혜로운 여성으로 등장한다. 곽씨 부인은 동네 사람과 화목하고 눈이 보이지 않는 가장을 공경하는 덕행과 절개를 지닌 여성이다. 또한 살림하는 솜씨 역시 매우 뛰어난 인물로 등장한다. 그녀는 여기서 그치지 않고 눈 못 보는 가장을 대신하며 가난한 살림을 부하게 하기 위해 몸소 열심히 일하는 가장으로 모습까지도 보인다. 이러한 곽씨 부인은 긍정적인 부부관계의 표상으로 등장하여 긍정적인 부인상을 보여준다.

본츈의 셔방질 일수 잘ᄒ여 밤낫업시 흘네ᄒ난 기갓치 눈이 벌게게 단이난 쎵덕어미가 심봉사의 젼곡이 만이 잇난 줄을 알고 자원쳡이 되아 살더니, 이년의 입버르장이가 쏘ᄒ 보지 버릇과 갓타여 ᄒ시 반쎠도 노지 안이ᄒ랴고 ᄒ는 년이라. 양식 주고 쩍사먹기, 베를 주워 돈을 사셔 술사먹기, 정자밋터 낫잠자기, 이웃집의 밥부치기, 동인다러 욕셜ᄒ기, 초군덜과 쌈싸오기, 술취ᄒ여 ᄒ밤중의 오 달셕 울럼울기, 빈담비디 손의 들고 보는디로 담비 쳥ᄒ기, 총각 유인ᄒ기, 졔반 악즁을 다 겸ᄒ

---

90) 정하영 역주(1995), 『한국고전문학전집 13 심청전』, 고려대학교 민족문화연구소, 74-76면

여 그러흐되, 심봉사는 여러 히 주린 판이라[91]

　　뺑덕어미도 싱각흔직.
　　'막상 니가 짜러 가드리도 잔치의 참예흐미 젼이 업고, 도라온들 셩
셰도 젼만 못흐고 살 길리 젼이 업서스니, 차라리 황봉사를 짜라스면
말연 신셰는 가장 편안흐리라.'
　　흐고 약속을 단단이 졍흐고,
　　'심봉사 잠들기를 기달여 닉쎄리라.'
　　흐고 고동목을 노코 누엇더니 심봉사가 잠을 집피 드러거늘 두 말 업
시 도망흐여 다러난지라.[92]

　반면 뺑덕어미는 처음부터 돈 때문에 심봉사에게 접근하여 심봉사 옆
에서 재산을 탕진한다. 그녀는 일은 하지 않으며 음주와 욕설을 일삼으
며 남편 외의 다른 남자를 유인하는 모습까지 보이며 온갖 악행을 행하
는 여성으로 등장한다. 또한 심봉사의 재산이 거의 탕진되고 앞으로 살
길이 어려워지자 심봉사를 거리낌없이 버리고 황봉사와 도망가는 모습을
보인다. 이러한 뺑덕어미의 모습은 긍정적인 부부관계가 아닌 부정적인
부인상으로 표현된다. 결국 부정적인 부부관계의 표상으로 등장한 뺑덕
어미는 결국 나중에 벌을 받는 장면으로 연결된다.

　　무창틱수를 불너 예주자사로 이쳔흐시고 자사의게 분부흐야 황봉사
와 뺑덕어미를 직각 착덕흐라 분부 지엄흐시니, 예주자사 삼빅육 관의
힝관흐야 황봉사와 뺑덕어미를 잡어 올여거늘, 부원군 쳔쳥누의 좌기흐
시고 황봉사와 뺑덕어미를 잡아드리여 분부흐사,
　　"네 이 무상흔 연아, 산쳡쳡 야심흔듸 쳔지 분별치 못흐난 밍인 두고
황봉사를 어더 가는게 무신 쓰신야?"
　　직시 문초흐니,

91) 정하영 역주(1995), 『한국고전문학전집 13 심청전』, 고려대학교 민족문화연구소, 160-162면
92) 정하영 역주(1995), 『한국고전문학전집 13 심청전』, 고려대학교 민족문화연구소, 176-178면

"역촌의셔 여막질ᄒᄂ는 졍연이라 ᄒ난 ᄉ롬의 게집의게 초인ᄒ미로소
이다."

부원군이 더옥 디로ᄒ여 뺑덕어미를 능지쳐춤ᄒ신 후의 황봉사를 불
너 일은 말삼이,[93)]

그러나 뺑덕어미는 자신의 잘못을 남의 탓으로 돌리며 끝까지 자신의
잘못을 뉘우치지 않는다. 그리하여 결국 잘못에 대한 벌을 받는 장면을
통해 나쁜 행동을 하면 벌을 받는 권선징악의 의식이 등장하며 결말을
맺는다. 이는 부부관계의 도리 즉 이익을 위한 이해관계가 아닌 사랑으
로 함께하는 부부관계, 신의가 존재하는 부부관계가 긍정적이며, 뺑덕어
미와 같은 심적 상태의 인물은 벌을 받는다는 권선징악 의식까지 <심청
전>에 통합적으로 표현되고 있음을 알 수 있다.

드라마 <심청의 귀환> 역시 뺑덕이 등장한다. 판소리계 소설 <심청
전>의 뺑덕어미와 마찬가지로 행실이 고약한 인물로 등장한다. 뺑덕의
행동을 통해 뺑덕과 심봉사는 긍정적 부부관계가 아님을 확인할 수 있다.
이와 반대의 인물인 청이네에게 의지가 되고 다정한 꽃분모의 모습을 통
해 부부의 모습은 아니지만 이웃의 긍정적인 모습을 보여주고 있다. 따
라서 심청전과 심청의 귀환을 통해 긍정적, 부정적 부부관계에 대해 교
육이 가능하며 더 나아가 긍정적인 이웃의 모습까지 함께 교육 요소로
삼을 수 있다.

이러한 문화 교육 요소를 통하여 일반 한국어 학습자들에게 현재 한국
드라마 전반에 등장할 정도로 널리 퍼져있는 권선징악 개념이 과거부터
이어져 온 의식임을 자연스럽게 교육할 수 있다. 특히 판소리계 소설
<심청전>과 드라마 <심청의 귀환>은 한국인과 부부로 살아가는 결혼

---

93) 정하영 역주(1995), 『한국고전문학전집 13 심청전』, 고려대학교 민족문화연구소, 206-208면

이민자들에게 유용한 교육 텍스트라 할 수 있다. 곽씨 부인과 뺑덕어미를 통해 한국인들이 생각하는 올바른 부인상과 그릇된 부인상을 교육할 수 있어, 한국인의 의식 속에 자리 잡고 있는 이상적인 부부관계의 모습이 어떤 모습인지를 교육할 수 있기 때문이다. 또한 권선징악의 모습을 통해 긍정적인 부부관계로 선하게 살면 복을 받고 부정적인 부부관계로 악하게 살면 벌을 받는다는 의식이 한국인의 내면에 깊숙하게 자리 잡고 있음을 인식하게 할 수 있다. 이러한 문화 교육 요소는 부부관계를 좀 더 긍정적인 방향을 모색하게 할 수 있으며 긍정적인 부부관계, 나아가 긍정적인 가족 관계를 형성하는 데 도움을 줄 수 있을 것이다.

가족 관계 이외에 현대사회의 문제점도 비판이 가능하다. 판소리계 소설 <심청전>을 재해석하는 과정에서 드라마 <심청의 귀환>에는 <심청전>에서는 부각되지 않았던 현대 사회의 여러 문제적 사회상이 제시된다. 이는 판소리계 소설 <심청전>에는 등장하지 않는 황현감과 백이방의 등장을 통해 부각된다. 황현감과 백이방은 자신의 출제를 위해서 청의 효심을 이용하는 모습을 모여 현대 사회에 만연한 출세만능주의 보여준다. 또한 백이방은 자신의 부를 축적하기 위해 심청의 효심을 이용하여 심청을 죽음으로 몰아가는 물질만능주의를 보여준다. 이 두 인물은 결국 현대 한국 사회의 모습으로 현대 한국의 문제적 사회상을 보여주고 있는 것이다. 이 두 인물을 통해 한국의 부정적인 사회상을 비판하고 긍정적인 사회상을 교육하는 문화 교육의 요소로 삼을 수 있다.

1.3. <심청전>과 드라마 <심청의 귀환>의 문화 교육 방안

<심청전>은 많은 이본을 가지고 있으며, 그 근원이 되는 근원 설화 역시 여러 가지이다. 또한 관련 근원 설화와 유사한 설화들이 한국 이외의 국가에서도 존재하고 있다. 또한 현재까지 다양한 매체에서 변용되고

향유되고 있는 작품이다. 이러한 심청전의 통시적 공시적 특성으로 볼 때 외국 학생들을 위한 문화 교육 텍스트로 유용하다고 할 수 있다. 앞서 살펴본 바와 같이 판소리계 소설 <심청전>은 부녀관계의 도리와 부부관계의 도리를 잘 드러내고 있는 작품으로 가족 문화 교육에 효율적인 텍스트이다. 특히 판소리계 소설 <심청전>과 드라마 <심청의 귀환>을 비교하여 문화를 교육한다면 전통적인 가족 사상은 물론 현대적인 가족 사상까지 함께 가르칠 수 있어 그 효과가 클 것이라 기대된다. 판소리계 소설 <심청전>과 드라마 <심청의 귀환>의 문화 요소를 효율적으로 교육할 수 있는 방안 다음과 같다.

첫째, 판소리계 소설 <심청전>과 드라마 <심청의 귀환>을 읽고 비교하여 발표하는 방법이다. 학습자의 수준에 따라 스스로 줄거리를 직접 쓰고 발표하게 하거나 모티브의 순서를 찾아보는 등의 방법을 통해 판소리계 소설 <심청전>과 드라마 <심청의 귀환>의 내용을 인식하게 할 수 있다. 이 과정을 통해 학습자 스스로 두 서사의 공통점과 차이점을 찾아내는 것이다. 이를 통해 내용 파악을 통한 문화 인식은 물론, 읽기, 쓰기 등의 기능 교육의 전반적인 부분의 교육까지 가능할 것으로 기대한다.

둘째, 가족 문화 가운데 부녀관계에 해당하는 효 관념에 대해 논의하는 방법이다. 판소리계 소설 <심청전>은 이본이 많은 작품 중 하나이다. 여러 이본은 효를 중심으로 전개되고 있으며, 이야기의 핵심이 되고 있다. 이 가운데 본고에서 대상으로 삼은 완판본 <심청전>을 통해 한국인이 중요하게 생각하는 효 관념을 교육할 수 있다. 또한 드라마 <심청의 귀환>에 등장한 효의 모습도 함께 교육하여 현재까지도 이어지고 있는 통시적 효 개념을 학습자에게 교육할 수 있다. 이와 함께 <심청전>의 여러 근원설화 및 효행설화를 활용하는 것도 방법이 될 수 있다. <심청전>의 근원설화는 효녀지은 설화와 거타지 설화로 논의되어 왔으며, 이와 유사한 외국의 설화로는 인도의 전동자 설화와 일본의 소야희 설화를 들 수 있다.94) 이러한 근원설화들의 줄거리를 비교하여 한국인의 의식 속에 존재하는 효 관념의 깊이에 대한 논의를 하는 것은 물론, 한국뿐만 아니라 외국에서도 효는 가치가 높은 사상임을 논의하여 한국인에게만 필요한 사상이 아님을 교육할 수 있다. 또한 한국에 널리 분포한 효행설화와 외국인 학습자들의 자국에 존재하는 설화를 비교하여 <심청전>과 유사한 구조, 즉 효를 중심 구조로 전개되는 이야기가 없는지 서로 비교해 봄으로써 나라 간 효 관념의 공통점과 차이점을 통해 공시적인 문화차이를 논의하고 인식하여 한국의 특색을 교육할 수 있다.

이렇게 서사적 특성 비교를 통해 문화 교육을 한다면 외국인 학습자들은 주입식으로 관념을 주입받는 것이 아니라 서사 속에서 자연스럽게 인식이 가능해진다. 특히, 부녀 관계 즉, 부모와 자식 관계에서 어떻게 효를 행하는 것이 바람직한 한국 문화 특성인지 인식할 수 있게 될 것이다. 또한 서로 토론을 통해 공통점과 차이점을 찾아간다면 문화 교육과 함께 기능교육도 이룰 수 있을 것이다. 이러한 가족 문화 교육은 한국 사회에서 며느리로 살아가야 하는 결혼이민자들에게 특히 더 긍정적인 영향을 줄 수 있다. 한국 사회에서 시부모에게 어떻게 행동해야 할 지 몰라 갈등을 겪고 있는 결혼이민자들에게 효를 행하는 것이 중요한 일이며 효 관념이 어떤 관념인지를 교육할 수 있을 것이다. 또한 이러한 효에 대한 인식을 통해 고부간의 갈등을 줄여갈 수 있다면 이들의 한국 적응은 좀 더 쉬워질 수 있을 것이며, 그렇게 된다면 가족관계를 더욱 긍정적인 방향으로 이끌어 갈 수 있을 것이다.

셋째, 가족 문화 가운데 부부관계에 대해 논의하는 방법이다. 완판본

---

94) 김태준(1939), 『조선 소설사』, 학예사, 142면
   판소리학회(2010), 『판소리의 세계』, 문학과지성사, 231면

<심청전>의 가장 큰 특징인 뺑덕어미의 등장을 통해 부부관계의 부정적인 모습을 인식하고 긍정적인 방향을 모색하기 위한 교육을 할 수 있다. 본고에서는 <심청전>의 여러 이본 가운데 완판본을 중심으로 논의가 이루어진다. 그 이유 중 가장 큰 이유는 뺑덕어미의 모습이 등장하기 때문이다. 드라마 <심청의 귀환> 역시 긍정적인 부인상과 부정적인 부인상이 등장하는데 꽃분네와 뺑덕어미가 그 모습이다. 판소리계 소설 <심청전>과 드라마 <심청의 귀환>의 곽씨부인과 뺑덕어미, 그리고 꽃분네의 모습 비교를 통해 한국 사회에서 인식하고 있는 올바른 부부관계를 인식하고 긍정적인 방향을 모색해 볼 수 있다. 실제적 교육 방법으로는 학습자 자국에 존재하는 설화들 가운데 곽씨부인이나 뺑덕어미와 같은 부인상을 나타내는 설화가 있는지 함께 이야기 해보고 비교하며 한국의 긍정적인 부인상을 함께 논의하여 그 차이를 인식하는 교육을 행할 수 있다. 그리고 악한 인물인 뺑덕어미가 결국에는 벌을 받는 모습을 통해 권선징악 및 인과응보 사상을 논의의 대상으로 활용하여 교육함으로써 한국 사회에 널리 퍼져있는 사상을 이해시키는데 도움이 될 수 있을 것이다.

특히 곽씨 부인과 뺑덕어미를 통하여 한국에서 한 남자의 부인으로 살아가야 하는 결혼이민자들에게 한국인이 생각하는 긍정적인 부인상을 논의해 볼 수 있다. 이러한 문화적 상황을 교육을 통해 인식하게 된다면 결혼이민자들이 한국 사회에서 한 남성의 부인으로 살아가며 긍정적인 가족관계를 만들어 가는데 도움이 될 것이라 기대한다. 또한 서사성을 통한 문화 교육은 텍스트를 함께 읽고 논의하는 과정을 통해 문화 인식과 함께 언어 기능 영역의 능력을 향상시키는 데에도 도움을 주어 기능 교육과 문화 교육의 균형 있는 교육이 이루어 질 수 있을 것으로 기대된다.

넷째, 매체를 활용한 교육 방안이다. 즉, 영화나 드라마, 공연물 등의 매체를 활용한 교육 방안이다. 판소리계 소설 <심청전>은 다양한 영상

매체로 널리 향유되고 있는 작품이다. 현재까지 심청전의 내용을 모티프로 한 영화, 드라마, 공연물 등이 많이 제작, 상영되어왔다. 또한 판소리계 소설은 현대소설이나 동화, 만화의 모티프로 활용되었다. 모티브가 활용된 현대소설로는 황석영의 <심청>이 있다. 다음으로 이청준의 동화 <심청이는 빽이 든든하다>가 있으며 <왕후심청>과 같은 애니메이션 역시 존재한다. 이 밖에도 판소리계 소설 즉, 판소리 사설을 바탕으로 하고 있는 영화, 애니메이션, 발레, 무용, 모노드라마, 인형극, 창극, 동요, 뮤지컬, 연극, 축제 등이 향유되고 있다.95) 본고에서는 설 특집극으로 제작된 드라마 <심청의 귀환>을 텍스트로 삼고 있다. 이렇게 다양한 영상 매체에 등장하는 심청전을 문화 교육에 활용한다면 외국인 학습자들에게 친숙하게 한국 문화를 접할 기회를 줄 수 있을 것이다. 특히 판소리계 소설 <심청전>에 등장하는 가족생활 문화 즉 의식주 문화를 드라마 <심청의 귀환> 영상으로 직접 보여주고 서로 자국의 문화와 비교하여 논의함으로써 문화 교육의 내용 인식과 함께 듣기와 말하기 능력을 함께 향상시킬 수 있을 것이다. 시청각 자료인 드라마 <심청의 귀환>을 통해 이야기 속에서 지도한다면 판소리계 소설 <심청전>에 등장하는 가족생활 문화를 말로 또는 글로 설명하는 것보다 더욱 친근하게 지도할 수 있을 것이다. 또한 현대 매체인 드라마 <심청의 귀환>에는 판소리계 소설 <심청전>을 재해석하는 과정에서 <심청전>에서는 부각되지 않았던 현대 사회의 여러 문제적 사회상이 황현감과 백이방의 등장을 통해 제시된다. 학습자에서 황현감과 백이방의 행동에 대한 평가를 하게 함으로써 현대 한국 사회와 학습자 자국에 존재하는 출세만능주의와 물질만능주의에 대한 비판적 시각도 함께 지도할 수 있을 것이다.

---

95) 장미영(2005), 「판소리 사설의 디지털서사화 방안」, 『판소리연구』 20, 판소리학회, 301면

이처럼 가족 문화를 담지하고 있는 판소리계 소설 <심청전>과 드라마 <심청의 귀환>을 통해 문화 교육을 실현한다면 한국인의 이상적 가족관을 서사 내용 속에서 자연스럽게 교육이 가능할 것이다. <심청전>이 담고 있는 부녀 관계 문화는 보편적 가치이므로 유학생이나 근로자, 결혼이민자 모두에게 유용하나, 특히 한국인과 가족 관계로 살아가야 하는 결혼이민자들에게는 더욱 유용하며 필수적인 교육적 가치를 지닌다. 따라서 이를 교육에 활용한다면 외국인 학습자의 문화 교육뿐만 아니라 결혼이민자의 한국 이해 및 한국 적응에 큰 도움이 될 것으로 기대한다.

2. 연인관계: <춘향전>을 대상으로

2.1. <춘향전>과 드라마 <쾌걸춘향>의 서사 비교

한국의 문화는 과거에서 현재까지 민중의 역할이 강조되고 있다는 점에서 특징이 있다. 대중문화의 주인공인 민중은 과거부터 현재까지 존재한다. 과거의 민중은 양반층의 부조리에 항거하는 모습을 통해 새로운 시대로의 발전을 추구하고 있다. 현재의 민중은 양반에 대항하는 것은 아니지만 나름대로 사회 부조리로부터 벗어나려는 모습을 통해 발전적인 모습을 보인다고 할 수 있다.

판소리계 소설 <춘향전>와 드라마 <쾌걸춘향>은 향유되던 당시의 대중들의 의식을 담지하고 있다. <춘향전>이 향유되던 조선 사회는 민중들이 양반층의 억압 속에 살던 시대이다. 즉 신분제도라는 제도 속에서 사랑마저도 마음대로 할 수 없는 억압의 시대이다. <춘향전>은 당시의 청춘남여의 사랑을 통해 조선 시대 대중들의 마음을 통쾌하게 보여주는 작품으로 당시 대중문화를 살필 수 있다. <쾌걸춘향> 역시 드라마가 방영된 시대의 대중들의 욕망을 표출한다. 현재 한국 사회는 경제적 차이가 신분이라는 말이 있을 정도로 신분제도가 없는 신분제도 나라이다. 드라마 <쾌걸춘향>은 경제적 차이가 있어 사랑하기 어려운 21세기 청춘남녀가 여러 난관을 극복하며 사랑을 이룩하는 모습을 통해 현재 대중들의 마음을 반영하고 있다고 할 수 있다. 이처럼 <춘향전>과 <쾌걸춘향>은 사랑이라는 매개를 통해 연인 관계 문화와 함께 과거와 현재 대중들의 욕망 및 당대의 사회 모습을 잘 표출하고 있다. 따라서 이 두 작품에 내재된 연인 관계 문화를 문화 교육 요소로 활용한다면 학습자의 문화 교육에 도움이 될 것으로 기대한다.

판소리계 소설 <춘향전>은 경판본, 완판본, 안성판본, 신재효본 이외에도 여러 이본이 전해지고 있지만 공통적인 서사 구조는 다음과 같다.[96]

① 춘향이 월매의 기자치성으로 성참판의 서녀로 신이한 탄생
② 미모와 학문적 재능 겸비한 재인으로 성장
③ 단오날 광한루에서 이몽룡과 만남
④ 몽룡이 춘향 집으로 찾아가 월매의 승인을 거쳐 춘향과 결합
⑤ 농도 짙은 사랑가
⑥ 이몽룡이 서울로 떠나게 되어 이별
⑦ 춘향이 변사또의 수청 수난
⑧ 수청 거절로 옥살이
⑨ 변사또의 생일 잔칫날 춘향의 형벌 예정
⑩ 과거급제하고 암행어사 된 이몽룡의 출현
⑪ 변사또의 징계, 춘향과 몽룡의 재결합
⑫ 뒤풀이 잔치

---

96) 양민정(2008), 「한국어 문화교육과 판소리의 세계와 방안 연구」, 『국제지역연구』 제12권 제3호, 216면

다음으로 드라마 <쾌걸춘향>의 서사 구조는 다음과 같다.[97]

① 남원의 최고 미인이며 우등생인 성춘향은 새로 부임한 경찰서장의 아들인 불량 전학생 이몽룡을 우연히 만난 이후 사사건건 부딪히며 대립한다.

② 몽룡은 자신의 장난으로 물에 빠져 감기에 걸린 춘향에 대한 미안한 마음으로 병문안을 갔다가 실수로 과일주를 마시고 춘향 곁에서 잠이 들고 만다.

③ 춘향과 몽룡의 동침 사건은 오해가 겹치면서 당사자들의 억울함과 관계없이 증폭되어 일파만파 커지고, 두 사람은 퇴학을 막기 위해 어쩔 수 없이 계약 결혼을 하게 된다.

④ 몽룡의 집에서 함께 살게 된 두 사람은 여전히 티격태격하면서도 한 편으로 정을 쌓아가지만, 춘향과 우연히 알게 된 후 점점 호감을 느끼는 연예 기획사 사장 변학도와, 몽룡의 첫사랑인 채린으로 인해 갈등의 골이 깊어간다.

⑤ 서로의 오해를 풀지 못한 채 춘향과 몽룡은 끝내 이별을 하고, 두 사람에 대한 학도와 채린의 집요한 애정 공세와 방해로 인해 서로에게 애틋한 사랑의 감정을 지니고 있으면서도 조금씩 엇갈린다.

⑥ 우연한 기회에 학도의 의도적 방해를 알아챈 춘향은 몽룡과의 오해를 풀고, 진정한 사랑을 깨닫게 된 두 사람은 오랜 친구인 한단희와 방지혁의 도움을 받으며 뒤늦게 서툰 연애를 시작한다.

⑦ 우여곡절 끝에 춘향과 몽룡은 드디어 결혼식을 준비하지만, 이를 안 학도는 분노와 질투심에 몽룡을 성추행범으로 모는 연극을 꾸미고 조작된 동영상을 확보한다.

⑧ 사건의 내막을 감지한 춘향은 학도를 찾아가 억울하지만 불리한 상황에 놓여 있는 몽룡의 구명을 애원한다. 이를 조용히 마무리하는 조건으로 몽룡과의 관계를 정리하고, 학도와 눈물의 약혼을 하며 일본으로 떠나려는 순간 춘향은 비행기에서 내려 잠적한다.

---

97) 조도현(2010), 「대중문화 코드로 본 <춘향전>의 현대적 변이-드라마 <쾌걸 춘향>을 중심으로」, 『한국언어문학』 72, 한국언어문학회 , 303-304면

⑨ 몇 년 후 부산에서 사업가로 성공한 춘향, 실연의 상처를 안고 검
사가 된 몽룡, 그리고 춘향의 잠적 사실을 감춘 채 귀국한 학도는
단희와 지혁의 결혼식을 계기로 재회하고, 과거의 엇갈린 사랑과
그로 인한 상처로 또 다시 아파한다.
⑩ 지난날의 잘못을 참회한 학도의 양심선언으로 몽룡은 혐의를 풀
고, 학도의 도움으로 범죄 조직을 일망타진한다. 결국 춘향과 몽
룡은 서로의 사랑을 다시금 확인하며 모두의 축복 속에 결혼식을
올린다.

판소리계 소설 <춘향전>과 드라마 <쾌걸춘향>의 서사구조에는 공통
점과 차이점이 존재한다. 먼저 공통점은 기본적인 플롯 구조이다. 두 서
사 모두 남녀의 사랑을 다루고 있으며, 신분의 차이가 존재한다. 물론 드
라마 속에서는 신분의 차이라고까지 명명하기는 어렵지만 경제적으로 두
집안에 차이가 있는 것은 분명하다. 또한 춘향과 몽룡 두 남녀의 사랑을
방해하는 변학도가 등장한다는 점이다. 그러나 이러한 변학도의 등장에
도 춘향과 몽룡이 사랑을 이겨낸다는 점 역시 공통점이라 할 수 있다.

이처럼 전체적인 기본 구조가 같은 두 서사에는 차이점도 존재한다.
판소리계 소설 속의 변학도는 처음부터 끝까지 악한 인물로 등장하지만
드라마 속의 변학도는 오히려 처음에는 지고지순한 사랑을 보이는 남성
으로 등장한다. 그러나 결국 사랑을 흔드는 훼방꾼으로 전락하여 춘향을
놓아주지 않으려는 인물로 변화하게 된다. 또 하나 판소리계 소설 속에
는 등장하지 않는 인물인 몽룡의 첫사랑 채린의 등장 역시 차이점으로
볼 수 있다. 이로 인해 판소리계 소설 <춘향전>에서보다 드라마 <쾌걸
춘향>에서 춘향과 몽룡의 사랑을 방해가 더욱 심해져 더욱 극적인 상황
을 연출하고 있음을 알 수 있다. 춘향의 성격 역시 차이점이라 할 수 있
다. 판소리계 소설 속의 춘향은 사랑을 지키려는 지조가 있으나 몽룡을
위하여 어떤 행동을 주체적으로 하는 적극적인 여성의 모습은 아니다.

지고지순하며 절개있는 여성일 뿐이다. 그러나 드라마 속의 춘향은 이보다 훨씬 주체적이다. 집안의 많은 어려움과 문제점들을 스스로 해결하려는 적극적인 태도를 보인다. 또한 몽룡을 위해서도 적극적인 면을 아끼지 않는다. 몽룡의 학업을 돕는 조력자의 모습을 보이고, 몽룡을 위하여 문제를 해결하려는 모습이 이를 뒷받침한다. 이처럼 판소리계 소설 <춘향전>과 드라마 <쾌걸춘향>은 과거와 현재의 연인 관계의 모습을 보여주고 있으며, 여러 공통점과 차이점을 보인다.

2.2. <춘향전>과 드라마 <쾌걸춘향>의 문화 교육 요소

판소리계 소설 <춘향전>과 드라마 <쾌걸춘향>은 기본적인 서사 구조에서 공통점을 보인다. 그러나 세부적인 서사 내용에서는 차이를 나타낸다. 특히 인물의 성격이나 이야기의 배경이 현대적으로 재해석되는 과정에서 전통과 현대 연인들의 달라진 사랑에 관한 의식이나 사회상 등의 문화적 모습이 잘 표현되고 있다.

먼저 춘향의 성격에 공통점과 차이점이 있다. 판소리계 소설 <춘향전>과 드라마 <쾌걸춘향>의 춘향의 공통점은 둘 다 몽룡이라는 한 인물에 대한 사랑을 지속적으로 지켜간다는 점이다. 이는 춘향을 통해 꼽을 수 있는 중요한 문화 교육 요소라고 할 수 있다. 판소리계 소설 <춘향전>의 춘향의 사랑은 소설 전반에서 지속된다.

> 사또 디히하며 춘향다러 분부하되,
> "오날부텀 몸 단장 정이 ᄒ고 수청으로 거ᄒ하라!"
> "사또 분부 황송하나 일부종사 바러온이 분부시힝 못하것소!"
> "미지미지라! 게집이로다! 네가 진정 열여로다! 네 정절 구든 마음 엇지 그리 에어쑨야. 당연한 말이로다! 그러ᄂ 이수지는 경성 사디부의 자제로서 명문귀족 사우가 되야쓰니 일시 사랑으로 잠간 노류장화하던 너

를 일분 싱각하건넌야? 너는 근본 졀힝잇셔 견수일졀 하여짜가 홍안이
낙조되고 빅발이 난수하면 무졍셰월양유파를 탄식할 졔, 불상코 가련한
게 너 안이면 뉘가 기랴? 네 아무리 수졀한들 열여 포양 뉘가 하랴? 그
는 다 바리두고 네 골 관장의게 미이미 올으냐, 동자놈으게 미인게 올
은야? 네가 말을 좀 하여라!"

　춘힝이 엿자오되,

　"츙불쌋이군이요 열불경이부졀을 본밧고자 하옵난듸, 수차 분부 이
러한이 싱불여사 이옵고, 열불경 이부온이 쳐분듸로 하옵소셔."[98]

　특히 변학도의 등장으로 변심하지 않으면 목숨이 위태로운 순간에 춘
향의 숭고한 사랑은 더욱 극대화된다. 이는 변학도의 모진 고문으로도
변치 않으며 몽룡에 대한 굳은 절개가 이어진다.

　어만임 나 죽은 후의라도 원이나 업게 하여주옵소셔! 나 입던 비단
장옷 봉장안의 드러쓰니, 그옷 느여 파라다가 한산셰져 박구워셔 물식
곱게 도포 짓고, 빅방사주 진초미를 되는 듸로 파라다가 관망신발 다
듸리고, 졀병쳔은 비닉, 밀화장도, 옥지환이 함속의 드러쓰니 그것도 파
라다가 한삼 고의 불초찬케 하여주오! 금명간 죽을 연이 셰간 두어 무
엇할가. 용장 봉장 쎄다지를 되는 듸로 팔러다가 별찬진지 되졉하오! 나
죽은 후의라도 나 업다 말으시고 날 본다시 셤기소셔![99]

　또한 몽룡이 춘향을 구할 수 없는 과거에 실패한 걸인의 행색으로 나
타났음에도 춘향의 사랑은 변치 않는다. 이는 춘향의 사랑이 신분상승의
욕구가 아닌 몽룡을 향한 진정한 사랑임을 나타낸다. 특히 옥중에서 몽
룡을 만나 살아날 가망이 없는 상황에서도 몽룡의 안위만을 걱정하며 자
신의 물건을 팔아 몽룡의 행색 치장을 해 줄 것을 어머니에게 부탁하는
모습은 춘향이 얼마나 크고 절실한지 느끼게 한다.

98) 설성경 역주(1995), 『한국고전문학전집 12 춘향전』, 고려대학교 민족문화연구소, 135-137면
99) 설성경 역주(1995), 『한국고전문학전집 12 춘향전』, 고려대학교 민족문화연구소, 196면

이러한 끝없는 춘향의 사랑은 드라마 <쾌걸춘향>에서도 계속된다. 드라마 속 춘향 역시 몽룡에 대한 일편단심을 여실히 드러낸다. 특히 극의 뒷부분으로 갈수록 몽룡에 대한 질투심으로 몽룡의 안위를 위협하는 변학도를 방어하기 위해 몽룡을 사랑하면서도 몽룡을 위해 곁을 떠나는 희생의 모습은 춘향의 애절한 사랑을 잘 드러내고 있다고 할 수 있다.

결국 목숨을 걸고 변학도의 수청을 거절하고 이몽룡과의 사랑을 지키려는 과거의 춘향과 변학도의 온갖 방해에도 불구하고 몽룡을 지키며 마음을 지켜가는 현재의 춘향, 이 둘을 통해 나타나는 곧은 절개와 일편단심의 사랑은 한국의 연인관계 문화 요소로 논의가 가능하다.

그러나 현재 한국 사회에서 남녀에게 절개의 개념이 일부에서 흐려지고 있는 것도 사실이다. 여러 남자, 여러 여자를 만나는 한국인들이 있기 때문이다. 그러나 이 역시 결국 긍정적인 남녀 관계로 평가받지는 못한다. 즉, 현재에도 여러 남자를 만나는 여자, 여러 여자를 만나는 남자를 좋지 않은 시선으로 바라보는 부정적인 시각이 존재하며 한 남자, 한 여자를 사랑하는 사람을 올바른 사람으로 바라보는 긍정적인 시각의 존재가 현재 춘향의 정절 관념이 존재함을 뒷받침하는 것이다. 또한 한 남자를 사랑하는 춘향의 마음은 현재 많은 한국인들의 애정관에도 영향을 주어 여러 남자를 사랑하는 여자보다 자신만을 사랑하는 여자를 선호하며, 여성 역시 자신만을 사랑하는 남자를 선호하는 모습으로 나타나고 있다.

공통점과 달리 차이점도 존재한다. 판소리계 소설 <춘향전>의 여주인공인 춘향은 남성에 휘둘리지 않고 자신의 의견을 모두 말하는 주체성을 보인다. 또한 신분차이를 극복하고 사랑을 지키기 위해 노력하는 당시로서는 매우 주체적인 성향을 가진 여성으로 볼 수 있다.

"네 말이 당연ᄒ나 오나리 단오이리라. 비단 나쑨이랴. 다른 집 처자들도 예와 함기 추천하여쓰되 글얼 쑨 안이라, 셜혹 니 말을 할지라도 니가 지금 시사가 아니여든 여렴사람을 호리칙거로 부를 이도 업고, 부른 디도 갈 이도 업다. 당초의 네가 말을 잘못 들은 바라."100)

그러나 결혼을 함에 있어서는 전적으로 어머니인 월매와 이몽룡의 결정에 따르는 모습을 보여 지고지순한 성격을 보이기도 한다.

터문 중문 다 닷치고 춘향 어모 상단이 불너 자리보전 시길 제, 원낭 금침 잣볘기와 시별 갓탄 요강 턱양자리 보전을 졍이 하고,
"도련임 평안이 쉬옵소셔! 상단아 나오니라! 나하고 함기 자자!"
두리 다 건네 갓구나. 춘향과 도련임과 마조 안져 노와스니, 그 이리 엇지 되것난야.101)

하지만 드라마 <쾌걸춘향>의 춘향은 판소리계 소설 속 춘향에 비하여 매우 주체성이 강한 여성으로 등장한다. 드라마 속의 춘향은 집안의 문제나 자신의 문제, 후반부에서는 몽룡의 문제까지 자신 스스로 해결해 나가는 모습을 보인다. 이러한 차이점을 통해 과거의 한국의 여성상과 현재 한국의 여성상에 변화가 일어났음을 확인할 수 있다. 즉, 과거 한국의 여성은 여러 문제를 해결하는 입장에 있지 못했으며, 그러한 여성상이 보편적인 여성상이었다. 그러나 현재 한국의 여성은 자신의 문제뿐만 아니라 주변의 문제까지도 해결해 나가는 적극적인 여성을 추구하며, 이러한 적극적인 여성의 모습을 긍정적으로 바라보는 것으로 사회적 인식이 바뀌었음을 알 수 있다. 이러한 차이점 역시 문화 교육의 요소라고 할 수 있다.

또한 과거와 현재 한국의 사회상도 살필 수 있다. <춘향전>에서는 신분의 차이로 인해 남녀의 사랑이 시련을 겪는 모습이 나타난다.

100) 설성경 역주(1995), 『한국고전문학전집 12 춘향전』, 고려대학교 민족문화연구소, 38면
101) 설성경 역주(1995), 『한국고전문학전집 12 춘향전』, 고려대학교 민족문화연구소, 74면

춘향어모 엿자오되,

"귀중하신 도련임이 누지의 용임하시니 황공감격하옵니다."

도련임 그 말 한 마듸여 말궁기가 열이엿졔.

"그럴이가 웨 잇난가. 우연이 관한누의셔 춘향을 잠간 보고 연연이 보니기로 탐화봉졉 취한 마음 오날밤의 오난 뜻션 춘향의 모보려 왓건이와 자녀 쌀 춘향과 빅연언약을 밋고자 하니 자녀의 마음이 엇더한가?"

춘향의모 엿자오되,

"말삼은 황송하오나 드러보오. 자학골 셩참판 영감이 보후로 남원의 좌정하여실 쩌 소리기을 미로 보고 슈쳥을 들나 하옵기로, 관장의 영을 못어긔여 모신 지 삼삭만의 올나가신 후로 뜻박그 보턱하야 나은겨 져거시라. 그 연유로 고목하니 졋줄 쩌러지면 다려갈난다 하시던니, 그 양반이 불힝하야 셰상을 바리시니 보닌들 못하옵고 져거슬 질너닐 졔, 어려서 잔병조차 그리 만코 칠셰의 소학 일켜 슈신졔가 화순심을 난낫치 가라치니 씨가 잇난 자식이라 만사를 달통이요, 삼강힝실 뉘라셔 니쌀리라 흐리요. 가셰가 부족하니 지상가 부당이요, 사셔인 상하불급 혼인이 느져가미 쥬야로 걱정이나, 도련임 말삼은 잠시 춘향과 빅연기약한단 말삼이오나 그런 말삼 마르시고 노르시다 가옵소셔."

이 마리 참마리 안이라 이도련임 춘향을 엇는다하니 너뒤사을 몰나 뒤을 늘너 하난 말리엿다.102)

신분제도가 존재했던 조선시대에 신분이 다른 남녀의 사랑은 이루어질 수 없었다. 이러한 사회상은 <쾌걸춘향>에서는 변화된 모습으로 등장한다. 현재 한국 사회는 신분차이는 존재하지 않으나, 경제적 차이로 인한 갈등이 분명히 존재하고 있는 것이 사실이다. <쾌걸춘향>의 춘향은 이러한 경제력의 차이를 자신의 노력으로 변화시키는 주체적인 여성으로 등장하여 차이가 극복될 수 있음을 보여주고 있다. 이는 한국의 과거와 현재의 사회상을 교육할 수 있는 문화 교육의 요소라 할 수 있다.

---

102) 설성경 역주(1995), 『한국고전문학전집 12 춘향전』, 고려대학교 민족문화연구소, 66면

2.3. <춘향전>과 드라마 <쾌걸춘향>의 문화 교육 방안

언어 교육을 효과적으로 이루기 위해서는 문화와 기능 교육이 조화를 이루어야 한다. 한국어 교육 역시 마찬가지다. 문화 교육과 기능 교육을 함께 이루는 것이 한국어 능력을 높이는데 효과적이다. 앞서 논의한 판소리계 소설 <춘향전>과 드라마 <쾌걸춘향>는 한국의 시대별 연인 관계 문화를 잘 드러내고 있어 교육적 효과가 클 것으로 기대된다. 판소리계 소설 <춘향전>과 드라마 <쾌걸춘향>의 서사를 통해 기능 영역과 함께 한국의 연인 관계 문화 교육하는 방안은 다음과 같다.

첫째, 판소리계 소설 <춘향전>과 드라마 <쾌걸춘향>을 읽고 비교하여 발표하는 방법이다. 판소리계 소설의 내용과 드라마의 내용을 함께 살펴보고 소설과 드라마의 줄거리를 학습자 스스로 정리하여 발표하도록 하고, 두 서사 사이의 공통점과 차이점을 찾아내는 것이다. 이때 판소리계 소설은 고어나 한자어로 되어 학습자에게 어려움을 줄 수도 있기 때문에 학습자의 수준에 따라 공통된 모티프 중심으로 제시하는 것도 하나의 방법이 될 수 있다. 또한 학습자 자국에 있는 유사한 이야기를 비교하며 한국과 어떤 부분에서 문화적으로 차이가 있는지도 글로 쓰고 논의한다면 듣기, 말하기, 읽기, 쓰기의 기능 영역의 교육과 함께 문화가 적절히 융화되어 교육되어질 것이다.

둘째, 나라별로 절개에 관련된 관념이 있는지 혹시 다르다면 어떤 부분이 다른지 논의하는 방법이다. 한국의 절개 관념만을 설명한다면 이는 진정한 문화 교육이 되기 어렵다. 학습자 스스로 한국과 자국의 관념이 어떻게 다른지 찾을 때 문화의 이해가 더욱 심층적으로 이루어질 수 있다. 또한 절개는 남녀 모두 해당될 수 있는 관념으로 절개에 대한 자신의 의견을 논의하는 방법을 활용한다면 문화 교육과 함께 의사소통 기능까지 함께 지도할 수 있을 것이다.

셋째, 긍정적인 여성상에 대해 이야기하는 방법이다. 판소리계 소설 <춘향전>과 드라마 <쾌걸춘향>의 주인공 춘향은 당시의 한국의 여성상을 반영하고 있다. 한국의 과거와 현재의 춘향의 비교를 통해 여성상 변화의 내용을 학습자 스스로 찾아보고 발표하는 수업 방법을 활용한다면 학습자는 한국의 여성상을 더욱 자연스럽게 이해할 수 있을 것이다. 또한 한국의 여성상만을 지도하는 것이 아니라 학습자 자국의 여성상과 학습자 스스로 생각하는 여성상을 함께 논의한다면 자신의 생각을 한국어로 이야기하게 되어 기능 교육 측면의 교육 효과도 기대해 볼 수 있을 것이다.

넷째, 한국의 과거와 현재의 사회상을 비교하여 논의하는 방법이다. 사회나 경제 등의 주제는 학습자들에게 어렵고 따분한 주제가 되기 쉽다. 그러나 판소리계 소설 <춘향전>과 드라마 <쾌걸춘향>에 등장하는 신분 차이와 경제적 차이를 바탕으로 과거의 신분 제도와 현재의 경제 구조, 그에 따른 경제적 차이를 비교하고 논의한다면 학습자들이 한국 사회의 경제, 사회 상황을 좀 더 쉽게 인식하는 계기가 될 수 있을 것이다. 또한 학습자 자국의 사회상과 비교하여 논의하게 한다면 학습자들이 어렵게 느끼는 경제, 사회 등의 주제에 보다 쉽게 접근하는 것은 물론이며 의사소통 능력의 향상까지 기대할 수 있을 것이다.

이처럼 문화를 서로 비교하여 논의함으로써 말하기와 듣기 교육이 자연스럽게 연계되어 의사소통 능력을 향상 시킬 수 있다. 또한 판소리계 소설과 드라마를 읽고, 보는 과정에서 읽기 교육 능력을 향상시킬 수 있으며, 문화 내용과 관계된 자신의 생각을 글로 쓰는 과정을 통해 쓰기 교육까지 함께 향상 시킬 수 있다. 이렇게 문화 교육과 기능 교육이 함께 연계될 때 진정한 언어 교육이 이루어질 수 있으며, 교육의 효과도 증대될 수 있다.

3. 형제관계: <흥부전>을 대상으로

3.1. <흥부전>과 몽골의 <박타는 처녀> 설화의 서사 비교

판소리계 소설 <흥부전>은 공동체주의가 강했던 농경사회에서 경제적 성장을 이루며 개인주의가 형성되는 시대적 배경을 바탕으로 하고 있는 작품이다. 주인공 흥부와 놀부 형제는 각각 이러한 의식을 대표하는 인물로 등장한다. 이처럼 <흥부전>은 당시 사회상의 단면을 그대로 투영하고 있어 사회문화적 관점에서 접근이 가능한 작품이다. 특히 <흥부전>은 형제관계 문화의 대표적 작품으로 우애를 표면적 주제로 삼고 있어 인간관계 문화 교육에 유용한 작품이다. 판소리계 소설 <흥부전>은 유사한 서사로 이루어진 몽골의 <박타는 처녀> 설화와의 비교를 통해 한국의 형제관계 문화 교육이 가능하다. 먼저 몽골의 <박타는 처녀> 설화의 기본 서사는 다음과 같다.

① 옛날 어느 때 처녀 하나가 있었다.
② 하루는 바느질을 하고 있는데 밖에서 소리가 들려 나가 보니, 처마 기슭에 집을 짓고 있던 제비가 한 마리 땅으로 떨어져 있었다.
③ 처녀는 바느질하던 오색 실로 감쪽같이 동여매어 주었다.
④ 얼마 뒤에 그 제비가 여상히 튼튼한 몸이 되어서 날아오더니, 씨앗을 주고 갔다.
⑤ 씨앗을 심었더니 점점 커지고 커다란 박이 하나 열렸다.
⑥ 엄청나게 커져서 박을 켜보니, 켜자마다 그 속에서 금은 주옥과 기타 갖은 보화가 쏟아져 나왔다.
⑦ 이 때문에 그 처녀는 거부가 되었다.
⑧ 그 이웃에 심사 바르지 못한 색시가 하나 있었다.
⑨ 처녀의 박 타서 장자 된 이야기를 듣고, 제 집 처마 기슭에 집 짓고 사는 제비를 일부러 떨어뜨려서 부둥깃을 부러뜨리고, 오색 실로 찬찬 동여매어 날려 보냈다.

⑩ 얼마 후 제비가 박씨 하나를 가져왔다.

⑪ 뜰에 심었더니, 커다란 박이 하나 열렸다.

⑫ 그 박을 타자, 그 속에서 무시무시한 독사가 나와서 그 색시를 물어 죽였다.

다음으로 판소리계 소설 <흥부전>의 기본 서사는 다음과 같다.

① 충청·전라·경상 접경에 놀부라는 형과 흥부라는 동생이 살았다.

② 형은 천하에 둘도 없는 악한으로 심술이 사나웠으나, 아우는 형과 반대로 천하에 둘도 없는 착한 사람이었다.

③ 형 놀부는 부모로부터 물려받은 재산을 독차지하고, 동생 흥부에게는 한 푼도 주지 않고 집에서 내쫓았다.

④ 어느 날 흥부의 집에 제비가 찾아와 새끼를 쳤는데 새끼 한 마리라 땅에 떨어져 다리가 부러졌다.

⑤ 흥부는 제비 새끼를 불쌍히 여겨 다리를 치료해 주었다.

⑥ 이듬해 제비가 박씨 하나를 물어다 주어 흥부는 박씨를 심었다.

⑦ 그 박속에는 금은보화가 많이 나와 흥부는 큰 부자가 되었다.

⑧ 이 소식을 들은 놀부가 제비 다리를 일부러 부러뜨려 날려 보냈다.

⑨ 이듬해 제비가 박씨 하나를 물어다 주어 놀부도 박씨를 심었다.

⑩ 그 박속에서 온갖 몹쓸 것들이 나와 놀부는 망하게 되었다.

⑪ 잘못을 뉘우친 놀부는 착한 사람이 되어 흥부를 찾아가 형제가 화목하게 잘 살았다.

이처럼 두 서사는 매우 유사한 구조로 진행이 되고 있다. 공통점은 착하고 선한 인물은 복을 받고 나쁘고 악한 인물을 벌을 받는다는 인과응보적인 주제를 가지고 있다는 점이다. 차이점으로는 박타는 처녀 설화에서는 두 처녀가 이웃으로 등장하지만 흥부전에서는 형제로 등장한다는 점이다. 이를 통해 <흥부전>에서 형제 관계의 우애가 중요한 관념으로 등장하고 있음을 알 수 있다. 이러한 두 서사의 비교함으로써 한국인에게 중요한 형제관계 의식이 무엇인지 찾을 수 있으며 이를 교육하기에 효과적인 텍스트로 활용될 수 있을 것이라 기대된다.

3.2. <흥부전>과 몽골의 <박타는 처녀> 설화의 문화 교육 요소

판소리계 소설 <흥부전>과 몽골의 <박타는 처녀> 설화는 그 구조가 매우 유사하다. 따라서 이 두 서사의 비교를 통해 여러 인간관계 중의 하나인 형제관계 문화 교육의 활용 가능성을 살펴보고자 한다. 먼저 두 이야기의 공통점을 통한 문화 교육 요소는 다음과 같다. 두 이야기의 공통점인 인과응보, 권선징악의 관념이 그것이다. 두 서사 모두 인과응보, 권선징악 관념을 토대로 서사가 진행된다. <흥부전>의 흥부와 놀부 형제의 모습은 다음의 내용에서 그 성격이 잘 드러난다.

忠淸 全羅 慶尙 三道 월품에 사는 朴哥 두 사름이 잇셔스니, 老乙甫는 兄이오, 興甫는 아우인디, 同父同母所産이되, 性情 아조 달나, 風馬牛之不相及이라. 스람마다 五臟六腑로디 놀보는 五臟七腑인 것이 心事腑 한나이 왼便 곯비 밋터 兵符쥬치 츤 듯ᄒ야 밧긔셔 보와도 알기 쉽게 달여잇셔 心事가 無論四節ᄒ고 一望無際 나오는디 쪽 이러케 나오것다.

本命方에 伐木ᄒ고, 줌사각에 딥짓기와, 五鬼方에 移舍 勸告, 三災든 디 婚姻ᄒ기, 洞內主山 파라먹고, 나무 선山 투장하기, 길 가는 過客 양반 지일 듯기 붓드럿다 히가지면 니여쫏고, 一年 雇工 外商 사경 農事지여 秋收ᄒ면 옷을 벗겨 니여 쫏기, 初喪난니 노리ᄒ고, 疫神든디 긔 잡기와 남의 露積 불지르고, 감음 農事 물고베기, 불 붓나디 붓치질, 夜葬훌 제 웨중ᄒ기, 婚姻발에 바람넛코, 시앗쏘음 符同ᄒ기, 길 가온더 盧房노코, 外商 술갑 억지씨기, 전동다리 쏜족차고, 쇼경 衣服 똥 칠ᄒ기, 비알난 놈 살구 쥬고, 줌든 놈쎄 씀질ᄒ기, 닷눈 놈쎄 발늬치고, 곱슈등이 자쳐 눗키, 및눈 호박 넌출 끈코, 픠눈 곡식 목이쏩기, 슐 먹으면 酗辱ᄒ고, 場市間에 臆買ᄒ기, 조흔 網巾편자 끈코, 시 갓 보면 쑵디 쎄기, 窮班 보면 冠을 쎗고, 乞人 보면 자루 쎗기, 喪人 잡고 츔츄기와 女僧 보면 劫奪ᄒ기, 시 草墳에 불 질으고, 小大祥의 祭廳 치기, 아빈 게잡 비통 츠고, 으눈 아히 똥 먹이기, 遠路行人 路費 盜賊, 走急軍 잡고 실강이질, 官差使의

傳令 盜賊, 鎭營 校卒 막장 썻기, 지관 보면 픠철 썻고, 醫員 보면 침 盜賊질, 물 인 게집 입 맛추고, 喪輿軍에 놈 刑門치기, 만만훈 놈 셤치기와 고단훈 놈 險談ᄒ기, 菜蔬밧에 물쏭 싸고, 슈박밧에 외손질과 小木匠人 듸퓌 썻고, 초랑이픠 탈짐 盜賊, 甕器짐에 작디차고, 장독간에 독더지기, 소민 쓰기 도자속금, 고무盜賊 쯧 먹기와 다담床에 흑뎅이질, 게骨홀 졔 쎄 감츄고, 어린 兒孩 불알 발나, 말총으로 호와믹고, 弱한 老人 업지르고, 마른 黃門 生비쏘ᄒ, 祭酒甁에 기쏭 넛코, 蛇酒甁에 비상 넛끼, 곡식 밧에 牛馬 몰고, 父兄 年甲 벗질ᄒ기, 귀먹은 이 辱ᄒ기와 소릭홀 졔 잣 말ᄒ기, 날이시면 行惡질, 밤이 들면 盜賊질, 平生에 일삼으니, 제 엄미 붓틀놈이, 三綱을 아느냐, 五倫을 아느냐. 굿기가 돌뎅이오, 慾心이 쪽졔비라. 네모난 소롯으로 이마를 부비어도, 진물 한 点 아니나고, 듸졍의 불집게로 불알을 꽉 집어도, 눈이 아니 깜작인다.

　　홍보의 마음씨는, 져의 兄과 아죠 달나, 父母에게 孝道ᄒ고, 어룬에게 尊敬ᄒ며, 隣里間에 和睦ᄒ고, 親故에게 信이 잇셔, 굴머셔 죽을 스룸 먹던 밥을 더러쥬고, 어러셔 病든 스람 입어든 옷 버셔주기, 老人의 질머진 짐 自請ᄒ야 져다 쥬고, 장마 써 큰 물가에, 삭 안 밧고 越川하기, 남의 집에 불이나면 세간사리 직켜쥬고, 길에 寶物 쩌져씨면, 직켜셧다 任子쥬기, 靑山에셔 白骨 보면, 집피 파고 무더주며, 守節寡婦 보쏨ᄒ면 쏘차가셔 쎄여 노키, 어진 스룸 무훔ᄒ면, 代신로 나셔 發明ᄒ고, 哀殘훈 놈 橫厄보면 달녀들어 求援ᄒ기, 길 일은 어린 兒孩 져의 父母 차져쥬고, 酒幕에 病든 스룸 本家에 寄別 傳키, 啓蟄不殺 方長不折, 남의 일만 ᄒ노라고 한 푼 돈도 못 버으니 놀보 오직 미여ᄒ랴.103)

　형인 놀부는 천하에 악인이 따로 없다. 그의 악행은 남녀노소를 가리지 않으며 이유 불문이다. 아우인 흥부는 이와 정반대로 천하 선인이다. 그의 선행 역시 남녀노소는 물론이며, 심지어 금수까지도 가리지 않는다. 악행과 선행의 결과 역시 정반대로 나타난다.

---

103) 흥부전은 여러 이본이 존재하지만 본고에서는 놀부의 반성과 흥부의 감싸 안음이 잘 드러난 신재효본 박흥보가를 판본으로 삼고자 하였다.
　　김태준 역주(1995), 『한국고전문학전집 14 흥부전』, 고려대학교 민족문화연구소, 96-100면

제비말을 드러 본직 生다리를 써거쓰니, 그러호 몹슬 놈이 어디가 앗
거나냐. 너 平生 가진 性氣, 너게 利害 不顧흐고, 몹슬 놈 곳 잇시면은 丈
八蛇矛 쑥 써니여 퍽 찔으는 性情 故로, 安得快人如翼德 盡誅世上負心人을
너도 或 드러난다.[104]

놀부는 사람은 물론 금수에게까지도 악행을 한 결과로 모든 재산을 빼
앗기고 거리로 내몰린다. 또한 생명의 위협까지 받게 된다. 그러나 흥부
는 이와 반대가 된다. 선행의 결과로 흥부는 자신에게 필요한 것, 자신이
원하는 모든 것을 이룬다. 가난에서 벗어나는 것은 물론 부귀영화와 불
로장생까지 누릴 수 있게 된 것이다. 이는 부와 건강을 모두 섭렵한 완벽
한 복을 받는 것을 의미한다.

> 눈 우에 놉피 들어 흥보 압에 드리면셔 절흐고 엿ᄌᆞ오되,
> "三神山 列位仙官 모와 안져 公論흐되, 흥보氏 至極德化 禽獸까지 밋처시
> 니 그져 잇디 못흐리라. 數種 藥을 보니시니 白玉瓶에 너은 것은 죽는 스룸
> 魂을 불너 도라오는 還魂酒, 밀화 졉시 노은 것은 망간이가 먹어시면 눈이
> 박는 개 啓眼酒, 琥珀 졉시 담은 것은 벙어리가 먹어시면 말 잘 흐는 開言
> 草, 珊瑚 졉시 담은 것은 귀막키니 먹어시면 귀 열이난 開耳용, 설화지로
> 뭇근 것은 아니 죽는 不死藥, 金華紙로 묵근 것은 아니 늑난 不老草, 가지
> 가지 잇습난디 藥 일홈과 씨는디를 그 엽에 써스오니 그리 아라 씨읍쇼셔.
> 가다가 洞庭 龍宮 傳할 便紙 잇습기로 恩恩이 가옵너다."[105]

이처럼 착한 행동을 한 흥부와 처녀는 복을 받고 악한 행동을 한 놀부
와 처녀는 벌을 받는 모습을 통해 인과응보, 권선징악 관념의 교육이 가능
하다. 한국의 많은 이야기들은 대부분 인과응보, 권선징악의 관념을 토대
로 서사가 진행된다. 판소리계 소설은 물론이고 수많은 설화, 민담, 전설

---

104) 김태준 역주(1995), 『한국고전문학전집 14 흥부전』, 고려대학교 민족문화연구소, 236면
105) 김태준 역주(1995), 『한국고전문학전집 14 흥부전』, 고려대학교 민족문화연구소, 144-146면

등의 서사에서도 인과응보, 권선징악의 관념은 꾸준히 등장한다. 또한 현대 소설작품은 물론 요즘 한류의 바람을 타고 인기를 얻고 있는 한국의 드라마들의 대부분이 이 관념을 토대로 서사가 진행된다. 이를 통해 인과응보, 권선징악 의식은 과거 공동체주의 사회로부터 현재의 개인주의 사회까지 꾸준히 이어져온 의식임을 알 수 있다. 즉, 한국인들에게 인과응보, 권선징악은 사회의 정의이자 사회를 지탱하는 기본의식으로 인식되고 있어 중요한 사회문화 관념임을 인식할 수 있다. 따라서 두 이야기를 비교하여 교육한다면 한국인의 사회의식 문화를 이해하는데 도움이 될 것이다.

둘째, 두 이야기의 차이점을 통해 교육이 가능하다. 판소리계 소설 <흥부전> 서사와 몽골의 <박타는 처녀> 설화의 서사는 많은 부분의 공통점을 지니고 있지만 차이점도 보인다. 가장 큰 차이점은 주인공이다. 몽골의 <박타는 처녀> 설화의 주인공은 이웃에 살고 있는 두 처녀이다. 그러나 <흥부전>의 주인공은 흥부와 놀부 두 형제이다. 몽골의 <박타는 처녀> 설화에서 선한 처녀는 복을 받고 악한 처녀는 벌을 받는 모습으로 이야기가 끝난다. 그러나 <흥부전>의 두 형제인 흥부와 놀부는 각각 복을 받고 벌을 받지만, 그것으로 이야기가 끝나지 않는다.

> 놀甫 업져 싱각ᄒ니 不義로 모은 재물을 허망하게 다 날렸으니 징계도 快이 되고, 張將軍의 그 性情이 督郵도 鞭打ᄒ니, 져 갓튼 賤ᄒ 목슘 파리만쏘 못 ᄒ구나. 惡ᄒ 놈의 어진 마음, 무셔와야 나난구나. 복복謝罪 울며 빈다. "將軍 分付 듯스오니, 小人의 前後 罪狀 禽獸마도 못 ᄒ오니 목슘 살여 쥬옵시면 前 허물을 다 고치고 君子의 本을 ᄇ더 兄弟間 友愛ᄒ고, 隣里에 和睦ᄒ야 스름노릇 ᄒ올 테니 제발 德분 살여 쥬오."
>   (중략)
> 將軍 回軍ᄒ신 後이에 家産을 도라보니 일푀도지 ᄒ여쑤나. 放聲痛哭하ᄒ고 흥보집 츠져가니 흥보가 大驚ᄒ야 극진이 위로ᄒ고, 제 세간 半分ᄒ야 兄友弟恭 지닌난 냥 뉘가 아니 稱讚ᄒ리.[106]

선한 흥부는 복을 받고 악한 놀부는 벌을 받지만, 그 후 흥부는 우애
있는 모습으로 놀부를 감싸 안는다. 놀부의 반성과 형에 대한 끊임없는
흥부의 우애로 결국 흥부와 놀부 두 인물 모두 긍정적인 모습으로 이야
기가 끝난다. 이러한 흥부의 모습을 통해 형제간의 우애 관념을 교육할
수 있다. 어느 나라에서나 우애 관념을 가볍게 경시하지는 않겠지만 한
국 사회에서는 특히 흥부의 모습을 통해 꾸준히 우애를 교육하고 있으며,
한국인의 의식 속에 깊이 자리 잡고 있는 중요한 관념이기에 이를 교육
하는 것은 한국의 형제관계 문화를 이해하는데 큰 도움이 될 것이다.

또한 몽골의 <박타는 처녀> 설화에서는 나타나지 않는 <흥부전>의
인물과 배경을 통해 당시의 사회상을 교육할 수 있다. <흥부전>은 흥부
와 놀부 두 인물의 성격과 그들이 맺고 있는 사회와의 관계의 해석에 따
라 주제 및 작품의 기본 의미가 달라질 만큼 인물 문제가 중요한 작품이
다. 흥부전은 당시 사회의 모습을 비판적으로 바라보고 있는 작품이다.
따라서 흥부전을 통해 당시 조선시대의 사회적 모습과 그 시대부터 이어
져 온 자본주의 등의 사회상을 교육하기에 좋은 작품이다. 흥부전[107]은

---

106) 김태준 역주(1995), 『한국고전문학전집 14 흥부전』, 고려대학교 민족문화연구소, 238면
107) 장덕순은 <흥부전>을 서민문학으로 이해하는 경우에도 흥부와 놀부를 양반으로 해석하
   고, 양반인 놀부의 몰락이 서민들에게 웃음거리가 되기 때문에 서민문학이라고 하였다.
   또한 김진세의 연구를 통해 이 작품은 양반으로서의 그들의 선악, 우애 등을 풍자한 것
   이라고 해석되어 왔으나, 조동일의 연구를 통해 논란이 일어났다. 조동일은 이 작품이
   표면적으로는 가난하고 선량한 아우와 부유하고 탐욕스런 악한 형으로 대립을 이야기하
   고 있지만, 이면적으로는 극단적으로 몰락한 양반과 대두하는 천부의 대립을 나타낸다
   고 논의했다. 이에 대해 임형택은 조동일이 논의한 이들의 신분상의 차이를 부인하고,
   서민층 내에서의 긍정적 인간상과 부정적 인간상을 반영하며 가난한 품팔이꾼과 경영형
   부농의 갈등을 다루고 있다고 논의했다. 또한 이상택은 흥부와 놀부가 귀속신분인 양반
   이냐 아니냐와는 관계없이 획득신분상의 특권층 또는 상층인 부자와 하층 천민인 품팔
   이꾼으로 이해되어야 하고, 놀부가 부를 축적하는 과정에서 흥부의 유산권을 탈취한 것
   과 같은 극악한 반윤리적 행위는 지탄되어 마땅하며, 따라서 흥부전은 반도덕적인 수탈
   계층과 도덕적인 피탈계층 사이의 갈등을 그린 것으로 해석되어야 한다고 주장했다.
   장덕순(1955), 「흥부전의 재고」, 『국어국문학』13호, 국어국문학회

흥부와 놀부 두 인물의 대립을 양반과 양반으로 대립으로 보아 양반의 몰락으로 해석하든지, 양반과 천부의 대립으로 보아 양반의 몰락으로 해석하든지 결국은 조선시대 신분제의 동요를 보여주고 있다고 할 수 있다.

> "아번임 게슬젹에 나는 싱 일 시기고셔 져근 아돌 사롱옵다 글 工夫
> 식이더니 네 미우 有識ᄒ다. 唐太宗은 聖主로디 天下를 다토와셔 그 동
> 싱을 죽엿시며, 曹조는 英雄이나 才操를 猜忌ᄒ야 그 아우 죽엿이니, 날
> 갓튼 草野 農夫 友愛之情 잇것나냐,"108)

흥부와 놀부는 한 부모 아래 태어난 자식으로 당시 조선 사회의 신분제도에 의하면 같은 신분임이 분명하다. 당시 조선시대 신분제도에 의하면 양반은 글공부를 하였지만 농사를 짓는 평민은 글공부를 하지 않았다. 그런데 한 형제가 한 명은 농사를 짓고 한 명은 글공부를 하였다는 것은 두 형제가 모두 양반이든 아니든 당시 신분 제도가 흔들리고 있었음을 보여주는 것이다.

> 場市間에 臆買ᄒ기, 조흔 網巾편자 쓴코, 시 갓 보면 쑴더 쩨기, 窮班
> 보면 冠을 쩟고, 乞人 보면 자루 쩟기, 喪人 잡고 츔츄기와 女僧 보면 劫
> 奪ᄒ기,109)

또한 가난한 양반을 괴롭히는 놀부의 모습과 장터와 상인의 모습을 통해 빈곤한 양반의 몰락과 천부의 대립이 당시 사회에 있었음을 알 수 있

김진세(1997), 『한국고전소설작품론』, 집문당
조동일(1969), 「흥부전의 양면성」, 『계명논총』5집, 계명대출판부
임형택(1969), 「흥부전의 현실성에 관한 연구」, 『문화비평』4호, 아한학회
이상택(1986), 「고전소설의 사회와 인간」, 『한국고전소설』, 계명대 출판부
108) 김태준 역쥬(1995), 『한국고전문학전집 14 흥부전』, 고려대학교 민족문화연구소, 102면
109) 김태준 역쥬(1995), 『한국고전문학전집 14 흥부전』, 고려대학교 민족문화연구소, 98면

다. 특히 대립의 근본 원인이 부라는 자본 때문임을 통해 당시 조선 사회에 자본주의의 물결이 일어나고 있었음을 인식할 수 있다.

결국 흥부전은 당시 조선 사회에 나타나고 있는 신분제 동요와 자본주의의 시작의 물결이 고스란히 담겨 있는 소설로 볼 수 있으며 또한 일반 평민들이 이러한 소설을 즐김으로써 의식적으로 자본주의에 대한 자각이 이루어지고 있었음을 추측할 수 있다. 이 소설을 향유하던 조선시대의 일반 평민들이 사회의 큰 흐름을 바꾸어 민주적인 사회로의 방향성을 제시하였으며 이러한 흐름이 현재의 대한민국을 만들었다고 볼 수 있다. 흥부전은 이처럼 당시 사회상을 두형제의 대립을 통해 고스란히 보여주고 있다. 이러한 사회상의 반영은 당시 사회의 모습을 교육하기에 유용한 자료라 할 수 있다. 따라서 <흥부전>을 통해 조선시대의 사회상과 자본주의 등의 사회문화적 개념을 교육한다면 좀 더 쉽게 한국의 역사 및 사회를 교육할 수 있을 것이다. 또한 과거 역사로 끝나는 것이 아니라 현재 한국 사회의 사회문화를 만드는 기틀이 되었음을 연계적으로 교육할 수 있을 것으로 기대된다.

3.3. <흥부전>과 몽골의 <박타는 처녀> 설화의 문화 교육 방안

<흥부전>을 통하여 형제관계 문화 교육과 기능 교육을 함께 병행하는 방법은 다음과 같다.

첫째, 판소리계 소설 <흥부전>과 몽골의 <박타는 처녀> 설화를 읽고 비교하는 방법이다. 두 작품 모두 고어로 되어 있어 학생들이 읽고 내용을 파악하기에 어려움이 있을 수 있다. 이럴 경우에는 학생의 수준에 따라 모티브 중심으로 서사 제시하여 비교하거나 고어를 현대어로 변환하여 내용 이해를 돕는 것도 하나의 방법이 될 수 있다. 학생들이 두 작품을 읽고 내용을 정리함으로써 읽기와 쓰기 능력을 향상될 수 있으며,

두 작품의 내용을 비교하여 발표하게 함으로써 말하기와 듣기 능력을 고루 향상시키는 데에도 도움이 될 수 있다.

둘째, 나라별로 인과응보, 권선징악 관념과 우애에 대한 생각을 논의하는 방법이다. 인과응보나 권선징악, 우애와 같은 관념이 자국에서 얼마나 중요하게 생각되는 관념인지 논의하고, 이러한 관념이 반영된 옛 이야기나 작품들에 대해 서로 발표하도록 하는 방법이다. 이를 통해 학생들은 자연스럽게 자국의 작품과 <흥부전>을 비교하게 될 것이며 읽고 내용을 정리하여 발표하는 과정을 통해 문화 교육과 함께 기능 교육까지 연계적으로 이루어질 수 있을 것이다.

셋째, 조선시대와 현재 한국의 사회상을 비교해 보고 논의하는 방법이다. 외국 학생들에게 한국의 역사나 사회는 학습하기 어려운 부분이며, 흥미를 갖고 접근하기도 어려운 부분이다. 이러한 인식이 지배적인 역사, 사회 관련 문화를 이야기를 통해 학습하게 한다면 학생들은 좀 더 흥미를 갖게 되어 학습의 효과가 높아질 수 있다. 판소리계 소설 <흥부전>은 조선시대의 사회상이 풍부하게 드러나 있는 작품이다. 판소리계 소설 <흥부전>의 인물과 배경을 통하여 학생들에게 조선 후기 자본주의의 등장, 신분제의 몰락 등의 한국의 역사 및 사회를 자연스럽게 인식하게 할 수 있으며, 학생들은 한국의 역사에 대하여 좀 더 흥미롭게 접근하게 될 것이다.

이처럼 판소리계 소설 <흥부전>과 몽골의 <박타는 처녀> 설화를 통하여 의사소통 기능과 사회문화를 연계적으로 교육한다면 학생들은 좀 더 균형 있는 한국어를 배울 수 있는 기회가 될 것이다. 또한 한국과 몽골 그리고 학습자 자국의 문화를 서로 비교하는 교육 방법을 통하여 한국의 문화의 보편성과 특수성을 자연스럽게 인식하게 될 것이다. 이는 한국어 교육뿐만 아니라 한국 사회에서의 생활, 한국 사회에 대한 이해 등의 폭 넓은 부분에 긍정적인 역할을 하게 될 것이다.

4. 이웃관계 : <옹고집전>을 대상으로

4.1. <옹고집전>과 만문본 <부처가 괴팍한 할아버지를 인도하다>의 서사 비교

한국은 과거에서 현재까지 끊임없이 변화를 이어오고 있다. 한국 사회 변화의 가장 큰 핵심은 과거 농경 중심의 공동체 사회에서 현재 자본주의 중심의 개인 사회로의 변화이다. 이는 전 세계 변화의 공통된 흐름이라 할 수 있다. 그러나 한국은 세계의 흐름과는 다른 모습을 보인다. 개인주의 사회로 변화하였으나 공동체 의식이 매우 많이 남아있다는 점이다. 이는 한국 특유의 우리 개념을 통해 드러난다. 현재 한국 사회는 개인 중심의 모습으로 변화하였으나 나와 너의 관계가 나와 타인의 관계에서 우리의 관계로 친밀해지면 그때부터는 공동체 의식이 매우 강하게 나타난다. 이는 한국의 독특한 사회문화로 인식된다.

판소리계 소설 <옹고집전>에 등장하는 주인공의 이름인 옹고집이라는 말은 현대에서도 자주 사용되는 말로 고집이 매우 세어 남의 의견을 듣지 않는 사람을 일컫는다. 판소리계 소설 <옹고집전>은 만주족의 설화인 만문본 <언두리가 들려주는 끝나지 않는 이야기>내에 등장하는 <부처가 괴팍한 할아버지를 인도하다>와 매우 유사한 서사 양식을 보인다. 만문본 <언두리가 들려주는 끝나지 않은 이야기>[110)는 21개의 다른

---

110) 만문본은 중국에서는 『尸語故事-滿族佛傳故事21篇』라는 이름으로 전해지기도 하였다. 이 이야기집은 티벳어본과 몽골어본, 그리고 한문본이 전해지며 만문본은 전체적인 구성과 어휘 특징으로 볼 때 몽골어본이 전해졌거나 일정한 영향을 받아 17세기 경에 형

주제의 짧은 이야기를 엮은 이야기 책으로, 그 모티브가 인도의 <베탈라판차빔자티>에서 기원하여 티벳과 몽골 지역을 거쳐 중국의 소수민족과 만주족에게로까지 전파된 이야기집이다. 이러한 전파 과정을 거치는 과정에서 각 나라의 문화와 풍속이 접목되어 나라별 특수한 문화적 상황을 담지하게 되었고 그 결과 현재 북방민족의 문학연구 자료로, 문화사적 자료로 중요한 가치를 지니고 있다.111)

판소리계 소설 <옹고집전>과 유사한 서사로 이루어진 만문본 <언두리가 들려주는 끝나지 않는 이야기>내에 등장하는 <부처가 괴팍한 할아버지를 인도하다>의 기본 서사는 다음과 같다.112)

① 옛날에 심술궂은 부자 할아버지가 있었는데 그 할아버지는 라마 화상들을 보면 죽이고, 사원과 불상들을 보면 부수고 다녔다.
② 부처가 하늘 위에서 이 할아버지를 보면서 이 사람을 없애지 않으면 불법이 쇠락하고 어리석고 나쁜 사람들이 번성하게 될 것이라 생각하여 이 할아버지를 없애기 위해 할아버지와 같은 모습으로 변하여 할아버지의 집으로 들어갔다.
③ 두 할아버지는 서로 내보내라고 시비가 벌어지게 되고 이를 해결하기 위해 할머니는 집을 빨리 세 바퀴 돌고 와서 집안의 재물과 가축을 세어보라는 문제를 낸다.
④ 부처는 그 집안의 재물을 빠짐없이 세어서 말하고 할머니는 부처를 진짜 할아버지라 생각하고 진짜 부자 할아버지를 때려서 쫓아버린다.
⑤ 진짜 할아버지가 근심에 싸여 길을 가는데 부처가 다시 학자로 변하여 할아버지 옆에 가서 걱정의 원인을 묻는다.

성된 것으로 추정되고 있다.
최동권 외(2012), 『언두리가 들려주는 끝나지 않는 이야기』, 박문사, 5면
111) 최동권 외(2012), 『언두리가 들려주는 끝나지 않는 이야기』, 박문사, 13면
김양진, 김수경(2013), 「만문본 <언두리[神]가 들려주는 끝나지 않는 이야기>의 문화사적 의의」,『동아시아고대학』32, 동아시아고대학회, 293-330면
112) 최동권 외(2012), 『언두리가 들려주는 끝나지 않는 이야기』, 박문사, 135-137면

⑥ 할아버지는 지금까지 지은 죄를 털어 놓는다.

⑦ 학자는 할아버지에게 재물과 가축을 모두 되찾아 주는 사람의 말을 따를 것인지 묻고 할아버지는 따르겠다고 답한다.

⑧ 할아버지가 답하자 학자는 앞으로 라마승 화상을 죽이지 말고 사원과 불상을 부수지 말며 계율을 지키라고 한다.

⑨ 할아버지는 나쁜 행동을 그만두고 부처를 공양하며 지냈으며 라마승들을 존경하면서 자기 집에 들여 경을 외게 했다.

다음으로 판소리계 소설 <옹고집전>의 기본 서사는 다음과 같다.113)

① 옹고집은 심술이 사납고 고약하며 인색해 돈이 썩어도 남을 위해서는 한푼도 쓰지 않는 천하에 둘도 없는 수전노이며, 팔십 노모가 냉방에 병들어 있어도 돌보지 않는 천하의 불효자식이다.

② 월출봉 취암산의 도사가 옹고집을 혼내 주려고 가짜 옹고집을 만들어 진짜 옹고집에게 보낸다.

③ 진짜 옹고집과 가짜 옹고집은 서로 자기가 진짜 옹고집이라며 시비가 벌어지고, 결국 소송을 하게 된다.

④ 원님이 족보를 가져오라 해서 물어보니 가짜 옹고집이 더 잘아서 진짜 옹고집은 패소하게 되고 쫓겨 나게 된다.

⑤ 가짜 옹고집은 득의만만하여 집으로 돌아와 아내와 자식들을 거느리고 살고, 진짜 옹고집은 온갖 고생을 하며 떠돌며 지난 날의 잘못을 뉘우친다.

⑥ 옹고집이 뉘우치고 있는 것을 안 도사는 부적을 주며 집으로 돌아가라고 한다.

⑦ 옹고집이 집으로 돌아와서 부적을 던지니 가짜 옹고집이 허수아비로 변한다.

⑧ 옹고집은 도술에 속은 것을 알게 되고, 새 사람이 되어 착한 일을 하며 독신한 불자가 된다.

이러한 서사 내용으로 바탕으로 볼 때 두 이야기는 공통점과 차이점을

---

113) 윤병로(1995), 『한국대표 고전소설선』, 미래문화사, 359면

지니고 있다. 먼저 공통점을 두 이야기의 주제이다. 두 이야기 모두 기본 주제는 권선징악과 개과천선이다. <옹고집전>에서 주인공 옹고집은 엄청난 심술을 부리는 고약한 인물로 등장한다. 중이나 걸인이 구걸을 하면 구걸을 거절하는 것에서 그치지 않고 그들을 괴롭히는 모습을 통해 그의 악행이 얼마나 심한지를 짐작할 수 있다. 또한 옹고집은 팔십이 넘은 노모를 냉방에 두며 제대로 돌보지 않는 극악한 불효를 저지르는 인물로 등장한다. 결국 옹고집은 이러한 악행과 불효로 인해 벌을 받아 가짜 옹고집에서 모든 걸 빼앗기고 온갖 고생을 하는 모습으로 그려진다. 만문본 <언두리가 들려주는 끝나지 않는 이야기>내에 등장하는 <부처가 괴팍한 할아버지를 인도하다>의 부자 할아버지 역시 악행을 저지르는 인물로 등장한다. 또한 불교의 부처에 의해 그 행동이 개선된다는 점에서 옹고집전과 매우 유사한 모습을 보인다. 즉, 두 서사 모두 권선징악과 개과천선이라는 주제를 바탕으로 서사가 전개되는 작품이다.

그러나 두 이야기는 차이점도 지니고 있다. 옹고집의 악행과 부자할아버지의 악행에서 그 차이점을 찾을 수 있다. 옹고집의 악행은 이웃과 가족에 대한 악행이다. 즉 공동체 의식을 지니고 있는 않은 인물에 대한 징계가 개선이 그 내용이다. 옹고집의 행동을 악행이라 인식하며 개선이 필요하다고 여기는 것은 한국의 공동체 문화와 관련이 있다. 즉 <옹고집전>은 이웃의 어려움을 돕는 것은 선행이며, 이웃의 어려움을 외면하거나 괴롭히는 것은 악행이며 벌을 받는 것이 마땅하다 여기는 의식이 한국인의 의식 저변에 존재한다는 것을 보여준다. 그러나 부자 할아버지의 악행은 이웃에 대한 악행이 아닌 종교에 대한 도전인 반종교적 행동이다. 즉 공동체 사회에서 지켜야 하는 윤리가 아닌 종교적인 윤리를 그 내용으로 하고 있다는 점에서 차이점을 보이는 것이다. 이를 통해 한국은 공동체를 중요시 여기며 이웃관계에 중점을 두고 있음을 알 수 있다. 반면 만문본은 불교적 문화 즉, 종교적 의식에 중점을 두고 있어 종교적 윤리에 중점을 두고 있음을 살필 수 있다. 이러한 서사 비교를 통해 한국과 북방민족의 공동체 의식이 어떻게 다른지 찾을 수 있다. 따라서 이 두 서사를 문화 교육에 활용한다면 한국의 이웃관계 문화 교육에 효과적일 것으로 기대된다.

4.2. <옹고집전>과 만문본 <부처가 괴팍한 할아버지를 인도하다>의 문화 교육 요소

판소리계 소설 <옹고집전>과 만문본 <언두리가 들려주는 끝나지 않는 이야기>내에 등장하는 <부처가 괴팍한 할아버지를 인도하다>는 그 구조가 매우 유사하다. 따라서 본 장에서는 두 서사의 비교를 통해 이웃관계 문화 교육의 활용 가능성을 살피고 문화 교육 요소를 제시하고자 한다.

먼저 두 이야기의 공통점은 주제인 권선징악과 개과천선 사상이다. 권선징악과 개과천선 사상은 현재 한국 사회에도 존재하는 사상으로 문화 교육 요소로 삼을 수 있다. 권선징악과 개과천선 사상은 한국에만 국한되어 있는 사상이 아닌 전 세계에 보편적으로 존재하는 범지구적인 사상이기도 하다. 그러나 유독 한국에는 착한 사람은 결국 복을 받고 나쁜 사람은 벌은 받는 것이 마땅하며 악행은 행한 사람도 결국 자신의 잘못을 뉘우치는 이야기가 다수 존재한다. 과거부터 현재까지 존재해 온 많은 설화들에서도 그 내용을 찾을 수 있으며, 현재 방영되는 많은 한국 드라마나 영화에서도 지속적으로 표현되고 있으며 대중의 관심을 받고 있다. 이를 통해 결국 한국인들의 의식 속에 권선징악 사상에 대한 인식이 꾸준히 존재해 왔음을 알 수 있다. 따라서 이러한 권선징악 및 개과천선 사상을 문화 교육 요소로 삼아 보편적이면서도 특수한 가치관을 학습자에게 교육할 수 있다.

또한 두 이야기 모두 불교적 사상을 이야기의 기본 배경으로 삼고 있다는 공통점도 존재한다. 두 주인공 모두 악행을 저지르고 벌을 받는 과정에서 죄를 뉘우치는 권선징악과 개과천선 사상이 등장하며, 이러한 개과천선을 이끄는 인물은 불교의 인물이다. 이를 통해 두 이야기의 불교적 특성을 찾을 수 있다. <옹고집전>의 옹고집은 다음의 내용에서 그 악행과 성격이 드러난다.

> 이 때에 월출봉취암사에 한 도사있으되, 높은 술법은 귀신도 측량치 못할레라. 학대사를 불러 하는 말이, 『옹당촌에 옹좌수라 하는 놈이 불도를 능멸하고 중을 보면 원수같이 한다 하니 그놈의 집에 가서 차막하고 돌아오라』[114]

만문본 <언두리가 들려주는 끝나지 않는 이야기>내에 등장하는 <부처가 괴팍한 할아버지를 인도하다>의 노인 할아버지의 악행과 성격 역시 다음과 같이 이야기 속에서 드러난다.

> 그 할아버지는 라마 화상들을 보면 죽이고, 사원과 불상들을 보면 부수고 다녔다. 여래 부처가 하늘 위에서 보면서, '이 죄 많은 사람을 없애지 않으면, 불법(佛法)이 쇠락하고, 어리석고 나쁜 사람들이 번성할 것이다. 그러니 이 사람을 없애자'고 생각했다.

이 두 인물의 악행은 결국 불교에 대해 배척하는 행동이었으며 이러한 행동은 불교의 인물에 의해 징계를 받고 차후 개선되며 이야기가 끝난다. 이는 한국인과 북방민족 모두가 불교의 종교성을 지니고 있었으며 종교

---

114) 전규태(1983), 『한국고전문학대전집 1』, 수예사, 314면

에 배척하는 행동은 벌을 받게 된다는 의식을 가지고 있었던 것으로 생각해 볼 수 있다. 이렇게 종교성이 드러나는 두 이야기의 공통점을 통해 문화 교육을 한다면 한국의 종교의식을 이해하는데 도움이 될 것이다.

둘째, 두 이야기의 차이점을 통해 교육이 가능하다. 판소리계 소설 <옹고집전>과 만문본 <언두리가 들려주는 끝나지 않는 이야기>내에 등장하는 <부처가 괴팍한 할아버지를 인도하다>는 많은 부분 공통점을 지니고 있지만 차이점도 있다. 첫 번째 차이점은 두 인물의 악행의 대상이다. 만문본 <언두리가 들려주는 끝나지 않는 이야기>내에 등장하는 <부처가 괴팍한 할아버지를 인도하다>에서는 불교적 악행만이 등장한다. 불교적 대상인 라마 화상을 죽이고, 사원과 불상을 부수는 행동을 심술궂은 행동이라 인식하고 있다. 이는 결국 반불교적 행동은 악행이라는 인식이 존재함을 할 수 있다. 즉, 이웃에 대한 공동체적 악행이 아닌 종교적 윤리에 어긋한 악행을 악행으로 다루고 있음을 알 수 있다.

> 옛날 어너트허 나라의 남쪽에 어느 심술궂은 부자 할아버지가 있었다. 그 할아버지는 라마 화상들을 보면 죽이고, 사원과 불상들을 보면 부수고 다녔다. 여래 부처가 하늘 위에서 보면서, '이 죄 많은 사람을 없애지 않으면, 불법(佛法)이 쇠락하고, 어리석고 나쁜 사람들이 번성할 것이다. 그러니 이 사람을 없애자'고 생각했다.

그러나 판소리계 소설 <옹고집전>의 옹고집의 악행은 종교적인 악행만을 다루고 있지 않다. 오히려 종교적 악행보다는 이웃 공동체나 가족 공동체에 대한 악행이 주를 이루고 있다는 점에서 차이를 보인다.

> 성벽이 고약하여 풍년을 좋와 아니하고, 심술이 맹랑하여 매사를 마음이 비뚤어진 고집으로 하더라.

옹고집은 불교에 배척하는 반불교적인 악행만을 행하는 인물이 아니다. 성격이 고약하여 이웃 공동체에 적응하지 못하고 있는 인물로 당시 농경사회의 가장 큰 기쁨인 풍년을 좋아하지 않는 인물이다. 이는 옹고집은 공동체 의식이 결여된 채 자신의 부 축적에만 관심이 있는 인물로 이웃관계에는 무심한 태도를 지닌 인물임을 알 수 있는 부분이다. 이러한 인물을 악한 인물로 평하는 것을 통해 결국 당시 공동체 의식이 중요한 의식으로 자리 잡고 있었으며, 이에 벗어난 개인주의적인 인물은 악한 인물로 생각하는 의식이 존재했음을 살필 수 있다. 또한 옹고집은 가족 관계에서도 불효를 행하는 인물로 등장한다.

> 팔십당년 늙은모친 병들어 누었는데, 닭한마리 약한첩도 봉양은 아니하고 조반석죽 대접하니, 냉돌방에 홀로 누워 설히 울며 하는 말이,
> 『너를 낳어 길러낼제 애지중지 나의 마음 보옥같이 사랑하여 어루만져 하는말이 「은자동아 금자동아 무하자태 백옥동아 천지만물 일월동아 아국사랑 간간동아. 하늘같이 어지거라 땅같이 너릅거라. 금을 준들 너를사랴. 천상 인간 무가보는 너하나 뿐이로다」 이같이 사랑하여 너하나를 길렀더니 천지간에 이런공을 모르느냐. 옛날 왕상이는 어름속에 잉어낚아 부모봉양 하였으니 그렇지는 못하여도 불효는 면하여라.』
> 불측한 고집이놈이 어미말 대답하되,
> 『진시황 같은이도 만리장성 쌓아두고 아방궁을 높이지어 삼천궁녀 시위하여 천년이나 사잤더니, 이산에 일분총을 못면하여 죽어있고, 백전백승 초패왕도 오강에 죽어있고, 안연같은 현학사도 삼십에 조사커든 오래 살아 무엇하리. 옛글에 하였으되 인간칠십 고래희라 하였으니, 팔십당년 우리모친 오래살아 쓸데없네. 수즉다욕 우리모친 뉘라서 단명하리. 도척이 같은 못쓸놈도 천추에 유명커든 무슨시비 말할손가.』[115]

한국은 과거부터 지금까지 장자가 부모님을 모시는 것이 효의 당연한

---

115) 전규태(1983),『한국고전문학대전집 1』, 수예사, 313면

표본처럼 인식되어 왔다. 이는 조선시대의 유교적 사상의 영향이 크다. 아들 중심의 유교 문화에서 장자의 위치는 가족의 기둥이었으며 가문을 잇는 중요한 자리라 인식되어 왔다. 그 결과 장자는 집안의 대를 이어야하며 부모를 모시며 효를 다하는 것이 자연스러운 문화가 된 것이다. 현대 사회가 점차 핵가족화 되어 감에 따라 이러한 장자의 부모님 봉양 문화는 약화되기는 했으나 현재까지도 이러한 문화적 인식은 상당 수 남아있다. 현재의 부모들 역시 장자에게 자신의 노후를 의지하며 장자 즉 큰 아들과 큰 며느리가 부모를 모시는 것은 자연스럽게 받아들이고 있기 때문이다. 이는 외국의 모습과는 다른 한국의 특수한 봉양 문화라 볼 수 있다. 특히 같은 유교문화권이었던 중국에도 이러한 문화가 없는 것으로 보아 한국만의 특수한 유교문화의 모습으로 논의할 수 있다. 그 결과 외국에서 온 며느리들이나 학습자들은 이러한 문화를 이해하고 받아들이기 어려울 수 있다. 따라서 <옹고집전>을 통해 과거 한국의 유교 문화로 인해 이러한 장자 봉양 문화가 형성되었으며 현재까지도 한국인의 의식 속에 뿌리 깊게 자리 잡고 있음을 교육하면 효과적인 문화 교육이 될 것이다.

또한 옹고집이 부정적으로 평가되는 대표적인 이유는 노모를 정성껏 봉양하지 않는데 있다. 옹고집은 팔십이 넘은 노모를 냉방에 두고 제대로 모시지 않으며 오히려 오래 살아 무엇 하겠냐며 불효의 정점을 보여주고 있다. 한국인들이 효를 행하는 모습으로만 교육을 하게 되면 오히려 외국인 학습자들에게 반감을 살 우려도 있다. 그러나 이처럼 불효를 행하는 인물을 통해 문화 교육을 하게 된다면 오히려 친근감 있게 다가갈 수 있을 것이라 기대된다. 결국 불효의 결과로 옹고집은 엄청난 고생을 하는 것으로 보아 효가 한국인의 의식에 얼마나 중요하게 자리 잡고 있는지를 논의해 볼 수 있을 것이다.

현재 한국의 장자들이 모두 부모를 자신의 집에서 정성껏 봉양하며 살고 있지는 않으며, 이것이 사회적 문제가 되고 있는 것도 사실이다. 그러나 분명한 것은 장자가 부모 봉양에 대한 책임이 있다는 의식이 한국 사회에 존재한다는 것이다. 장자가 부모를 봉양하지 않으며 사람들에게 지탄을 받으며 장자 이외의 자녀가 부모를 봉양하게 되면 이를 반대로 칭찬하는 것은 분명 부모 봉양과 관련된 책임 의식이 장자에게 더 존재함을 반증하는 것이라 할 수 있다. 이러한 문화적 특수성을 옹고집전을 통해 교육한다면 한국 사회의 유교 문화의 모습과 문제점까지 함께 논의해 볼 수 있을 것으로 기대된다.

두 번째 차이점은 사회 기부 문화에 대한 인식이다. 판소리계 소설 <옹고집전>에는 만문본 <언두리가 들려주는 끝나지 않는 이야기>내에 등장하는 <부처가 괴팍한 할아버지를 인도하다>에는 등장하지 않는 사회 기부 문화가 나타난다. 오히려 만문본 <언두리가 들려주는 끝나지 않는 이야기>내에 등장하는 <부처가 괴팍한 할아버지를 인도하다>에서 주인공 할아버지는 자신의 재산을 돌려준다는 말에 자신의 잘못을 반성하는 모습을 보여 나눔 보다는 자신의 재산을 지키기 위한 모습이 더 부각된다. 즉, 가족이나 이웃과의 관계를 회복하는 것보다 잃은 재물과 가축을 재획득하는 것을 커다란 은혜로 여기는 모습을 통해 인간관계에 대한 인식이 부각되지 않음을 알 수 있다.

> 그녀의 남편을 때려서 쫓아버렸다. 죄를 많이 지은 심술궂은 할아버지는 멀리 쫓겨 갔다. 그가 근심에 싸여 길을 가는데, 부처가 한 학자로 변하여 그 할아버지 옆으로 가서 물었다. "할아버지, 당신은 무슨 나쁜 죄를 지었길래 이리도 걱정하고 있소?" 할아버지는 자신이 이제까지 지은 죄를 모두 털어놓았다. 그러자 학자는 "지금 당신의 재물과 가축을 갖고 와 준다면, 그 사람의 말을 따르겠소, 따르지 않겠소? 하고 물었다. "그렇게 커다란 은혜를 베푼 사람의 말을 어길 도리가 있겠소?" 라고 할

아버지가 답하자 학자는 말했다. "그렇다면, 너는 이제 라마승 화상을 죽이지 마라, 그리고 사원과 불상을 부수지 마라. 계율을 지켜라. 그렇게만 한다면, 너는 영원히 편안하게 살리라!" "나는 당신의 말을 따르면서, 어기지 않고 살겠습니다." 할아버지는 맹세했다. 그러자 학자로 변한 부처는 "자 그럼 이제 너는 항상 나의 말을 어기지 마라." 라고 하면서 하늘로 올라갔다. 할아버지는 자신의 나쁜 행동을 그만두고 부처를 공양하며 지냈다. 라마승들을 존경하면서 자기 집에 들여 경을 외게 했다.

그러나 판소리계 소설 <옹고집전>에는 종교적 나눔 의식 이외의 기본적 인간에 대한 나눔 의식이 등장한다. <옹고집전>이 성행할 당시 사회적 약자 계층으로는 걸인 계층이 존재하였으며, 이들은 구걸을 통해 목숨을 연명하였다. 또한 종교적으로는 불교에서 시주를 통해 종교적 세력을 이어나갔다.

> 이 때에 종말미 중문에 의지하여 하는 말이,
> 『노장노장 저 노장아. 소문도 못들었나. 우리 댁 좌수님이 초당춘수 족한데 기침도 아니하였으니, 만일 잠을 깨거드면 동령은 고사하고 귀 뚫리고 갈것이니 어서바삐 돌아가소.』
> 저 노장 대답하되,
> 『고루거각 높은 집에 중의대접 그러할까. 적악지가에 필유여악이요 적선지가에 필유여경이라 하나이다. 소승이 영암월출봉 취암사에 사옵더니 법당이 퇴락하여 불원천리하고 귀댁에 왔사오니 황금 일천양만 시주를 하옵소서.』[116]

이러한 사회적 모습은 <옹고집전>에 여실히 드러난다. 고루거각 높은 집에서 중의 대접 그리하지 않는다는 대화를 통해 당시 부를 누리던 계층의 나눔 생활을 추측할 수 있다. 그러나 옹고집은 이러한 나눔을 실천

---

116) 전규태(1983), 『한국고전문학대전집 1』, 수예사, 314면

하는 인물들과는 다르게 매우 인색한 인물로 사회적 약자 계층에게 자비와 인정을 베풀지 않는 사람으로 등장한다. 그리고 이 옹고집을 주변에서 인색하고 고약한 사람이라 평한다. 이는 결국 당시 사회에 사회적 약자 계층을 위한 사회기부의식이 존재했으며 이를 실천하지 않는 인물을 악인이라 칭했음을 알 수 있다. 즉, 사회적 약자를 위한 나눔은 최소한의 배려이며 이러한 최소한의 배려조차 하지 않는 인물은 부정적으로 인식되는 모습을 통해 당시에 사회기부의식이 존재했으며 이는 대가성 시주와 다른 동냥의 모습을 통해 종교와 관계되기도 하지만 무관하게도 행해졌음을 알 수 있다.

이러한 이웃에 대한 사회기부의식은 현재에도 존재한다. 사회기부 의식 및 공동체 의식은 현재 한국에만 존재하는 특수한 의식은 아니다. 전 세계적으로 이러한 나눔 의식이 분포되어 있다. 그러나 이 <옹고집전>을 통해 한국인들의 나눔 의식이 현대에 갑자기 생겨난 것이 아니라 과거부터 꾸준히 존재해왔음을 살필 수 있다. 또한 이러한 사회 나눔 의식 및 공동체 의식은 품앗이와 같은 노동 형태까지 만들어 내며 존재해 왔다. 결국 이러한 사회 나눔 의식은 종교적인 구원이나 기복 신앙적인 요소 이외에 인간을 향한 최소한의 배려로도 행해졌음을 살필 수 있다. <옹고집전>을 활용하여 과거부터 현재까지의 사회기부 의식과 그 모습을 논의한다면 한국인의 의식 속에 자리 잡고 있는 종교 문화권 사람들은 물론 종교 문화권 외의 사람들의 사회 나눔 문화 및 공동체 의식을 교육하는데 효과적인 자료가 될 수 있을 것이다.

세 번째 차이점은 혼합된 종교 의식이다. 만문본 <언두리가 들려주는 끝나지 않는 이야기>내에 등장하는 <부처가 괴팍한 할아버지를 인도하다>에서는 앞서 논의한 바와 같이 불교 의식만이 등장한다. 악행을 저지르는 부자 할아버지는 그저 불교에 배척하는 행동만을 행한다. 이러한 불교 배척 행동은 이야기 속에서 악행으로 논의되어 고쳐야 할 나쁜 행동으로 규정되고 있다. 이는 불교 배척이 죄가 된다는 의식으로 불교적 의식이라 할 수 있다. 그러나 판소리계 소설 <옹고집전>에는 혼합된 종교의식이 등장한다. 즉 유교 의식과 불교 의식이 함께 융화되어 등장한다. 악행을 저지르는 옹고집은 불교만을 배척하는 인물이 아니다. 오히려 이웃이나 부모에게 불효하는 행동이 악행의 주된 행동으로 제시된다. 이는 당시 조선 시대가 유교 국가였으므로 어찌보면 당연하다고 볼 수 있다. 그러나 유교를 국교로 삼고 있으면서도 불교의 중이 등장하여 행동을 개선하는 모습을 통해 한국의 종교 의식이 유교성과 불교성을 함께 지니고 있었음을 보여주는 것이라 할 수 있다. 특히 <옹고집전>이 향유되던 시대는 조선 시대로 국교를 유교로 삼고 있던 시대이다. 이러한 유교적 상황에 존재한 옹고집이 불도를 능멸하였다는 이유로 징계의 대상이 되어 징계를 받는다. 이는 당시 불교를 배척하고 유교를 숭상했던 시대에서 어찌보면 죄가 되지 않는 상황이다. 그럼에도 죄로 인식되는 것은 당시 한국 사회에 불교와 유교 사상이 융합되어 존재했음을 반증하는 것이라 할 수 있다.

　　이렇듯 슬피울제 한 곳을 바라보니 층암절벽상에 백발도사 높이 앉아 청여장을 옆에 끼고 반송가지를 휘어잡고 노래로 하는 말이,
　　『후회막급이로다 하늘이 주신 죄를 수원수구 하단말가.』
　　실옹가 듣기를 다하매 천방지방 도사앞에 급히 나아가 합장배례하며 공손히 하는 말이,
　　『이놈의 죄를 생각하면 천사라도 무석이요. 만사라도 무석이나 명명하신 도덕하에 제발덕분 살려주오 당상의 늙은 모친 규중의 어린처자 다시보게 하옵소서 원견지하온후 돌아가도 여한이 없을가하나이다. 제발 덕분 살려주옵소서.』
　　만단으로 애걸하니 도사 하는 말이,

『천지간에 못쓸놈아 인제도 팔십당년 늙은 모친 냉방돌에 구박할가
불도를 능멸할가 너같은 못쓸 놈은 응당 죽일 것이로되 정상이 가긍하
고 네의 처가 불쌍한 고로 방송하나니 돌아가 개과천선하라』117)

악행을 저지른 옹고집은 징계를 당하고 온갖 고난을 겪는다. 그 후 옹
고집은 불교의 인물을 통해 개과천선하고 불도를 공경하는 불자가 된다.
이러한 모습을 통해서도 당시 사회가 유교적 사회였음에도 불구하고 불
교문화가 함께 공존했음을 인식할 수 있다. 특히 이웃의 종교가 자신의
종교와 다른 종교이거나 주된 종교와 다른 종교라 하여 이웃을 배타적으
로 대하는 것이 아니라 함께하는 공동체의 어려움으로 인식하여 도움을
주는 것이 마땅하다 여겼던 당시의 공동체 의식을 살필 수 있다.

한 사회에 하나의 종교만이 존재하는 것이 아니라 여러 종교가 융합되
어 생활에 영향을 주고 있는 모습은 한국만이 가지는 독특한 종교 문화
라 할 수 있다. 이러한 모습은 현재 한국 사회의 종교 문화에도 연계되고
있다. 현재 한국 사회에는 기독교, 천주교, 불교, 천도교 등 여러 종교가
존재한다. 또한 국교로 정하고 있는 종교가 없어 종교의 자유가 보장되
고 있다. 이를 통해 기독교와 천주교와 관련된 성탄절, 불교와 관련된 석
가탄신일, 천도교와 관련된 개천절 등의 모든 날이 국경일로 정해져 있
는 독특한 모습을 보인다. <옹고집전>을 통하여 과거 불교의 종교 문화
를 살피고 현재 한국의 종교 문화까지 논의한다면 외국인 학습자들에게
한국의 이웃의 종교를 각각 인정하는 종교 문화를 좀 더 친근하게 소개
할 수 있을 것으로 기대된다.

---

117) 전규태(1983), 『한국고전문학대전집 1』, 수예사, 322면

4.3. <옹고집전>과 만문본 <부처가 괴팍한 할아버지를 인도하다>의 문화 교육 방안

언어를 교육할 때 그 언어가 속한 사회의 문화를 교육하는 것은 매우 중요하면서도 어려운 일이다. 특히 눈에 정확히 보이지 않는 인간관계 관련 사상을 교육하는 일은 상당히 까다롭다. 따라서 그 사회에 영향을 크게 미치는 사상을 효과적으로 교육하기 위해서는 고전 속에 등장하는 인물의 의식을 활용하는 것이 유용하다. 앞서 논의한 <옹고집전>을 통해 한국인의 이웃관계에 대한 의식을 교육하는 방안은 다음과 같다.

첫째, 판소리계 소설 <옹고집전>과 만문본 <언두리가 들려주는 끝나지 않는 이야기>내에 등장하는 <부처가 괴팍한 할아버지를 인도하다>를 읽고 줄거리를 학습자 스스로 정리하도록 하는 것이다. 줄거리는 정리하는 방법으로는 모티브 중심으로 제시하여 순서를 찾아보도록 하여 줄거리를 익히게 하거나 직접 줄거리를 요약하여 써 보게 하는 등 학습자의 수준에 따라 방법을 달리하면 더욱 효과적일 것이다. 그리고 주인공의 성격의 긍정적인 면과 부정적인 면을 학습자가 스스로 찾아보고 논의하게 하면 말하기, 듣기, 쓰기, 읽기 등의 기능교육 전반적인 면과 문화 교육을 함께 이룰 수 있을 것으로 기대된다. 또한 학습자에게 두 주인공의 악행을 찾아보게 악행에 대한 자신의 생각을 논의하게 하면 문화적 의식 차이는 물론 말하기 능력의 향상까지 함께 이룰 수 있을 것이다.

둘째, 판소리계 소설 <옹고집전>에 나타난 가족 공동체 문화인 효 관념과 부모 봉양 문화에 대해 논의하는 방법이다. 특히 결혼이민자들에게는 가족 공동체 문화 의식에 대한 인식이 뒷받침되지 않으면 왜 자신이 시부모와 함께 살아야하는지 불만이 증폭될 수 있어 더욱 중요한 부분이라 할 수 있다. 그러나 한국의 효 관념과 부모 봉양 문화를 설명하고 강요하는 것은 문화 동화 방법으로 학습자에게 거부감을 주기 쉽다. 효라는 관념은 어느 나라에나 존재하는 관념이다. 그런데 각각의 나라에서 효의 둘레 안에서 생각하는 효의 수준은 모두 조금씩 다르다. 이로 인해 한국에서 생활하는 외국인들은 문화 차이를 느끼게 된다. 특히 한국에서 가족을 이루고 살아가는 학습자들은 자국의 효와 한국의 효의 수준이 달라 어려움을 겪기도 한다. 이러한 상황에서 무조건 한국인의 효 관념은 이 정도 범위까지라고 설명하게 된다면 학습자들의 거부감은 커질 것이며 한국에 대한 반감을 갖게 될 수도 있다. 또한 한국 사람들은 이렇게 효행심이 크다라는 교화적인 목적으로 문화 교육에 임한다면 오히려 부정적인 인식을 갖게 될 가능성이 높다.

그러나 앞서 논의한 판소리계 소설 <옹고집전>의 옹고집과 같은 부정적인 인물을 통해 한국의 효 개념과 범위를 흥미롭게 인식할 수 있게 한다면 문화 교육과 기능 교육의 접목으로 효과적인 언어 교육이 이루어질 수 있을 것이다. 특히 판소리계 소설 <심청전>과의 비교를 통해 효 관념을 논의한다면 한국에서 중요하게 여기는 사상인 효과 불효의 모습을 극명히 보여 줄 수 있을 것이다. 즉 부모를 위해 목숨까지도 내놓는 심청과 부모에게 기본적인 식사 제공마저도 꺼리는 옹고집을 비교한다면 학습자는 자연스럽게 긍정적인 인물과 부정적인 인물을 인식하게 될 것이며, 한국의 효 의식을 보다 거부감 없이 받아들일 수 있을 것으로 기대된다. 또한 학습자 자국의 효 관념에 대한 논의를 먼저 진행하여 각국의 효 의식을 비교해 본 후 한국의 효 관념의 표현으로 부모 봉양 문화가 존재함을 연계적으로 논의한다면 자연스럽게 부모 봉양 문화에 관한 연계적 교육이 가능할 것이다. 예를 들어 학습자 자국에서는 결혼을 한 후 부모님과 함께 생활하는지 따로 분가하여 생활하는지를 논의해 보고 합가와 분가에 따른 장단점을 토의해 보는 등의 방안을 활용해 볼 수 있을 것이다. 이렇게 된다면 한국인의 효 의식과 부모 봉양 문화와 함께 의사소통 기능 교육도 함께 균형적으로 이루어 질 수 있을 것으로 기대된다.

셋째, 판소리계 소설 <옹고집전>전에 나타난 이웃 공동체 문화인 사회 기부 의식 즉 나눔 의식에 대해 논의하는 방법이다. 판소리계 소설 <옹고집전>전에 나타난 사회 기부 의식 및 나눔 의식 등의 공동체 문화는 현재 한국 사회에도 존재하고 있다. 과거와 현재에 걸쳐 나타나고 있는 사회 기부 문화 즉 나눔 문화에 관해 논의하여 관련 의식을 교육하는 방법이다. 앞서 논의한 바와 같이 현재 한국 사회에는 사회 나눔 의식이 존재한다. 이는 한국에만 국한된 의식이 아니다. 사회적 약자 계층을 도와야 한다는 사회 나눔 의식과 공동체 의식은 세계 여러 나라에서 찾아볼 수 있다. 따라서 학습자 자국에 존재하는 사회 나눔 의식과 한국 사회에 존재하는 사회 나눔 의식에 대해 논의하고 그 표현 양상이나 나눔을 실천하는 사람에 대한 평가를 내리는 활동 등을 통해 사회 나눔 문화의 교육이 가능하다. 특히 이러한 사회 나눔 문화를 실천한 인물들은 신문 기사화 되거나 뉴스로 보도 되는 경우가 다반사이므로 이러한 매체 자료를 활용하여 기사나 뉴스를 읽거나 듣고 내용에 대해 자신의 관점을 발표하는 등의 활동으로 수업이 진행된다면 학습자의 의사소통 기능 교육과 문화 교육이 연계적으로 이루어질 수 있을 것이라 기대된다.

또한 판소리계 소설 <심청전>에 나타난 기부 의식과 판소리계 소설 <옹고집전>에 나타난 기부 의식의 차이를 살펴 다양한 사회 나눔 의식이 존재했음을 논의하는 것도 하나의 방법이 될 수 있다. 즉 <심청전>에서 공양미 삼백 석을 절에 기부하는 것은 아버지의 눈을 뜨게 하기 위한 종교적 대가성 기부의 모습을 보인다. 그러나 <옹고집전>에서의 기부는 그저 단순히 법당이 퇴락하여 기부를 하라든가 동냥과 같이 생활이 어려운 사람에게 대가 없이 물질을 나누기를 원하는 등의 종교적 의미를 초월한 순수한 의미의 기부를 논하고 있다. 이는 당시 사회에 종교적인 나눔 의식과 비종교적인 나눔 의식이 공존했음을 보여준다. 따라서 학습자들이 <심청전>과 <옹고집전>의 나눔 의식이 나타나는 장면을 읽고 각각의 나눔 의식을 비교하여 긍정적인 면과 부정적인 면을 논의해 보는 것도 방법도 활용이 가능하다.

넷째, 조선 시대의 불교문화와 현재 한국의 종교 문화에 대해 논의하는 방법이다. 대한민국은 종교의 자유가 있어 다양한 종교를 인정하는 나라이다. 그 결과 현재 정해진 국교는 없다. 그러나 과거 한국은 국교가 항상 정해져 있었다. 판소리계 소설 <옹고집전>이 제작되고 사회적으로 읽혀진 시기인 조선 시대의 국교는 유교였다. 그러나 불교의 세력도 만만치 않았다. 이는 조선 이전 시대인 고려 시대의 국교가 불교였기 때문임을 간과할 수 없다. 현재 한국 사회에 불교의 모습이 많이 남아 있으며 불자가 많은 것도 관련이 있을 것이다. 판소리계 소설 <옹고집전>에는 시주를 하는 중을 부정적으로 바라보는 옹고집이 등장한다. 또한 불교의 종교적 모습과 사회적 인식이 상당히 많이 드러난다. 따라서 판소리계 소설 <옹고집전>에 종교적인 인식이 나타나는 장면을 학습자가 읽고 당시 불교에 대한 사회적인 인식과 불교 사상, 그리고 당시 국교였으며 현재까지 많은 영향을 주고 있는 유교 사상 등에 대해 논의해 보는 교육이 가능하다. 또한 현재 한국 사회에 존재하는 종교인 기독교, 천주교 등도 함께 논의가 가능하다. 특히 한국의 독특한 종교 문화로 성탄절, 석가탄신일, 개천절 등의 종교적인 날이 모두 국경일인 점을 통해 한국이 종교의 다양성을 인정하고 있음을 논의해 볼 수 있을 것이다. 또한 학습자 자국의 종교 의식 및 사회적 인식 등을 논의해 보게 함으로써 같은 종교임에도 나라에 따라 차이가 나는 종교적 특징이 있는지, 다른 종교를 가진 이웃에 대한 태도 및 사회적 인식은 어떠한지 등을 비교해 보는 방법도 이웃관계 문화를 지도하는 방안이 될 수 있다.

이처럼 판소리계 소설 <흥부전>과 만문본 <언두리가 들려주는 끝나지 않는 이야기>내에 등장하는 <부처가 괴팍한 할아버지를 인도하다>를 통하여 이웃관계 문화를 교육한다면 학생들은 의사소통 기능 교육과 함께 문화 학습이 유기적으로 교육될 것이다. 또한 한국과 북방민족의 이야기를 비교함으로 한국 문화의 특수성을 학습자가 자연스럽게 인식하게 되어 한국의 독특한 이웃관계 문화를 인식할 수 있을 것이다. 또한 학습자 자국의 이웃관계 문화와도 비교를 통해 한국 이웃관계 문화에 대한 폭넓은 이해가 가능하게 될 것이라 기대한다.

제3장 한국어 문화 교육을 위한 제언

   언어 교육에서 문화 교육은 필수적이다. 언어와 문화는 분리하여 지도할 수 없는 불가분의 관계이기 때문이다. 언어가 형성되고 사용되는 것은 한 나라의 문화 속에서 가능하다. 언어 속에는 문화가 녹아있고, 문화를 통해서 언어가 형성되기도 한다. 의사소통 상황에서도 문화의 중요성은 부각된다. 한국어 능력은 유창하지만 문화 교육이 함께 이루어지지 않은 외국인은 문화적 배경을 모른 채 의사소통에 참여하기 때문에 의사소통이 자유롭지 못하다. 결국 문화 교육은 한국어 교육에서 반드시 필요한 부분이다. 또한 외국인 학습자들은 한국에서 큰 문화 충격을 경험하며 살고 있다. 이러한 문화 충격을 줄이기 위해서도 문화 교육은 필수적이다. 특히 결혼이민자들은 문화적 차이에서 오는 문화충격이 유학생이나 근로자보다 훨씬 크다. 한국에서 가족과 직접 한국인으로 살아가야 하기 때문이다. 그러나 현재 대부분의 한국어 교육은 말하기, 듣기, 읽기, 쓰기 등의 기능 교육에만 치중되어 있다. 기능 영역과 함께 이루어져야 할 문화 영역은 오히려 독립적으로 지식화시켜 단편적으로 간략하게 지도하거나 아예 일회성 문화체험으로 대신해 문화 교육의 자리를 일시적으로 메우고 있는 실정이다. 이는 분명 문제가 있다. 이러한 문제를 해결하여 제대로 된 한국어 문화 교육을 시행하기 위해서는 한국어 문화 교육의 내용이 원리와 목표에 맞게 선정되어야 한다.

언어 교육에서 필수적인 문화 교육을 할 때 문화를 잘 반영하고 있는 텍스트를 선정하는 것은 매우 중요하다. 앞장의 논의를 통해 한국어 문화 교육의 내용 선정 원리를 설정하고 그 내용에 따라 목표와 내용을 선정하였다. 그리고 문화 교육의 부재를 메울 수 있는 한국어 문화 교육 내용 선정 원리 및 목표에 따른 문화 교육 텍스트로 판소리계열 텍스트를 선정하고 교육 요소를 제시하였다. 판소리계열 텍스트는 한국의 문화적 특성이 다수 내재된 작품이다. 특히 과거에만 머물고 있는 전통 문화가 아닌 현대까지 이어져 내려오고 있는 현대 문화까지 함께 학습할 수 있다는 장점을 지닌 텍스트이다. 현재도 판소리계열 텍스트의 주인공의 성격과 비슷한 특성을 지닌 사람들에게 주인공의 이름이 관용적 표현처럼 사용된다. 이러한 상황으로 볼 때 현재까지도 한국인의 의식에 깊이 자리하고 있음을 확인할 수 있다. 결국 한국인이라면 어려서부터 끊임없이 듣고 자란 이야기이며, 한국인의 문화적 사상이 다수 내재된 작품으로 과거 및 현재 문화를 지도하기에 유의미한 작품이 판소리계열 텍스트이다. 또한 판소리계열 텍스트는 문화의 근본이 되어 그 중요성이 매우 높지만 비가시적이어서 교육이 어려운 정신 문화를 서사 속에 담고 있어 문화 교육적 활용이 매우 유용한 텍스트이다. 특히 판소리계열 텍스트에는 인간관계의 다양한 모습이 내재되어 있어 인간관계에 관련된 문화를 교육하기에 적절하다. 앞장의 논의들을 통해 <심청전>과 <춘향전>, <흥부전>, <옹고집전>의 4가지 판소리계열 텍스트를 통시적, 공시적으로 활용한 문화 교육 요소 및 방안을 제시하였다.

먼저 <심청전>은 드라마 <심청의 귀환>과의 비교를 통해 부녀관계 문화 요소를 문화 교육의 내용으로 선정하였다. 효, 부녀관계, 부부관계, 가족생활 등의 한국어 문화 교육 요소를 확인하였다. 다음으로 <춘향전>은 드라마 <쾌걸춘향>과의 비교를 통해 연인관계 문화 요소를 문화 교육의 내용으로 선정하였다. 절개, 여성상, 사회상 등의 한국어 문화 교육 요소를 확인하였다. <흥부전>은 몽골의 <박타는 처녀>설화와의 비교를 통해 형제관계 문화 요소를 문화 교육의 내용으로 선정하고, 인과응보, 권선징악, 우애, 사회상 등의 한국어 문화 교육 요소를 확인하였으며, <옹고집전>은 만주족의 <부처가 괴팍한 할아버지를 인도하다>와의 비교를 통해 이웃관계 문화 요소를 문화 교육의 내용으로 선정하고, 공동체 의식, 사회 나눔 의식, 사회 기부 문화, 종교 의식 등의 한국어 문화 교육 요소를 확인하였다.

좀 더 다양한 교육 방안 제시가 이루어지지 못한 점, 세밀한 교수법의 부족 등은 아쉬움으로 남는다. 향후 연구를 통해 판소리계열 텍스트를 활용한 다양한 교수-학습 방안의 자세하고도 다양한 제시에 관한 연구가 이어지기를 바란다.

참고문헌

국립국어원(2011), 「국제통용한국어표준모형개발 2단계」.

김양진, 김수경(2013), 「만문본 <언두리[神]가 들려주는 끝나지 않는 이야기>의 문화 사적 의의」, 『동아시아고대학』32, 동아시아고대학회.

김진세(1997), 『한국고전소설작품론』, 집문당.

김진영(2004), 「왜 판소리가 우리 시대의 화두인가?」, 『인문학연구』 8, 경희대학교 인 문학연구원.

김태준 역주(1995), 『한국고전문학전집 14 흥부전』, 고려대학교 민족문화연구소.

김태준(1939), 『조선 소설사』, 학예사.

류수열(1998), 「판소리에 대한 국어교육적 접근-<홍보가를 중심으로>-」, 『판소리연구』9.

설성경 역주(1995), 『한국고전문학전집 12 춘향전』, 고려대학교 민족문화연구소.

손예희(2005), 「외국인을 위한 한국 현대시 교육 연구: 이미지를 중심으로」, 서울대 석 사논문.

신명선(2013), 「맥락 관련 문법 교육 내용의 인지적 구체화 방향」, 『국어교육연구』제 32집, 국어교육연구소.

양민정(2008), 「한국어 문화교육과 판소리의 세계와 방안 연구」, 『국제지역연구』 제12 권 제3호.

양민정(2009), 「고전소설을 활용한 한국어교육 방법」, 『국제지역연구』 제7권 제2호.

윤병로(1995), 『한국대표 고전소설선』, 미래문화사.

이상택(1986), 「고전소설의 사회와 인간」, 『한국고전소설』, 계명대 출판부.

이용남 외 역(2005), 『인지심리와 학교학습』, 교육과학사.

이헌홍 외(2012), 『한국 고전문학 강의』, 박이정.

임형택(1969), 「흥부전의 현실성에 관한 연구」, 『문화비평』4호, 아한학회.

장덕순(1955), 「흥부전의 재고」, 『국어국문학』13호, 국어국문학회.

장미영(2005), 「판소리 사설의 디지털서사화 방안」, 『판소리연구』20, 판소리학회.

전규태(1983), 『한국고전문학대전집 1』, 수예사.

정하영 역주(1995), 『한국고전문학전집 13 심청전』, 고려대학교 민족문화연구소.

조도현(2010), 「대중문화 코드로 본 <춘향전>의 현대적 변이-드라마 <쾌걸 춘향>을 중심으로-」, 『한국언어문학』 72, 한국언어문학회.

조동일(1969), 「흥부전의 양면성」, 『계명논총』5집, 계명대출판부.

차용준(2000), 『전통문화의 이해 제7권 한국인의 전통 사상 편』, 전주대학교출판부.

최동권 외(2012), 『언두리가 들려주는 끝나지 않는 이야기』, 박문사.

최운식(1982), 『심청전연구』, 서울: 집문당.

판소리학회(2010), 『판소리의 세계』, 문학과 지성사.

한국고소설학회(2005), 『고전소설 교육의 과제와 방향』, 도서출판 월인.

2007년 개정 국어과 교육과정.

드라마 <심청의 귀환> 기획의도.

(http://www.kbs.co.kr/drama/special/simchung/plan/plan.html)

드라마 <심청의 귀환> 방송보기.

(http://www.kbs.co.kr/drama/special/simchung/view/view.html)

Cummins, J.(1980), "The cross-lingual dimensions of language proficiency", *TESOL Quarterly* 14.

Edward Hall(1976), Byond Culture, 최효선 역(2000), 『문화를 넘어서』, 한길사.

Levine, D.R. & Adelman, M.B.(1982), *Beyond language-intercultural communication for English as a second language*, Prentice-Hall.

Halliday, M.A.K and Hasan, R.(1989), *Language, Context, and Text: aspects of language in a social-semiotic perspective*, Oxford University Press.

제3부 설화 텍스트를 활용한 한국어 문화 교육

제1장 설화 〈나무꾼과 선녀〉 텍스트를 활용한 한국어 문화 교육

1. 서론

한국어에 대한 수요가 시간이 지날수록 늘고 있다. 윤여탁[118]은 지난 몇 년 사이 외국어로서의 한국어 교육에 대한 관심이 양적, 질적인 측면에서 비약적으로 발전하였다고 논의하고 있는데, 그 대표적인 예로 각 대학의 변화를 들고 있다. 많은 대학에서 한국어 지도자 과정이나 교육 대학원 신설에 이어, 정규 대학원 과정에 석·박사 과정이 개설되어 이에 대한 학문적 연구가 본격화되고 있다는 것이다. 또한 지난 40여 년 동안 상업적인 목적으로 이루어졌던 생활 한국어 교육의 수준을 넘어, 한국어 교육에 대한 본격적인 학문적 연구와 교육 전문가 양성을 위한 제도적 장치를 마련하게 되었으며, 이를 통하여 한국어 교육 이론 및 교

---

* 제3부 제1장의 논의는 필자의 석사학위 논문인 김미진(2009), 「설화를 통한 한국어 문화 교육 연구」와 이를 요약한 논문인 김미진(2009), 「설화를 통한 한국어 문화 교육 연구」, 『교과 교육 연구』1, 전북대학교 교과 교육 연구소의 내용을 수정하여 정리한 내용이다.

118) 윤여탁(2002), 「한국어 문화교수 학습론」, 『21세기 한국어교육학의 현황과 과제』, 서울: 한국문화사, 191면

하지만 한국어 교육의 실상을 들여다보면 기능주의 즉, 듣기 말하기 읽기 쓰기 4영역에 치중하여 교육이 이루어지고 있다. 사실 이러한 영역들이 중요하지 않다는 것은 아니다. 그렇지만 이러한 영역들 못지않게 중요한 것이 바로 문화 교육이다. 한국어를 배운 학생들은 한국어를 통해 한국을 배우고 느낄 것이며 더 나아가 본국에 돌아가 한국을 전달하는 전달자가 될 수 있기 때문이다. 또한 언어와 문화의 관계를 살펴보아도 문화 교육의 중요성은 의심할 여지가 없다. 언어는 그 나라의 문화를 바탕으로 형성되고 변화되기 때문이다. 다문화 시대가 된 요즘, 우리는 주변에서 한국어를 학습하는 외국 학생들을 자주 볼 수 있다. 이들이 우리의 문화를 잘 모르는 상태에서 행하는 행동을 보며 우리는 그들이 예의가 없다, 자기중심적이다 라는 등의 느낌을 받은 경험이 있을 것이다. 이러한 행동들은 대부분 문화적인 부분을 이해하고 학습하지 못한 결과라고 볼 수 있다. 즉 문화적인 측면을 이해하고 못하고 행동을 하게 되면 그 사회 구성원들에게 불쾌감을 줄 수 있으며 이러한 행동을 통해 그 사회에 제대로 적응하지 못하는 부정적인 결과를 초래할 수 있다.

결국 이러한 상황으로 볼 때 외국인의 한국어 교육에서 한국문화 교육은 매우 중요한 부분이다. 하지만 현재 한국문화 교육은 문화체험이라는 이름하에 몇 시간의 체험 교육으로 대체되거나 아주 일반적인 부분에서 문화적 맥락은 삭제된 채 주입식 전달의 형태로만 이루어지고 있다. 이는 학습자에게 의미 있는 문화 교육이라 할 수 없다. 특히나 문화적인 요소가 많이 반영되는 관용어, 속담 등은 문화적인 요소를 맥락적으로 이해하지 못하면 의사소통이 제대로 이루어질 수 없다. 그러나 문화 교육의 부재로 인하여 관용어나 속담 등의 교육은 지식 전달식으로만 이루어지고 있어, 외국인 학생들에게 문화적인 부분에서 그다지 교육적으로 다가가지 못하고 있는 실정이다. 오히려 암기해야 하는 지식으로 여겨져 부담을 유발하여 결국 한국어 교육에 대한 반감으로 작용하는 부작용을 일으키고 있다. 이러한 문제점을 해결하기 위해 좀 더 체계적이고 구체적인 한국문화 교육이 필요하다.

언어의 기능적인 부분과 문화적인 부분을 융합하여 교육이 이루어진다면 한국어 교육의 수요자인 외국인 학생들에게 한국어를 다각적이며 효율적으로 교육할 수 있을 것이다. 그 방안 중의 하나가 바로 본 장에서 논하고자 하는 설화를 통한 한국어 문화 교육이다. 설화 즉, 고전문학에는 우리 민족의 정서나 문화가 충분히 녹아들어 있기 때문이다. 그러나 한국어 교육에서 고전문학 텍스트의 활용은 거의 이루어지지 않고 있다. 그 원인[119]은 여러 측면에서 다음과 같이 논의되고 있다. 먼저 한국어 문법교육의 측면에서 구조적 복잡함, 고어 문장의 난해함과 생경함 등이다. 다음으로 어휘 교육 측면에서 고전어, 한자어의 어려움이다. 또한 실용적 목적 측면에서 취직이나 관광 등의 실용적 목적을 가진 학습자에게 즉각적인 효과를 발휘할 수 있는 텍스트가 아니라는 점이다. 끝으로 문화적 관점 측면에서 중세적 한국인들의 낯설고 독특한 문화가 현실감과는 거리가 있게 느껴진다는 점이다. 결국 고전문학은 내용 자체도 어려우며, 실생활에 활용하기도 어렵다는 인식이 기능주의 즉, 듣고 말하고 읽고 쓰는 부분만을 강조하는 교육환경과 맞물려 한국어 교육에서 고전문학의 활용은 거의 전무하거나 아주 일부분만을 발췌하여 활용하는 정도에 그칠 뿐이었다.

그러나 앞서 논의된 활용의 어려움들은 한국어 문화 교육연구자, 한국어 문학 교육 연구자들의 도움을 통해 해결 가능한 부분들이다. 즉, 원전

---

119) 양민정(2005), 「외국인을 위한 한국문화 교육 방안 연구-한국 고전문학을 중심으로」, 한국외국어대학교 외국학종합연구센터, 105면

으로 인해 학습에 어려움이 생긴다면 텍스트에 관한 서지적 이해 및 판단, 텍스트 언어의 해독 등은 연구자의 도움을 받을 수 있으며, 작품과 관련된 사회적 문화적 요인, 환경 및 작자에 관한 이해 등도 문화교육 연구자의 도움을 통해 해결 가능하다.[120] 그러나 현재 문화 교육에서는 현장 교사들에게 도움을 줄 수 있는 고전 작품의 교육적 연구가 거의 전무한 상태이다. 결국 진정한 문화 교육을 위해서는 연구자들의 연구가 활발하게 이루어져야 하며, 교사 역시 고전 문학 작품을 해석의 어려움으로 치부하여 그 교육적 유용함 놓쳐서는 안 될 것이다.

그렇다면 이러한 고전문학 작품을 통해 어떻게 한국문화를 교육할 것인가? 이러한 한국문화 교육의 방안으로 고전 즉, 설화나 고전소설 또는 전래동화에 이르기까지의 고전들의 내용을 바탕으로 문화적인 요소를 함께 확인하며 문화교육을 하는 방안을 생각해 볼 수 있다. 또한 자국의 이야기들과 비슷한 이야기들을 비교하여 어떤 점이 문화적으로 다르며 비슷한 점은 무엇인지 느끼며 문화를 접해가는 방법들을 들 수 있다. 본 장에서는 현재까지 많은 연구가 되지는 않았지만 연구된 고전문학을 통한 한국문화 교육 방안을 좀 더 알아보고 그 외에 교육에 활용할 수 있는 방안들에는 어떤 것이 있는지 논의하고자 한다. 특히 고전문학 중에서도 설화를 통해 한국문화와 기능교육 부분을 함께 접목시켜 교육하는 방안에 대해 알아보고자 한다.

2. 설화 자료에 나타난 한국어 문화 및 교육적 가치

고전문학교육의 중요성에 대한 논의는 여러 학자들에 의해 다양하게

___
120) 한창훈(2009), 『고전문학과 교육의 다각적 해석』 도서출판 역락, 19면

이루어지고 있다. 먼저 양민정[121]은 한국문화 교육에 있어서 고전문학의 활용은 적극적 의의를 확보할 충분한 내실을 갖추고 있다고 논의한다. 그 근거의 첫째는, 한국어에 대한 단순한 문법, 어휘 등의 언어적 구사로 인한 의사소통 능력을 넘어서 한국 문화의 이해 및 다양하고 심도 있는 한국어의 습득과 구사라는 양 축을 다 이룰 수 있는 효과적 텍스트라는 점이다. 둘째는, 외국인 학습자들에게 학습의 흥미와 사고력, 자국 문학과의 대비 능력, 나아가 자국의 문화와의 대비 능력 등을 키워 줄 수 있는 데에도 효과적이라는 점이다. 또한 김종철[122]은 외국인을 위한 한국어 교육에서 고전문학 교육의 중요성을 세 가지로 논의한다. 첫째, 한국어의 역사에서 그 정수적 표현을 얻은 것은 고전문학이며, 그러한 표현은 오늘날의 한국어에도 이어지고 있다는 점에서 고전문학은 한국어 교육의 중요한 교재가 된다는 점이다. 둘째, 한국인의 언어 생활사에서 삶과 세계를 인식하는 틀과 지향하는 가치를 가장 잘 표현한 것이 고전문학이며, 이에 대한 학습을 통해 한국인의 사고방식과 가치관을 잘 알 수 있고 그것의 능력을 기를 수 있다는 점이다. 셋째, 한국의 고전문학은 인류사에서 한국인이 성취한 고전으로 한국어로 이루어진 고전을 배우는 것은 한국문화가 세계문화의 일원으로서 이룬 최고의 성과를 이해하는 것이라는 점이다. 이처럼 문화교육은 '한국 문화의 특징을 드러내는 작품'을 가르침으로써 '문학 속에 나타난 그 사회의 문화를 이해하는 데 도움'이 되는 방향으로 이루어져야 한다.[123] 결국 한국문화를 교육할 때 가장 유용하게

---

121) 양민정(2005), 「외국인을 위한 한국문화 교육 방안 연구-한국 고전문학을 중심으로」, 한국외국어대학교 외국학종합연구센터, 105-106면

122) 김종철(2002), 「한국 고전문학과 한국어교육」, 『한국어교육』 I. 서울대 사범대학 외국인을 위한 한국어교육 지도자 과정

123) 윤여탁(2002), 「한국어 문화교수 학습론」, 『21세기 한국어교육학의 현황과 과제』, 서울: 한국문화사, 204-205면

적용될 수 있는 텍스트는 고전문학 작품들이라고 할 수 있다.

고전문학 작품들 가운데 설화는 민족적 집단의 공동생활 속에서 공동의 심성에 의하여 자연 발생적으로 형성된 구전문학으로, 그 속에는 민중의 사상·감정·풍습과 가치관 및 세계관이 투영되어 있다. 설화는 우리 조상들이 생활 속에서 향유해 온 문학이다. 따라서 설화는 민중 사이에 널리 전파·전승되어 오면서 민족적 정서 함양과 가치관, 인생관이나 세계관 확립에 지대(至大)한 영향을 끼쳐 왔다.124) 따라서 민중의 문화가 풍부하게 녹아있는 장르가 바로 설화이다. 설화가 가진 특징들로 인해 설화는 문화교육의 좋은 자료가 될 수 있다. 즉, 한국어 교육에 있어서 언어교육과 함께 문화교육을 하기에 적절한 텍스트인 것이다. 설화를 통한 한국어 교육에서 기대되는 효과를 이성희125)는 다음과 같이 제시한다.

① 한국인의 심성 이해
② 역사·문화적 어휘 이해
③ 관습·미덕·예의범절 이해
④ 관련 속담, 관용 어구를 통한 어휘 확장
⑤ 이야기의 힘(흥미)을 이용한 학습 효과
⑥ 우리 문화를 세계에 알리기

이 가운데 한국인의 심성 이해 효과와 관습·미덕·예의범절 이해 효과에 대한 그의 논의를 좀 자세히 살펴보면 설화 속에는 한국인의 꿈과 낭만, 생활 속에서 얻은 생활의 지혜나 교훈, 역경을 이겨내는 힘과 용기, 신념 등이 녹아있어 이를 공부하게 되면 자연스럽게 한국인의 정신, 생활, 관습, 심성 등을 이해할 수 있게 된다는 것이다. 또한 설화에는 한국

---

124) 최운식 외(2002), 「설화의 이해와 교육」, 『설화·고소설 교육론』, 민속원, 3면
125) 이성희(1999), 「설화를 통한 한국어 문화 교육 방안」, 국제한국어교육학회 한국어교육

인의 전통적 관습, 가치관 등이 잘 반영되어 있어 다른 장르에 비해 한국인만의 특성, 가치관, 생활 습관 등을 잘 배울 수 있을 것으로 보고 있다. 특히 한국의 설화에는 예의범절에 관련된 내용이 많이 등장한다. 이는 한국의 문화적 특수성과 연관된다. 현재까지 전해지고 있는 어른 공경사상, 효사상이 과거부터 전통적으로 이어져 오고 있으며 한국인들의 공통된 심성의 바탕으로 볼 수 있는 것이다. 따라서 문화가 담긴 설화를 학습함으로써 자연스럽게 한국인의 웃어른 공경사상이나 효사상 등을 이해할 수 있게 될 것이다. 이러한 전통은 현대 사회에서 버스나 지하철에서 웃어른께 자리 양보하기, 부모님을 모시고 사는 풍습 등으로 이어지고 있고 존대법과 겸양법이 지켜지고 있는 양상을 설화 속의 사상을 통해 설명한다면 좀 더 쉽게 한국 문화를 이해할 수 있을 것이라 그는 논의한다. 결국 문화적 특성을 지닌 설화를 통해 한국 사회, 그리고 한국인의 마음속에 보편적으로 남아있는 문화적 특성을 지도한다면 문화 교육의 효과는 극대화 될 수 있을 것으로 기대된다.

설화의 교육적 성격126)에 대한 논의는 다음과 같다.

첫째, 설화는 상상력의 소산이므로 설화의 청자나 독자는 이를 통하여 상상력을 기를 수 있다.

둘째, 설화는 말로 표현된 것이므로 청자나 독자는 이를 통하여 언어 능력을 기를 수 있다. 특히 설화는 구연을 통하여 전달되는 경우가 많으므로 말하기, 듣기, 능력 신장에 중요한 몫을 한다.

섯째, 설화 속에서 우리 조상들이 겪어 온 삶의 다양한 체험, 사상, 감정, 지혜, 용기, 가치관 등이 용해되어 있다.

넷째, 설화는 청자나 독자들에게 흥미를 불러 일으켜 즐거움을 주면서 동시에 교훈을 준다.

다섯째, 설화 속에는 우리 조상들의 풍습·습관·생활·사상·신앙

---

126) 최운식 외(2002), 「설화의 이해와 교육」, 『설화·고소설 교육론』, 민속원, 36면

등이 녹아 있고, 우리 조상들의 꿋꿋한 힘과 슬기·빛나는 지혜·소박
한 꿈 등이 용해되어 있으므로 설화의 청자나 독자는 이를 통하여 전통
문화를 계승·발전시켜 나갈 수 있을 것이다.

　여섯째, 설화는 구연을 통하여 전달되는 경우가 많은데, 구연은 화자
와 청자의 대면이 필수적이다. 따라서 서로 설화를 주고받으며 사랑과
인정을 체감하게 된다.

　이러한 설화의 교육적 성격 중에서 둘째, 셋째, 넷째, 다섯째 성격은
한국어 교육에도 적용이 가능하다. 특히 셋째와 다섯째는 본 논문에서
논하고자하는 교육적 성격과 밀접하게 연관된다. 이렇게 한국인의 보편
적인 문화적 특성을 학습하게 된다면 의사소통 속에 담겨있는 문화적 맥
락을 제대로 이해하게 되어 보다 완벽한 의사소통 기능을 구사하는 것은
물론 한국의 문화적 특성을 전달하는 전달자의 역할까지 제대로 수행할
수 있는 바탕이 될 것이다. 따라서 고전문학 장르 중에서도 한국의 문화
적 특성을 잘 나타낼 수 있는 설화를 활용하여 문화교육을 실시한다면
외국인들에게 보다 의미 있는 교육을 행할 수 있을 것이다.

3. 설화 <나무꾼과 선녀> 텍스트를 활용한 한국어 문화 교육 방안

3.1. 설화 <나무꾼과 선녀>의 나라별 내용 비교

　설화 <나무꾼과 선녀>는 호주를 제외한 전 세계에 널리 분포되어 있
는 이야기이다. 한국에서는 나무꾼과 선녀, 선녀와 나무꾼, 노루와 나무
꾼, 사슴을 구해 준 총각, 선녀의 깃옷, 수탉의 유래, 닭이 높은 데서 우
는 유래, 은혜 갚은 쥐, 쥐에게 은혜 베풀어 옥황상제 사위된 이야기, 금

강산 선녀 설화, 나무꾼의 실수, 고양이 나라의 옥새, 은혜 갚은 짐승들, 쥐의 도움으로 선녀와 혼인한 머슴, 노루와 초동, 다시 찾은 옥새 등으로 전해지고 있다.[127] 그 중 가장 널리 알려진 이름이 <나무꾼과 선녀>이며, 이 텍스트에서 주동적인 역할을 하는 것은 나무꾼과 선녀이므로 본 장에서는 이 텍스트를 <나무꾼과 선녀>로 부르고자 한다. <나무꾼과 선녀> 텍스트는 중국에서는 곡녀전설, 일본에서는 우의전설로 불리고 있으며[128], 서구에서는 백조처녀로 불리며 전해지고 있다.[129] 또한 말레이시아, 보르네오, 몽골, 독일, 메소포타미아 등의 나라들에서도 유사한 이야기가 전해지고 있다.

전 세계적으로 널리 분포한 설화 <나무꾼과 선녀> 텍스트는 이야기 속의 큰 틀은 유사하나, 각각의 나라의 문화성과 사회성에 따라 이야기마다 각각의 특수성을 보이고 있다. 설화는 시간적, 공간적으로 끊임없는 변화를 보이는데 이 변화에는 몇 가지 법칙[130]이 존재한다. 첫째, 일반 심리적 조건에 의한 변화이다. 텍스트 전달이 이루어질 때 전체를 전달하는 것이 아니라 기본 중심 내용에 변화시킨 세부 내용을 결합하여 전달하기 때문에 변화가 생긴다. 둘째, 문화적 조건에 의한 변화이다. 문화적 조건은 종교, 가족제도나 사회제도, 생산·경제 양식, 다른 문화와의 접촉이다. 셋째, 자연 환경에 따른 변화이다. 여러 텍스트들이 그 전달 지역의 환경에 따라 변화를 보인다. 넷째, 민족 공동의식의 변화에 따른

---

127) 최운식·김기창(1998), 『전래동화 교육의 이론과 실제』, 집문당, 154면

128) 최상수(1957), 「백조처녀설화의 비교연구」, 민속학보 제2집, 3면
   손진태(1954), 『조선민족설화의 연구』, 서울:을유문화사, 193면
   권영철(1969), 「금강산 선녀 설화 연구」, 효성여대 연구논문집 제1집 대구:효성여대, 165면

129) A. Aarne·S. Thompson(1964), *The Types of Folktale*, Helsinki: Suomalainen Tiedeakatemia Academia Scientiarrum Fennica

130) 최운식·김기창(1998), 『전래동화 교육의 이론과 실제』, 집문당, 291-294면

변화이다. 다섯째, 화자와 청자에 의한 변화이다. 결국 나라별로 다른 문화적 조건, 자연 환경, 민족 공동의식 등이 텍스트의 변화를 가져오며 이는 결국 나라별 특수성으로 드러나게 되는 것이다. 이 특수성으로 인해 우리는 나라별로 문화성 또는 사회성의 비교가 가능하며, 이는 한국어 문화 교육에 활용할 수 있다. 이 점에 착안하여 본 장에서는 설화를 통한 한국어 문화 교육 방안을 알아보고자 한다.

먼저 한국의 설화 <나무꾼과 선녀> 텍스트의 줄거리는 크게 4가지 유형131)으로 나뉘는데 기본형과 승천담 탈락형(변이형Ⅰ), 혼사장애, 극복담 첨가형(변이형Ⅱ), 지상회귀담 첨가형(변이형Ⅲ)으로 나눌 수 있다. 본 장에서는 한국적 특수성이 가장 잘 드러나 있으며, 널리 전해지고 있는 지상회귀담 첨가형(변이형Ⅲ)를 논하고자 하며, 그 줄거리는 다음과 같다.

가. 가난한 나무꾼이 어머니와 함께 살았다.
나1. 그는 포수에게 쫓기는 사슴(또는 노루)을 숨겨 구해 주었다.
나2. 사슴은 은혜를 갚으려는 뜻에서 나무꾼에게 산 속 연못에서 목욕하는 선녀의 옷을 감춰 그녀와 결혼하고, '아기 셋을 낳기 전에는 선녀의 옷을 돌려주지 말라.'(금기Ⅰ)고 하였다.
나3. 나무꾼은 사슴의 말대로 하여 선녀와 결혼하여 행복하게 살면서 아들 둘을 두었다.
다. 아들을 둘이나 두었으니 괜찮으리라고 생각한 나무꾼이 선녀의 요청대로 날개옷을 돌려주자, 선녀는 아들 둘을 데리고 하늘로 올라갔다.
라. 실의에 빠졌던 나무꾼이 다시 사슴을 만나 그간의 일을 이야기하자, 사슴은 나무꾼에게 선녀들이 목욕물을 떠올리는 두레박을 타고 하늘로 올라가 보라고 하였다. 나무꾼은 그 말대로 하여 하늘에 올라가 처자를 만났다.
마. 하늘나라에 간 나무꾼은 장인·장모 또는, 처형·동서가 부과하

---

131) 최운식·김기창(1998), 『전래동화 교육의 이론과 실제』, 집문당, 300-301면

는 시험을 통과해야 했다.

바. 나무꾼은 아내 또는 전에 돌봐 준 쥐의 도움으로 난제를 해결하
　고 처자와 함께 잘 살았다.

사. 하늘나라에서 선녀와 함께 행복하게 살던 나무꾼은 고향이 그리
　워 병이 날 지경이었다.

아. 나무꾼은 선녀가 주는 천마 또는 용마를 타고 지상으로 내려와
　어머니를 만났다.

자. 나무꾼은 선녀가 말한 '절대로 말에서 내리지 말라.' 또는, '절대로
　호박죽을 먹지 말라.'는 금기(금기Ⅱ)를 지키지 않았으므로 다시
　하늘로 올라가지 못하고 수탉이 되어 하늘을 쳐다보며 울고 있다.

일본에서는 이 이야기를 우의설화라고 하는데 그 줄거리는 다음과 같
다.132)

가. 한 남자가 있었다.

나. 목욕하는 선녀의 옷을 감춰 그녀와 결혼했다.

다. 10년 후, 딸이 부르는 노래 가사에서 날개옷이 있는 곳을 알아,
　찾아 입고 하늘로 날아가 버렸다.

중국에서 전해지는 백조처녀 이야기는 선녀가 나타나기도 하고 조류
로 나타나기도 한다. 먼저 조류로 나타나는 줄거리는 다음과 같다.133)

가. 한 남자가 있었다.

나. 밭 가운데 나타난 새 한 마리의 모의를 감추고 그녀를 데려다 아
　내를 삼고 딸 셋을 낳았다.

다. 딸을 시켜 남편에게 물어서 모의(毛衣)가 있는 곳을 알아내고, 꺼
　내 입고 날아갔다.

라. 뒤에 모의를 가지고 와 세 딸도 데려갔다.

---

132) 김인환 번역(1984), 선녀의 날개옷, 『일본민화집』, 서울:창작과비평사, 108-111면
133) 최남선(1983), 『조선의 신화와 전설』, 서울:홍성사, 81면

다음으로 선녀의 모습으로 나타나는 줄거리는 다음과 같다.134)

가. 가난한 소작인이 있었다.
나1. 그는 예쁜 아가씨의 금비녀를 찾아 주었다.
나2. 그가 풀베기를 마치고 먹을 수수떡을 사슴이 나타나 몰래 먹는
일이 여러 번 생겼다.
나3. 사슴은 은혜를 갚으려는 뜻에서 그에게 샘에 목욕하러 오는 선
녀의 날개옷을 감춰 그녀와 결혼하라고 했는데, 그 여자는 전에
금비녀를 찾아 준 아가씨였다.
다. 부부가 된 이들은 행복하게 살았다.

말레이시아에서 전해지는 이야기의 줄거리는 다음과 같다.135)

가. 반달 무알왕의 아들인 말림 데만이 있었다.
나1. 꿈 속에서 산 속 선녀의 집에 나타날 한 여자와 결혼하라는 계
시를 받았다.
나2. 선녀들이 목욕할 때 우의 하나를 훔쳐, 그 여자와 결혼하여 행
복하게 살았다.
다. 왕자가 예쁜 시녀에게 반하게 되자, 선녀는 숨겨둔 우의를 찾아
입고 두 아이를 데리고 하늘로 올라갔다.
라. 왕자는 크게 후회하고, 하늘로 올라가 처자를 만나 다시 행복하
게 살았다.

보르네오에서 전해지는 이야기의 줄거리는 다음과 같다.136)

가. 한 젊은이가 살았다.
나1. 사냥을 나섰을 때, 개미가 발목을 물어, 죽이려니까 행복을 갖다

---

134) 민영 번역(1983), 옥으로 된 사슴, 『중국 민화집』 1, 서울:창작과비평사, 136-146면
135) 정영립(1985), 하늘 나라 공주와의 사랑, 『말레이시아 민화집』, 서울:창작과비평사, 210-
220면
136) 성기열(1979), 『한·일 민담의 비교연구』, 서울:일조각, 129-130면 재인용

주겠다고 하여 살려 주었다(새, 멧돼지, 원숭이, 물고기도 모두 살려 줌).

나2. 개울가에서 목욕하던 한 선녀의 옷을 훔쳐 그를 아내로 삼았다.

다. 두 아들을 두었고 그들이 열 살 되었을 때, 선녀는 깃옷을 찾아 입고 하늘로 올라갔다.

라. 젊은이는 배 한 척을 지어 아들과 함께 바다로 나가 수평선 너머 하늘로 가서 선녀의 집을 찾았다.

마. 장모가 젊은이에게 어려운 과제를 부과했다.

바. 개미, 멧돼지, 물고기, 원숭이들이 도와 주어 해결하고 결혼하였다.

사. 젊은이만 지상으로 내려왔다.

몽골에서 전해지는 이야기의 줄거리는 다음과 같다.[137]

가. 한 사냥꾼이 있었다.

나1. 사냥하던 중 호수에서 목욕하던 백조의 깃털을 감춰 그녀를 아내로 삼았다.

나2. 여섯 명의 아이를 낳으며 행복하게 살았다.

다1. 선녀가 강한 소주를 빚어 사냥꾼을 취하게 한 후, 깃옷을 다시 돌려받았다.

다2. 백조로 변하여 굴뚝을 통해 날아갔다.

독일에서 전해지는 이야기의 줄거리는 다음과 같다.[138]

가. 아내를 잃은 한 사냥꾼이 있었다.

나. 어느 은자(隱者)의 위로하는 말을 좇아 지반(池畔)에서 목욕하는 백조의 옷을 감춰 그녀와 결혼했다.

다. 사냥꾼이 우의를 감추어 둔 다락방을 열어둔 채 외출하여 아내가 우의를 입고 사라졌다.

137) Jeremiak curtin(1909), *A Journey in Southern Siberia*, New York
138) 권영철(1965),「금강산 선녀설화연구」,『효성여대 연구논문집』, 대구:효성여대, 175면

메소포타미아에서 전해지는 이야기의 줄거리는 다음과 같다.139)

가. 한 소년이 있었다.
나1. 마술사의 꾀임에 **빠져** 집을 나가 갖가지 모험 끝에 궁중에서 비
　　밀의 방 열쇠를 맡아 보게 되었다.
나2. 그 문을 열어 백조가 호수에서 목욕하는 것을 보고, 우의를 감
　　춰 그와 결혼하였다.
다. 소년이 집을 비운 사이에 공주는 시어머니를 꾀어 우의를 찾아
　　입고 두 아이를 끼고 하늘로 올라갔다.

이렇게 설화 <나무꾼과 선녀>는 전 세계적으로 널리 분포되어 있음
을 알 수 있다. 하지만 나무꾼과 선녀의 신분을 초월한 사랑 이야기라는
전체적인 내용의 큰 틀은 유사하나, 모든 내용이 똑같이 분포되어 있는
것이 아니라 나라별로 나라의 특수성에 따라 조금씩 내용이 변화되어 전
승되고 있음을 확인해 볼 수 있다. 한국에서 전해지고 있는 텍스트의 특
수성140)을 살펴보면 먼저 지리적인 측면에서 차이를 보이고 있다. 또한
신선사상·자연숭배사상·토템사상 등의 민속사상이 등장하며, 동물 보
은담, 나무꾼의 인정이 많은 심성, 선녀승천 시 자녀 동행 여부에 나타난
모성애, 승천방법으로 활용된 두레박, 지상회귀에 나타난 효 사상 등의
특수적인 내용이 등장하고 있다. 이러한 공통점과 차이점을 통해 인류
공통의 보편성과 한국의 문화적 특수성을 찾아낼 수 있으며, 이를 문화
교육에 활용한다면 그 효과는 상당할 것으로 기대된다. 즉, 전 세계적으
로 신분을 초월한 사랑 이야기가 공통적으로 전해지고 있다는 공통점을
통해 인류가 보편적인 감정을 공유하고 있다는 점을 확인할 수 있으며
이를 통해 외국의 문화가 낯설기만 한 것이 아니라는 것 확인할 수 있게

---

139) 최운식·김기창(1998), 『전래동화 교육의 이론과 실제』, 집문당, 306면
140) 최운식·김기창(1998), 『전래동화 교육의 이론과 실제』, 집문당, 306-313면

된다. 이는 결국 낯선 문화의 극복에 도움이 된다. 그 결과 언어 교육의 효과를 높일 수 있다. 또한 앞서 논의한 한국의 문화적 특수성을 교육에 활용하면 한국어를 배우는 학생들에게 유용한 문화 교육이 될 수 있을 것이다.

3.2. 설화 <나무꾼과 선녀>의 한국어 문화 교육 요소 및 방안

전 세계적으로 분포되어 있는 <나무꾼과 선녀>설화는 앞에서 살펴보았듯이 나라마다 모두 동일한 내용으로 전승되는 것은 아니다. 즉, 나라마다 그 나라의 문화적 특수성 또는 사회적 특수성이 이야기에 반영되어 이야기가 변화하여 전승되고 있다. 즉, 설화는 그 설화가 전해지는 민족의 오랜 공통적 사상과 문화가 담겨있기 마련이다. 따라서 나라마다 전해지는 설화를 통해 그 나라의 문화적, 사회적 특수성을 살펴볼 수 있는 것이다.

이러한 점에서 전 세계적으로 널리 퍼져있는 나무꾼과 선녀 설화는 문화 교육에 적절한 소재로 채택할 수 있는 것이다. 자신의 나라에 전해지는 나무꾼과 선녀 설화와 한국에 전해지고 있는 나무꾼과 선녀 설화의 내용을 비교해 봄으로써 한국의 문화적 특수성을 좀 더 쉽게 이해할 수 있기 때문이다. 나무꾼과 선녀 설화에 등장하는 한국의 특수성 가운데 한국어 문화 교육에 활용 가능한 특수성은 다음과 같이 여섯 가지로 정리해 볼 수 있다.

첫째, 공간적 배경에서 차이가 있다. 공간적 배경은 이야기가 전해지는 각 나라의 지리적 특색이 잘 드러난다. 산지가 많은 한국은 산 속의 연못으로, 섬나라인 일본은 바닷가로, 대륙인 중국은 밭으로 공간적 배경이 형성되어 있다.[141] 또한 이야기 속의 주인공의 직업이 우리나라에서만 나무꾼으로 등장하는 점에서도 역시 산지가 많은 우리나라의 특색이 반영된 것으로 생각해 볼 수 있다. 이러한 점을 착안하여 문화 교육의 요소로 우리나라의 여러 명산을 꼽을 수 있다. 따라서 수업을 진행하며 우리나라의 명산을 시각적으로 제시해 주며 소개하고 또한 학생들에게 자국의 명산을 소개하는 수업을 하게 되면 문화 교육과 함께 듣고 말하는 의사소통 기능까지 지도가 가능할 것이다. 수업에 활용 가능한 구체적 방안을 제시하면 다음과 같다.

① <나무꾼과 선녀> 설화 속 나라별 지역 특성을 찾아 비교하고 토의하도록 한다.
② 한국의 문화적 특성인 산을 활용하여 친구에게 한국의 명산을 소개하는 글을 쓰도록 한다.
③ 연못과 관련된 다른 설화를 찾아 비교하는 수업을 통해 한국의 연못에 담긴 문화적 특성을 이해하도록 한다.

둘째, 선녀의 등장이다. <나무꾼과 선녀> 설화뿐만 아니라 우리나라의 다른 설화 속에도 선녀의 등장은 빈번하다. 이러한 선녀의 등장은 우리나라의 신선사상이 반영된 것으로 볼 수 있다.[142] 이러한 신선사상, 자연숭배사상, 토템 사상 등의 사상은 우리 민속 생활 속에 뿌리 깊게 자리 잡고 있다. 이렇게 자리 잡은 사상들의 영향으로 하늘이나 달, 나무 등에 소원을 빌거나 여러 민속제를 행하는 우리 민속의 문화를 설명할 수 있다. 따라서 이러한 점 역시 문화교육의 대상으로 꼽을 수 있을 것이다. 우리나라에서는 이러한 무속신앙이나 민속제등을 쉽게 접할 수 있다. 예를 들어 등산을 하게 되면 곳곳마다 놓은 돌탑들을 볼 수 있다. 이러한 돌탑들 역시 무속신앙으로 볼 수 있으며 마을 어귀에 있는 큰 나무가 마을을 지켜준다는 신앙들 역시 무속신앙으로 볼 수 있을 것이다. 이처럼

141) 최운식·김기창(1998), 『전래동화 교육의 이론과 실제』, 집문당, 306면
142) 최운식·김기창(1998), 『전래동화 교육의 이론과 실제』, 집문당, 309면

한국인에게 익숙한 문화를 나무꾼과 선녀 설화를 통해 자연스럽게 소개할 수 있다. 또한 문화를 소개하는 정도에서 머무르지 말고 자신의 나라에는 이러한 신앙이 없는지 글로 써서 발표를 하게 하거나 토의를 하게 한다면 말하기, 듣기, 읽기, 쓰기의 네 가지 의사소통기능 역시 함께 교육할 수 있을 것이다. 구체적인 수업 방안을 다음과 같이 제시할 수 있다.

① 신선사상, 자연숭배사상, 토템사상 등의 영향을 받은 민속제를 조사하고 발표하도록 한다.
② 학습자의 나라에도 한국의 무속신앙과 비슷한 것이 있는지 알아보고 그 공통점과 차이점을 글로 써서 서로 논의하도록 한다.
③ 선녀나 그와 관련된 사상이 등장하는 다른 설화를 찾아 서로 비교하고 이러한 문화적 요소를 체득할 수 있도록 한다.

셋째, 동물의 보은담을 비교의 대상으로 볼 수 있다. 보르네오를 제외한 다른 나라들에서는 동물이 등장하지 않는다. 이와 다르게 나무꾼과 선녀의 이야기뿐만 아니라 우리나라의 설화에서는 많은 동물들의 보은담이 전해지고 있다. 이는 우리 민족의 의식 속에는 전통적으로 하찮은 미물이라도 도움을 주게 되면 은혜를 갚는다는 생각이 자리 잡고 있는 것으로 생각해 볼 수 있다. 즉, 이러한 설화를 통해 보은사상 즉, 누군가에게 은혜를 입으면 은혜를 갚도록 노력해야 한다는 생각을 가지게 하려는 의도가 반영되었고 또한 중요하게 여기고 있다는 것을 알 수 있다. 우리나라의 다른 설화들에서도 여러 동물들의 보은이 많이 다루어지는데 이는 모든 만물이 영혼과 정령을 소유하였다는 만물정령 사상과 그것을 숭배하는 의식을 바탕으로 나타난 생명존중의식이 보은의식과 더불어 반영되어 있다고 볼 수 있다. 결국 은혜를 모르는 인간들의 배은망덕함을 깨우치려는 교훈성이 드러나고 있는 것이다.[143] 이러한 보은사상을 문화교육의 대상으로 삼을 수 있다. 즉 한국인들이 이러한 보은사상을 중요하

게 생각한다는 점을 교육하며 학생들의 나라에서는 이러한 보은담과 유
사한 이야기들이 있는지 찾아서 내용을 정리해보고 그것을 서로 발표하
며 토의하는 수업을 이끌어 나간다면 의사소통 기능교육과 문화 교육을
함께 이뤄낼 수 있을 것으로 기대된다. 구체적인 수업 방안을 제시하면
다음과 같다.

> ① 동물 보은담과 유사한 설화가 학습자의 나라에도 있는지 조사하
>   여 그 공통점과 차이점에 대하여 함께 토의하도록 한다.
> ② 동물 보은 사상에 대한 자신의 생각을 글로 써서 발표하도록 한다.
> ③ 한국에서 전해지고 있는 다른 동물 보은 설화를 활용하여 그 내용
>   을 서로 비교하는 수업을 통해 한국 문화 중 하나인 동물 보은담
>   을 이해하도록 한다.

넷째, 나무꾼의 심성을 생각해 볼 수 있다. 여러 나라의 이야기 중에서
날개옷을 선녀에게 나무꾼이 돌려주는 이야기는 우리나라의 이야기에서
만 볼 수 있는 내용이다. 다른 나라의 이야기를 살펴보면 선녀가 찾는 것
이 대부분이다. 하지만 우리나라 이야기에서는 선녀가 나무꾼에게 날개
옷을 요청하자 나무꾼은 그 날개옷을 돌려준다. 이 점에서 나무꾼의 심
성을 생각해 볼 수 있다. 즉, 부인의 청에 못 이겨 금기를 범하면서까지
날개옷을 돌려 준 부분에서 정에 약한 마음이 잘 나타나 있다.144) 이는
우리 민족의 인정에 대해 잘 나타내 주고 있다고 생각해 볼 수 있다. 예
부터 우리 민족은 인정이 많은 민족이다. 즐거운 일은 서로 함께 기뻐해
주고 어려운 일은 도와 해결했다. 마을 공동체를 이루어 서로 농사일을
함께 하고 서로 나누는 모습 역시 인정의 연장선상으로 볼 수 있다. 즉,

---

143) 김문선(2002), 「동물보은 설화의 교육적 의미」, 『설화·고소설 교육론』, 민속원, 182-
    194면
144) 최운식·김기창(1998), 『전래동화 교육의 이론과 실제』, 집문당, 310면

두레나 품앗이 등과 같이 마을에서 다른 집에서 우리 집에 와서 일을 해주면 다른 집에 일이 있을 때 가서 일을 도와주는 것 역시 인정이 많은 우리 민족의 특성으로 볼 수 있기 때문이다. 또한 현재는 많이 사라지고 있기는 하지만 시장에는 이러한 인정의 문화가 남아있다. 시장에서 물건을 살 때 지불한 값보다 덤으로 더 주는 것은 우리 민족의 인정으로 볼 수 있다. 이러한 문화적 특성 역시 문화교육의 대상이 될 수 있다. 학생들에게 자신의 나라에도 이러한 인정과 관련된 풍습이 있는지 서로 소개하고 토의하는 수업을 한다면 기능교육과 문화교육을 조화롭게 이룰 수 있을 것이다. 수업에 활용 가능한 구체적인 방안을 제시하면 다음과 같다.

① 학습자의 나라에도 인정에 관련된 설화가 있는지 조사하고 한국의 인정과 학습자 나라의 인정에 대한 공통점과 차이점을 발표하도록 한다.
② 현재 한국에 남아있는 인정의 풍습을 조사하여 발표하고, 학습자의 나라에도 이러한 문화적 풍습이 있는지에 대하여 함께 논의하여 보도록 한다.
③ 인정과 관련된 다른 설화를 활용하여 인정의 모습의 공통성을 이해하고 한국의 인정 문화를 제대로 이해하도록 한다.

다섯째, 선녀의 승천 시 자녀동행 여부이다. 한국을 비롯해 말레이시아, 보르네오, 메소포타미아에서 전해지는 설화에서는 선녀가 승천 시 아이들을 데리고 하늘나라로 올라간다. 중국에서 전해지는 설화에서는 선녀가 혼자 승천했다가 나중에 다시 자녀를 데려가는 모습을 보인다. 하지만 일본과 몽골에서 전해지는 설화에서는 선녀가 승천 시 아이들을 두고 가는 모습을 보인다. 심지어 아이들이 붙잡는다 하더라도 매정하게 떠나는 모습으로 나타난다. 독일에서 전해지는 설화에서는 이러한 자녀동행여부에 대한 언급이 없다. 이러한 차이는 모성에 대한 인식차이로 생각해 볼 수 있다. 즉, 우리나라 설화에서 선녀가 꼭 아이들을 데리고 승천하는 것은 어머니로서 아이를 버릴 수 없다는 전승집단의 기대 심리가 그대로 반영된 것으로 생각될 수 있다.[145] 더 많은 조사가 필요하겠지만 한국에서 전해지는 거의 대부분의 설화에서 선녀는 자녀를 데리고 함께 승천한다. 이러한 모성에 대한 관념은 현대 한국인들에게도 나타나는 관념이다. 신문이나 뉴스에서 모성이 없이 아이를 방치하거나 학대하는 어머니를 비정한 어머니로 여기며 패륜이라고 생각하는 경우를 예로 들 수 있다. 또한 자녀들의 먹을거리를 하나하나 빠짐없이 챙겨 주려는 우리 어머니들의 모습을 통해서도 모성을 생각해 볼 수 있다. 이러한 모습은 나무꾼과 선녀 설화에서도 나타난다. 즉 지상으로 내려온 나무꾼에게 따뜻한 호박죽을 먹이려는 모습에서 모성애가 나타난다. 이처럼 한국인들에게 모성이라는 문화 관념은 꼭 지켜야하는 것으로 여겨지는 관념으로 생각해 볼 수 있다. 이러한 보편적인 문화 관념을 역시 문화 교육의 내용이 될 수 있다. 즉, 자신들의 나라에서는 모성을 중요하게 여기는지, 모성이 어떤 모습으로 행해지며 나타나는지 등에 대한 내용을 조사하고 토의하는 수업을 한다면 모성의 개념도 익히며 아울러 말하기, 듣기, 읽기, 쓰기기능 교육도 함께 이루어 낼 수 있을 것이다. 그 구체적인 수업 방안을 제시하면 다음과 같다.

① 한국의 <나무꾼과 선녀> 설화에 등장하는 모성 개념이 학습자 나라의 설화에도 등장하는지 조사하고 그 공통점과 차이점을 논의하도록 한다.
② 한국의 <나무꾼과 선녀> 설화에 등장하는 모성에 대하여 자신의 생각을 글로 적고 이를 발표하도록 한다.

145) 이성희(2004), 「여성주의 시각에서 <선녀와 나무꾼> 읽기」, 『고전문학 다시읽기』, 민속원, 100면

③ 모성과 관련된 다른 설화들을 비교하는 수업을 통하여 모성에 대한 공통점을 찾고 그 내용을 바탕으로 한국 모성 개념의 문화적 특수성을 이해하도록 한다.

여섯째, 남편의 승천방법이다. 우리나라의 이야기에서만 주인공인 나무꾼이 두레박을 타고 승천하게 된다. 따라서 이 두레박이라는 요소 역시 우리 민족의 전통 문화적 요소로 문화교육의 소재로 활용할 수 있다. 현재는 우물과 두레박을 보기 어렵지만 전통적으로 우리 민족에게는 빼놓을 수 없는 문화적 요소 중 하나이다. 과거 두레박으로 우물에서 물을 퍼내어 생활하던 우리 민족의 모습을 지도할 수 있다. 또한 두레박과 관련된 속담이나 격언 등을 함께 지도하면 더욱 유용한 교육이 될 것으로 기대된다. 예를 들어 남편은 두레박 아내는 항아리, 두레박은 우물 안에서 깨진다, 두레박 놔두고 우물 들어 마신다 등의 속담은 두레박을 알고 있어야 이해가 빠르게 될 수 있는 속담들이다. <나무꾼과 선녀>에서 등장하고 있는 두레박과 함께 관련 속담을 지도한다면 더욱 유의미한 교육이 이루어 질 수 있을 것으로 기대된다.

① 한국 <나무꾼과 선녀> 설화 속에 등장하는 두레박이 학습자 나라의 다른 설화 속에도 등장하는지 등장한다면 어떤 용도로 등장하고 있는지 조사하여 발표하도록 한다.
② 한국에서 전해지는 두레박에 관련된 속담이나 관용어들을 조사하고 학습자의 나라에도 이와 관련된 속담이나 관용어들이 있는지 조사하여 글로 적어보고 이를 서로 함께 논의한다.
③ 두레박이 등장하는 다른 설화들을 활용하여 그 설화 속에서 두레박은 어떠한 용도로 활용되는지 알아보고, 과거 두레박이 활용되었던 모습을 제시하여 두레박의 개념을 명확히 이해하도록 한다.

일곱째, 지상회귀에 대한 내용이다. 지상회귀에 대한 내용이 등장하는 것은 우리나라와 보르네오이다. 그러나 보르네오의 이야기는 지상회귀의 원인에 대한 설명이 드러나지 않는다. 이와 다르게 우리나라의 이야기는 지상회귀의 원인이 명확히 드러난다. 즉 나무꾼은 고향과 노모가 그리워 견딜 수 없게 되자 선녀가 주는 용마를 타고 지상으로 내려와 어머니를 만나게 되는 것이다.146) 우리는 이점에 주목해 문화교육의 요소로 활용할 수 있다. 지상회귀 요인에 대한 좀 더 자세한 논의는 배원룡147)의 논의를 통해 확인해 볼 수 있다. 나무꾼의 지상회귀 요인에 대해 세 가지로 논의한다.

> a1. 나무꾼은 지상의 노모를 그리워한다.
> a2. 나무꾼은 지상의 친척을 그리워한다.
> a3. 나무꾼은 고향을 그리워한다.

나무꾼은 지상에 두고 온 노모나, 친척, 혹은 고향을 그리워하게 되고, 이 그리움은 시간이 지날수록 더욱더 정도가 심해져서 나중에는 병이 날 지경이 된다. 나무꾼과 선녀 설화의 전 각 편을 분석해 보면 나무꾼 지상회귀의 요인은 a1의 노모가 31편으로 가장 많이 나타난다고 논의된다. 즉 나무꾼이 승천 후, 아무리 하늘나라에서 호의호식하며 잘 지낸다고 하더라도 지상에 두고 온 노모나 친척이 있을 경우, 이에 대한 그리움은 지극히 당연한 것이며 이러한 그리움으로 인해 나무꾼은 지상으로 내려오게 되는 것으로 볼 수 있다. 천상에서 부족할 것 없이 부인과 자식들과 행복하게 지내던 나무꾼에게는 어머니에 대한 그리움 즉, 효심이 자리 잡고 있었던 것이다. 이는 우리민족이 효라는 관념을 중요시 여기는 특

---

146) 최운식·김기창(1998), 『전래동화 교육의 이론과 실제』, 집문당, 312면
147) 배원룡(2002), 「나무꾼과 선녀 설화 구조와 의미의 교육적 고찰」, 『설화·고소설 교육론』, 민속원, 229면

성과 관련지을 수 있다. 이러한 나무꾼의 사고에 대해 성기열[148]은 처자보다도 부모를 섬겨야 한다는 효행적 관념에서 우러나온 것으로, 다른 민족이나 부족들의 이야기와 구별 지을 수 있는 뚜렷한 한국적 특징으로 논의한다.

한국인에게 효행이 중요한 관념이라는 것을 나타내는 예 중 하나로 상당히 많이 전승되고 있는 효행설화를 생각해 볼 수 있다. 이성희[149]는 이러한 효 관념은 유교사상에 의하여 체계화되고 불교사상과 무속이 혼융되어 한국인의 의식 속에 깊게 뿌리박고 있는 것으로 논의하며 효행에 관련된 설화로 효녀지은 설화와 산삼동자 설화, 그리고 매아형 설화를 예로 들어 설명한다. 먼저 '효녀지은'과 같이 부모를 살리기 위해 자기몸을 희생하는 이야기, 다음으로 '산삼동자'와 같이 부모의 중병에 자식을 삶아 드린 이야기 등을 예로 들고 있다. 물론 이것은 인간 존중의 관점에서 보면 질책을 받아 마땅하지만 이야기 속에서 전승하고자 하는 전승집단의 의식은 효라는 관념의 최우선의 가치를 그대로 반영하고 있다고 보고 있는 것이다. 또한 '손순매아'와 같은 '매아형 설화'에서는 부모님께 드리는 음식을 먹는 아들을 땅에 묻으려 했더니 땅에서 커다란 솥이나 멀리까지 소리가 울리는 종을 얻는 이적이 나타나 큰 상을 받는다는 내용으로 이 역시 효를 행하면 반드시 복을 받는다는 의식으로 전승집단으로 하여금 효를 권장하고 강조하는 역할을 해온 것으로 논의하고 있다.

또한 효를 중요하게 여기는 우리 민족의 문화적 특징은 속담이나 관용어에도 나타나고 있다. 예를 들어 효자는 앓지도 않는다, 효성이 지극하

---

148) 성기열(1980), 「민담의 한국화 변이양상」, 『구비문학』 3, 성남:한국정신문화연구원
149) 이성희(2004), 「여성주의 시각에서 <선녀와 나무꾼> 읽기」, 『고전문학 다시읽기』, 민속원, 101면

면 돌 위에도 풀이 난다 등 효에 관련된 속담은 셀 수도 없을 만큼 많이 전해지고 있다. 이러한 모습을 통해 현재까지도 우리 민족이 효를 중요하게 여기고 있음을 알 수 있다. 이렇게 한국인에게 중요한 관념인 효를 나무꾼과 선녀 설화에서도 역시 중요하게 생각해 볼 수 있다. 즉 나무꾼의 심성은 한국인이 가지고 있는 효성에 대한 의식을 적극 반영하고 있기 때문이다.

또한 효행으로 인해 지상으로 내려왔지만 다시 천상으로 돌아갈 수 없어 처자를 볼 수 없는 비극이 비극으로 끝나는 것이 아니라 천상에 두고 온 처자를 그리워하는 인간의 심리가 잘 묘사되어 있다는 점에서도 우리 민족의 의식구조의 특징을 살펴볼 수 있다. 즉 이러한 처자식에 대한 인간적 따뜻함은 다시 앞에서 설명한 바 있는 지상의 노모가 오랜만에 만난 아들에게 호박죽을 끓여 먹이는 모성애까지 부연됨으로써 더욱 우리 민족의 의식구조의 특수성을 생각해 볼 수 있는 것이다.

앞서 논의한 효행에 대한 문화 관념은 우리 민족의 가족 형태에서도 그 특징을 찾을 수 있다. 요즘에는 핵가족화가 많이 이루어지고 있어 대가족이 많이 사라지고 있는 추세이기는 하지만 아직까지도 노부모님을 모시고 사는 가족이 많이 존재하며, 같이 살지 않는다하더라도 최소한 민족의 대명절인 추석과 설에는 찾아뵈려는 모습을 보인다. 이러한 문화적 관념은 민족의 대이동이라는 모습으로 드러난다. 즉 명절 연휴에는 거의 속력을 낼 수 없는 고속도로에서 오랜 시간을 서있게 된다 하더라도 부모님을 찾아뵙기 위해 고향으로 향하는 사람들이 거의 대부분이기 때문이다. 이렇게 우리 민족에게 효라는 관념은 누구나 꼭 지니고 있어야 할 덕목이며 이 효를 행하지 않으면 도덕적으로 문제가 있는 사람으로 여겨질 만큼 중요한 관념이다. 이러한 우리민족의 효와 처자식에 대한 사랑 등을 문화교육의 내용으로 적극 활용할 수 있다. 즉 이렇게 한국인에게 중요하게 여겨지고 모든 사람들이 지니려고 노력하는 문화 관념을 교육하지 않으면 제대로 된 한국어 교육이 이루어질 수 없을 것이다.

따라서 나무꾼과 선녀 설화를 통해 효 관념에 대해 서로 논의하는 수업을 이끌어 나간다면 더욱 의미 있는 한국어 교육이 될 수 있을 것이다. 또한 앞서 논의했듯이 한국인에게 효 관념은 깊은 뿌리를 갖고 있는 관념으로 많은 효행설화를 가지고 있으며, 효 관념과 관련된 속담이나 관용어 역시 많이 전해지고 있다. 따라서 이러한 효행설화를 함께 비교하는 방안을 활용하여 효 관념을 교육하고, 또한 속담이나 관용어를 함께 지도하는 방안을 활용하여 효 관념 교육에 임한다면 효 관념에 대하여 더욱 분명하게 교육할 수 있을 것이다. 수업에 활용 가능한 구체적인 방안을 제시하면 다음과 같다.

① 한국의 <나무꾼과 선녀> 설화 속에 등장하는 효 관념이 학습자 나라에 전해지는 설화 속에도 등장하는지 비교하여 그 공통점과 차이점을 글로 적고 발표하도록 한다.
② 학습자 나라에서 효 관념이 어떻게 행해지고 있으며 한국과는 어떤 차이를 보이는지 함께 논의하도록 한다.
③ 한국에 전해지는 다른 효행 설화들을 비교하는 수업을 통하여 학습자들이 그 공통점을 찾고 그 공통점을 바탕으로 한국의 중요한 문화적 특수성인 효 관념을 제대로 이해하도록 한다.

이처럼 전 세계에 널리 퍼져 전해지는 <나무꾼과 선녀> 이야기를 우리나라의 이야기와 비교해 보면 우리나라만의 특수성을 찾을 수 있다. 즉, 앞서 살펴본 것과 같이 지리적 특성, 신선사상·자연숭배사상·토템사상 등의 민속사상, 동물 보은담, 나무꾼의 인정이 많은 심성, 선녀승천시 자녀 동행 여부에 나타난 모성애, 승천방법으로 활용된 두레박, 지상회귀에 나타난 효 사상들을 우리나라 <나무꾼과 선녀> 설화의 특수성으로 볼 수 있다. 이러한 우리나라 설화의 특수성을 우리나라 문화 요소와 관련지어 외국인 학생들에게 문화 교육을 한다면 한국어를 배우는 외국인 학생들에게 더욱 의미 있는 교육이 될 것이다. 또한 설화를 통해 문화 교육을 할 때 교사는 학습자들이 설화 속에서 문화적 요소를 직접 찾아 낼 수 있도록 교육한다면 한 단계 더 나아간 교육을 이루어 낼 수 있을 것이다. 결국 앞에서 논의한 수업 방안을 활용하여 문화 교육을 한다면 문화를 단편적 지식으로 습득하는 것이 아니라 이야기 속에서 상황으로 학습하게 되고 자신의 나라의 문화와 비교하여 각각의 나라의 특수성을 이해하게 되므로 더욱 효율적이며 활용 가능한 지식이 될 수 있을 것이다.

4. 결론

한 나라의 언어는 그 나라의 문화에 영향을 크게 받는다. 언어는 문화를 통해서 형성되기도 하고 사라지기도 하며 문화를 가장 잘 담아내는 요소이기도 하다. 또한 반대로 한 나라의 문화는 그 나라의 언어를 통해 가장 잘 드러나며 반영된다. 이렇게 언어 속에는 문화가 반영되어 있으며 문화 속에 언어는 형성되고 사용된다. 즉 언어와 문화는 서로 분리시킬 수 없는 불가분의 관계인 것이다. 하지만 현재 한국어 교육 상황을 살펴보면 문화는 문화대로 따라 분리하여 지식을 다루듯이 교육하는 것이 대부분이다. 이것은 의사소통 교육에 긍정적인 영향을 주기 어렵다. 따라서 언어 속에서 문화를 지도하고 이렇게 학습한 문화를 자연스럽게 의사소통에 반영할 수 있는 유의미한 교육이 필요하다.

본 장에서는 유의미한 교육을 하기 위한 적절한 텍스트로 설화를 설정하였다. 그 이유는 설화 속에는 우리 민족의 가치관, 생활, 전통 등의 문화적 부분이 풍요롭게 녹아있기 때문이다. 또한 설화 속의 문화는 단편적으로 제시되는 것이 아니라 이야기라는 상황 속에서 자연스럽게 제시된다. 이러한 설화 속에 녹아있는 문화적 요소를 의사소통 기능 즉 말하기, 듣기, 읽기, 쓰기와 함께 접목하여 교육하게 된다면 외국인 학습자는 한국의 문화를 지식적 습득이 아닌 자연스러운 상황 속에서 제대로 이해하게 될 것이다.

문화 교육에 유용한 텍스트인 설화를 적절히 선택하는 것 역시 중요한 부분 중 하나이다. 한국어 교육에 있어서 문화 교육을 할 때에는 문화 보편성과 문화 특수성을 적절히 활용할 필요가 있다. 따라서 설화를 선택할 때에는 전 세계적으로 널리 퍼져있는 설화를 선택하는 것이 좋다. 즉, 설화 속 이야기의 중심적인 큰 틀은 거의 유사한 모습을 보이지만 각각의 나라의 문화적 특성에 따라 조금씩 다른 특수성을 지니고 있는 것이 좋다. 그 이유는 나라에 따라 문화적 차이를 학습하기에 적절한 텍스트가 될 수 있기 때문이다. 본 장에서는 설화 <나무꾼과 선녀> 텍스트를 선택하여 논의를 전개하였다.

설화 <나무꾼과 선녀> 텍스트는 호주를 제외한 전 세계에 널리 분포되어 있는 이야기로, 이야기들 사이에는 공통점과 차이점이 존재한다. 즉, 전 세계적으로 널리 분포한 <나무꾼과 선녀> 이야기는 나무꾼과 선녀의 신분을 초월한 사랑 이야기라는 전체적인 내용의 큰 틀은 유사하나, 각각의 나라의 문화성과 사회성에 따라 이야기마다 다른 특수성을 보이고 있다. 이러한 특수성으로 인해 우리는 나라별로 문화성 또는 사회성의 비교가 가능하며, 이를 통해 한국문화를 교육할 수 있다. 설화 <나무꾼과 선녀> 텍스트에 등장한 한국의 특수성은 지리적 특성, 신선사상·자연숭배사상·토템사상 등의 민속사상, 동물 보은담, 나무꾼의 인정이 많은 심성, 선녀승천 시 자녀 동행 여부에 나타난 모성애, 승천방법으로 활용된 두레박, 지상회귀에 나타난 효 사상이다. 이러한 우리나라 설화의 특수성을 우리나라 문화 요소와 관련지어 외국인 학생들에게 문화교육을 한다면 한국어를 배우는 외국인 학생들에게 더욱 의미 있는 교육이 될 것이다.

한국어 교육에서 있어서 문화교육은 꼭 필요한 부분이다. 하지만 문화 교육을 의사소통 기능과 분리시켜 단편적 지식과 같은 형태로 교육하는 것은 적절하지 못하다. 따라서 문화 교육과 기능 교육을 함께 이룰 수 있는 방안 모색이 중요하다. 앞선 논의를 통해 설화를 활용하여 문화 교육과 기능 교육을 함께 이룩하는 방안에 대하여 논의하였다. 앞에서 제시한 구체적인 수업 방안들을 활용하여 수업을 진행한다면 문화를 단편적 지식으로 습득하는 것이 아니라 이야기 속에서 상황으로 학습하게 되고 자신의 나라의 문화와 비교하여 각각의 나라의 특수성을 이해하게 되므로 더욱 효율적이며 활용 가능한 지식이 될 수 있을 것이다. 앞으로 문화 교육과 기능 교육을 함께 이룩할 수 있는 설화가 좀 더 연구되고 그에 해당되는 수업 방안을 제시하는 연구가 계속된다면 한국어 교육에 있어서 문화 교육은 좀 더 의미 있는 교육으로 나아갈 수 있을 것으로 기대된다.

제2장 설화 <나무꾼과 선녀> 텍스트를 활용한 전라방언 교육

1. 서론

현재 한국의 언어 사용 상황을 살펴보면 지역어, 즉 방언의 사용이 빈번하다. 방언은 방언을 사용하는 지역의 특징을 기반으로 생성된 언어이므로 방언이 사용되는 지역의 오래되고 다양한 역사, 전통, 문화, 그리고 방언을 사용하는 사람들의 정서가 내재되어 있다.[150] 과거 방언의 가치를 낮게 평가하던 때가 있었다. 현재 한국의 표준어는 교양 있는 사람들이 두루 쓰는 현대 서울말로 정함을 원칙으로 하고 있다. 이 원칙에 의거하여 대다수의 사람들이 지역의 언어를 서울말이 아니라는 이유로 비표준어로 인식하고 지역의 방언은 유식하지 못한 언어로 인식하게 된 것이다. 특히 표준어를 쓰면 교양이 있다는 생각은 지역어 즉 방언을 사용하는 사

---

* 제3부 2장의 논의는 필자의 논문인 김미진(2016), 「결혼이민자를 위한 전라방언 교육 연구 -설화 <나무꾼과 선녀>를 중심으로-」의 내용을 수정하여 정리한 내용이다.
150) 이태영(2004), 「문학 작품에 나타난 방언의 기능」, 『어문론총』41권 0호, 한국문학언어학회, 22면

람은 교양이 없다는 표현으로 생각해 볼 수도 있는 부분이기 때문에 방언의 사용을 부정적으로 인식하던 때가 있었으며 현재도 이러한 인식을 가지고 있는 사람도 있을지 모른다. 그러나 지역 방언은 그 자체로 독립된 체계를 가지고 있는 한 언어의 변종[151]이지 언어학적으로 표준어에 비해 열등하거나 지속한 언어가 아님을 인식해야 한다.[152] 사실 방언을 사용하는 사람들도 공식적 발언이나 글을 쓸 때에는 표준어를 사용한다. 즉 일상 언어와 공식 언어를 구별하여 사용하고 있기 때문에 방언을 사용하는 사람이라고 해서 교양 없는 사람이라는 인식은 큰 문제가 있는 것이다.

방언은 그 사회의 문화를 고스란히 담아내고 있으며 과거에서 현재까지 전해져 오는 언어 규칙 등을 그대로 담고 있는 소중한 표현들이다. 따라서 많은 활용과 함께 연구가 뒷받침되어야 할 정도로 중요한 가치를 지니고 있는 것이다. 방언의 가치를 인식하고 연구하기 시작하여 현재는 이러한 잘못된 인식이 상당 부분 개선되었으며 많은 사람들이 일상 언어와 공식 언어 즉, 표준어와 방언을 함께 사용하며 살고 있다. 특히 문어적인 부분은 표준어를 다수 활용하는 반면 구어적인 부분은 방언을 활용하며 살고 있다.

지역마다 지역 고유의 방언들이 의사소통 표현에 자주 등장하며 이를 모르는 사람은 소통에 일시적으로 소외되기 쉽다. 이러한 소통의 단절을 방지하기 위해 정부는 단수표준어 중심의 정책을 시행하였고, 언어 교육 역시 표준어 중심의 교육이 이루어지고 있다. 한국어 교육도 이와 같은 흐름에서 벗어나지 않는다. 유학생을 위한 한국어 교육 과정, 결혼이민자를 위한 한국어 교육 과정, 외국인 근로자를 위한 한국어 교육 과정 등

---

151) 김봉국(2009), 「지역방언과 국어교육」, 『국어교육학연구』35집, 국어교육학회 67면
152) 강보선(2013), 「다문화 시대의 방언 교육 방향 연구」, 『새국어교육』95권 0호, 한국국어교육학회, 576면

대부분의 한국어 교육 과정에서 표준어 중심의 언어교육이 이루어지고 있다. 이는 한국어 교육에서 당연한 부분이다. 한국어를 처음 배우기 시작하는 외국인들에게 한국 어느 곳에서도 소통할 수 있는 표준어는 당연히 교육 내용이 되어야 함이 마땅하기 때문이다. 즉, 외국인 학습자에게 탈지역화하여도 공통적으로 사용할 수 있는 표준어 교육은 절대적이라 할 수 있다. 그러나 결혼을 하게 되어 한국에서 한국인으로 일상을 살아가야 하는 결혼이민자들을 대상으로 하는 한국어 교육은 상황이 조금 다르다.

세계화의 흐름 속에서 한국 사회의 한 구성원으로 살아가는 결혼이민자들은 언어를 사용하는 실제 환경에서 자연스럽게 방언을 접하게 된다. 따라서 이들에게는 문어적인 표현인 표준어 교육과 구어적인 표현인 방언 교육 모두가 필요하다. 특히 자신이 살고 있는 지역에서 빈번하게 사용하는 지역 방언의 교육은 의사소통 능력 향상과 소외감 극복을 위해 반드시 필요한 부분이며 이와 관련된 방언 한국어 교육 방안이 연구되어야 하는 것이다. 본 장에서는 이러한 결혼이민자들에게 방언 한국어 교육이 필요한 상황을 논의하고 교육적 활용 가능성을 설화 <나무꾼과 선녀>를 통해 고찰해 보고자 한다.

2. 결혼이민자를 위한 방언 한국어 교육의 필요성 및 목적

현재 세계는 다양성을 인정하며 살아간다. 이러한 추세는 한국 사회에도 반영되었다. 그 결과 한국사회에 결혼이민자의 수는 많아졌다. 이들은 다양한 지역에 분포되어 생활하고 있다. 특히 서울보다는 다른 지방에서 생활하고 있는 경우가 많다. 그러나 이들의 한국어 교육은 표준어 중심의 한국어 교육이 전부이다. 한국어 교육에 있어서는 방언 교육이 거의 전무한 상태이다. 하지만 이들에게는 표준어뿐만 아니라 방언도 필요한 상황이다. 이는 국립국어원의 2008년, 2011년 연구보고서를 통해 구체적으로 확인할 수 있다.

국립국어원의 2008년 연구보고서153)에 따르면 결혼이민자들을 대상으로 한 방언 교육의 필요성에 대한 질문에 꼭 필요하다 7.2%, 필요하다 39.1%, 조금 필요하다 27.2%'로 응답하였다. 이는 73.5%의 결혼여성이민자들, 즉 대다수의 결혼이민자들이 방언 교육이 필요함을 인식하고 있으며, 방언 교육에 대한 요구가 있음을 확인할 수 있는 조사 결과이다.

이후 국립국어원의 2011년 연구 보고서154)에서도 결혼여성이민자를 대상으로 방언의 사용 여부를 묻는 질문에 46%가 그렇다고 응답하였고, 36.3%가 그렇지 않다고 응답하여 결혼여성이민자의 절반 정도가 방언을 사용하고 있음을 확인할 수 있었다. 특히 필리핀에서 온 응답자의 70.9%가 방언을 사용한다고 응답하였고, 몽골에서 온 응답자들의 63.2%도 방언을 사용한다고 응답하여 결혼이민자의 방언 한국어 교육의 필요성을 확인할 수 있었다. 이 연구 보고서에서 특히 주목할 점은 방언을 사용하는 결혼이민자의 지역 조사에서 전라남북도가 68.6%로 가장 높아 전북의 방언 한국어 교육의 필요성이 매우 절실함을 확인할 수 있었다.

방언 한국어 교육의 목적은 크게 기능적 목적과 정의적 목적 두 가지로 나눌 수 있다. 첫 번째 목적은 기능적 목적이다. 기능적 목적은 의사소통 능력 신장과 관련된다. 언어 교육의 가장 중요한 목적은 의사소통 능력의 신장이다. 의사소통 능력은 말하기, 듣기, 읽기, 쓰기의 소통 영역

---

153) 국립국어원(2008), 『다문화가정 대상 방언 한국어 교재 개발 타당성 조사 연구 용역 보고서』, 국립국어원·세명대 한국학센터, 48면

154) 국립국어원(2011), 『다문화가족 국어 사용 환경 기초 조사』, 국립국어원·한국어문화연구소, 111면

과 관련이 있다. 언어는 읽기와 쓰기 즉 문어적인 부분과 말하기와 듣기의 구어적인 부분으로 나뉜다. 실제 한국어 생활에서는 읽기, 쓰기는 표준어가 주를 이루지만 말하기, 듣기 부분에서는 표준어와 방언이 뒤섞여 사용된다. 따라서 의사소통 능력 신장을 위해서는 표준어는 물론 방언의 교육까지 필요하다.

결혼이민자들은 한국에서 가족과 함께 생활하며 살아가야 하는 상황에 놓여있다. 그 가족의 구성원 중 가장 많은 의사소통을 해야 하는 구성원의 하나는 바로 나이가 많은 시부모인 경우가 많다. 나이가 많은 시부모들은 그 지역의 방언을 자유롭게 사용하며 살아가는 대표적인 사람들이기도 하다. 지역에서 사는 사람들은 자신이 생활하여 경험적으로 습득한 어휘들인 방언을 자신도 모르게 언어의 많은 부분에서 사용하며 살아가게 되기 때문이다. 이러한 상황에서 결혼이민자들이 방언을 전혀 알아듣지 못하고 이해하는데 어려움이 있다면 생활에 어려움이 생기는 것은 당연한 결과이다. 현재 다문화 가정에서 겪고 있는 의사소통의 단절은 가정불화의 큰 요인이 되며 이는 가정해체의 위기로까지 이어지고 있어 사회적으로 큰 문제인 실정이다.[155] 국립국어원의 연구 조사[156]를 살펴보면 많은 결혼이민자들이 가족 중 시어머니와의 대화를 가장 꺼리며, 그 이유는 시어머니의 말을 못 알아들어서라고 나타났다. 또한 교재에서 배운 말과 제일 다르게 말하는 가족이 누구인지를 묻는 질문에는 시아버지와 시어머니라고 응답한 경우가 44.0%로 가장 많았고 시할아버지, 시할머니라고 응답한 경우도 13.3%나 되어 결혼이민자들의 의사소통 상황이 방언에 매우 많이 노출되어 있음을 확인할 수 있었다.

---

155) 설동훈 외((2005), 『국제결혼 이주여성 실태조사 및 보건복지지원 정책 방안』, 보건복지부
156) 국립국어원(2008), 『다문화가정 대상 방언 한국어 교재 개발 타당성 조사 연구 용역 보고서』, 국립국어원 · 세명대 한국학센터, 41면

결국 방언 사용 빈도가 높은 가족 상황이나 지역에 거주하고 있는 결혼이민자들의 의사소통 능력 신장을 위해서는 한국어 교육 현장에서 방언 한국어 교육이 포함 되어야 함을 알 수 있다. 그러나 현재 한국어 교육기관에서는 표준 한국어 교육이 주를 이루고 있어 실제 생활에서 사용되는 방언을 이해하기는 어려운 상황이다. 이러한 상황 속에서 결혼이민자들은 표준어와 방언의 괴리감을 극복하지 못하게 되어 결국 의사소통을 포기해 버리고 마는 결과가 생기게 된다. 따라서 의사소통의 괴리감을 줄이고 소통의 효과를 높이기 위해 방언 한국어 교육이 이루어져야 한다.

방언 한국어 교육의 또 하나의 목적은 정의적 목적이다. 정의적 목적은 소외감 극복과 관련된다. 결혼이민자들이 살아가는 상황은 지역어 즉, 방언이 풍부하게 사용되고 있는 한 지역 안이며, 이들은 이 지역의 사회 구성원으로 소통하며 살아가야 한다. 이때 정규 교육기관에서 학습한 표준 한국어만으로 실제 사회 구성원들과 하나로 어우러져 소통하기는 상당히 어렵다. 방언은 그 방언을 사용하는 사람들을 하나로 묶어주는 동질감이 있다. 이는 방언의 주된 특징이다. 타향에서 고향의 방언을 사용하는 사람을 만났을 때 친밀감을 느끼는 것은 이러한 방언의 특징 때문이다. 결혼이민자들은 살아온 나라가 다르다는 이유로 한국 사회에서 많은 소외감을 느끼며 살아간다. 이러한 결혼이민자들에게 지역 사람들의 방언 사용은 다시 한번 스스로를 한국인이 아닌 외국인으로 의식하게 하며, 이질감을 주게 된다. 결국 교육기관의 한국어 교육을 통해서도 언어적 이질감을 극복할 수 없다는 인식을 가지게 되어 언어 학습이나 소통에 대한 의지를 갖지 못하게 되는 결과를 초래하게 된다. 이는 결국 한국 사회에 부적응으로 이어지게 되어 한국 사회의 문제점과 연결될 수 있다.

국립 국어원의 조사157)에 의하면 방언을 가장 많이 듣는 장소는 시장인 것으로 나타났다. 이는 56.9%로 매우 높은 응답이었다. 또한 마을 회관이 17.2%, 음식점이 13.8%로 방언을 듣는 대부분의 장소가 결혼이민자들의 실생활과 밀접한 연관이 있는 장소들이었다. 결국 결혼이민자들이 한국에서 생활을 하기 위해서는 방언을 이해하는 것이 필수적이라는 것을 알 수 있다.

이는 방언 한국어 교육의 필요성을 보여주는 일면이라 할 수 있다. 방언 한국어 교육은 의사소통 능력 향상과 소외감 극복을 위해 결혼이민자들에게 필요하다. 그러나 이들에게 한국어 표준 한국어 교육을 간과하고 방언 한국어 교육만을 시행하자는 것은 아니다. 분명 이들은 한국 사회에서 표준어를 사용하며 살아야 하는 사회 구성원들이기 때문이다. 그러나 그들이 실제 일상생활에서 사용할 수 있는 구어적인 방언 한국어 교육은 이루어져야 한다는 것이다. 특히 공동체의 문화, 역사, 전통이 고스란히 담겨 활용되고 있는 방언 한국어 학습은 지역 사회의 한 구성원으로 살아갈 결혼이민자의 문화적 지식 함양에도 도움을 주어 문화 적응에 도움이 될 것이다.

3. 설화 <나무꾼과 선녀> 텍스트의 전라방언 교육 요소

설화는 과거부터 현재까지 한국인들의 문화, 의식, 전통 등이 담겨 있는 작품이다. 설화는 민중 사이에서 전승되어오면서 민족적 정서 함양과 가치관, 인생관이나, 세계관 확립에 지대한 영향을 끼쳐 왔다.[158] 특히 나무꾼과 선녀 설화는 앞 장에서 논의한 바와 같이 호주를 제외한 전 세

---

157) 국립국어원(2008), 『다문화가정 대상 방언 한국어 교재 개발 타당성 조사 연구 용역 보고서』, 국립국어원·세명대 한국학센터, 47면
158) 최운식 외(2002), 『설화·고소설 교육론』, 민속원, 3면

계에 널리 분포되어 유사한 이야기가 전해지고 있는 광포설화이다. 그러나 나라별로 그 특수성은 다르게 나타나고 있다. 즉, 전체적인 이야기의 흐름은 나라마다 비슷하나 각 나라의 문화적 특징에 따라 조금씩 다른 내용으로 전해지고 있어 한국어 및 한국 문화를 교수하기에 적절한 자료 중의 하나이다.159) 한국어 문화 교육적 요소가 풍부한 <나무꾼과 선녀> 설화는 설화의 구전성이라는 특징으로 인해 방언 표현 역시 풍부하게 나타난다. 류수열160)은 고전 문학 장르 가운데 한문 소설이나 한시 장르는 방언성이 약하게 나타나며 설화나 민요 장르는 방언성이 강하게 나타난다고 논의하였다. 이처럼 방언성이 잘 드러나는 설화 텍스트는 방언을 확인하고 교육하는데 적절한 자료가 될 수 있다.

한국구비문학대계 전라북도편161)을 살펴보면 설화 <나무꾼과 선녀>의 구전본을 확인할 수 있다. 이를 통해 실제 전라북도에서 사용하는 방언의 모습을 생생하게 살필 수 있다. 따라서 본장에서 논의할 전라방언 교육 텍스트로 한국구비문학대계 전라북도편에 등장하는 설화 <나무꾼과 선녀>를 선정하고자 한다.

앞서 논의한 바와 같이 한국 내에서도 전라도는 방언 교육의 필요성을 크게 느끼고 있는 지역이다. 서울이나 서울과 가까운 경기도 즉, 중부지역 학습자들은 표준어와 방언의 차이가 크지 않아 특별히 방언 한국어 교육의 필요성을 크게 느끼지 못하나, 전라도나 경상도, 제주도 등의 지역에서는 방언 한국어 교육의 필요성을 크게 느낀다고 조사되었다.162)

---

159) 김미진(2009), 「설화를 통한 한국어 문화 교육 연구」, 『교과 교육 연구』1, 전북대학교 교과 교육 연구소, 293-324면
160) 류수열(2009), 「고전문학의 사회·문화적 소통과 방언의 행방」, 『국어교육학연구』35권 0호, 국어교육학회, 133면
161) 최래옥(1981), 『한국구비문학대계 5-2 전라북도 전주시·완주군 편』, 한국정신문화연구원, 379-383면
162) 국립국어원(2008), 『다문화가정 대상 방언 한국어 교재 개발 타당성 조사 연구 용역 보

특히 조사 결과 전라도는 응답자의 94%가 방언 교육이 필요하다고 응답하여 한국어 교육의 필요성을 매우 크게 느끼고 있음을 확인할 수 있었다. 이는 전국에서 가장 높은 응답 수치로 전라도의 방언 한국어 교육이 절실함을 확인할 수 있다. 이러한 응답의 배경에는 전라도 지역은 이주 노동자보다 결혼이민자가 상대적으로 많으며, 전북의 농촌 지역에서는 일상적으로 방언이 사용되기 때문이다.163) 생활 속에서 일상적으로 사용되는 방언의 예는 다음과 같다.

(1-10 제보자의 말, →의 내용은 표준어로 바꾼 것.)
1. 니넌 이따 해그럼판에 소 끄집고 오니라.
   → 너는 나중 해질 무렵에 소를 끌고 오너라.

2. 악아! 몬내몬내하지만 말고 와서 좀 돕거라.
   → 애야! 기웃거리지만 말고 와서 좀 도와라

3. 고런것은 적지금이 알아서 챙기야재.
   → 그건 각자 알아서 준비해야지.

4. 급하니 하지 말고 찬찬히 해야.
   → 급하게 하지 말고 천천히 하여라.

5. 맨날 니 멋대로 고로코롬 헐래?
   → 항상 네 마음대로 그렇게 할래?

6. 둘이 들면 개븝지라.
   → 둘이 들면 가볍지요.

고서』, 국립국어원·세명대 한국학센터, 52면
163) 장미영(2006), 「여성결혼이민자를 위한 체감형 한국어교육콘텐츠 개발 및 구성 -전복지역을 중심으로-」, 237면

7. 내일까지는 꼭 좀 해 달랑께.
   → 내일까지는 꼭 좀 해 줘.

8. 니는 택도 없다.
   → 너는 어림도 없다.

9. 쫌매만 지둘려.
   → 조금만 기다려

10. 모냥이 밸시럽드랑께.
    → 모양이 별나더라.164)

　이러한 방언은 그 지역 화자가 아니고서는 한국인도 이해하기 어렵다. 하물며 한국어를 학습하고 있는 결혼이민자에게 방언은 또 다른 한국어로 인식될 수 밖에 없다. 결국 표준 한국어와 방언 한국어는 별개의 존재로 이해하게 되고, 학습하는 한국어와 사용되는 한국어가 달라 결혼이민자들의 의사소통은 결국 불통의 상황에 놓이게 된다. 따라서 의사소통이 목적이라면 결혼이민자의 방언 한국어 교육은 매우 절실한 상황이다. 그러나 모든 방언 표현을 사전식으로 나열하여 가르치는 것은 의미가 없다. 방언은 구어적인 표현으로 상황 속에서 이해하는 것이 효과적이기 때문에 구어적 상황에서 학습하는 것이 효과적이다. 따라서 구어적 상황으로 방언이 표현되고 있는 <나무꾼과 선녀> 설화를 활용해 전라도 지역의 방언 한국어 교육이 이루어진다면 결혼이민자들에게 좋은 학습 효과를 보일 수 있을 것으로 기대한다.

　본장에서는 전라도 지역에서 구전되어 온 <나무꾼과 선녀> 설화를 Synkdp 프로그램을 활용하여 빈도수를 분석하여 전라방언 교육에 활용

---

164) 장미영(2006), 「여성결혼이민자를 위한 체감형 한국어교육콘텐츠 개발 및 구성 -전북지역을 중심으로-」, 237-238면

할 수 있는 방언 표현을 찾고자 하였다. 분석 결과는 다음과 같다.

3.1. 연결, 종결형

설화 <나무꾼과 선녀> 텍스트[165] 속에는 전라방언의 연결형, 종결형
인 '-구', '-응게'와 '-닝게', '-두'가 등장한다. 그 내용은 다음과 같다.

먼저 '-구'는 설화 전체에서 총 63번의 빈도로 가장 높은 빈도수를 보
인다. 이는 표준어의 '-고'와 비슷한 표현으로 문장을 연결하거나 다른
사람의 이야기를 인용하여 말할 때 사용된다.

　　"항상 나무만 하지 말구, 요 넘어로 가면 강이 있으니까 강에서 선녀
　가 내려와서, 선녀가 세 분이 내려와서 목욕을 하구 갈테니까, 먼저 올
　라간 이는 첫째 딸, 다음에 올라간 이는 둘째 딸, 나중에 올라가는 이가
　셋째 딸이닝게, 옷을 벗어 놓은 것에, 셋째 딸 옷을 벗어 놓거든, 목욕다
　하구 올라갈 때 그 옷을 감춰좋구는, 데려다 살면선, 애를 셋 낳걸랑은
　그 옷을 주구, 둘 낳걸랑은 주지말라."구

　　그렇게 해서 사는데, 애기를 둘을 낳았어.
　　"당신, 이렇게 정답게 사닝게 그 옷을 달라."구
　　"가만히 있으라구. 애기 낳아야 주지 애기를 안 낳는데 당신을 뭘 믿
　구 주느냐."구.
　　"아, 이렇게 잘 사는데 뭘 못믿냐?"구, 또 애기를 하나 낳구, 또 달라
　구해. 그 옷을 그렇게,
　　"애기 더 낳믄 그때 주마."구.

다음은 '-응게'와 '-닝게'이다. '-응게'는 5번 '-닝게'는 10번의 빈도를
보인다. 각각 5번, 10번의 빈도를 보여 빈도가 낮은 것 같지만 '-응게'와

---

165) 최래옥(1981), 『한국구비문학대계 5-2 전라북도 전주시・완주군 편』, 한국정신문화연구
　　원, 379-383면

'-닝게'가 형태적으로만 다를 뿐 같은 의미를 나타내는 표현이므로 빈도 수를 합하여 생각해야 한다. 따라서 높은 빈도라 할 수 있다. 또한 이유 를 표현해야 할 상황에 모두 사용되고 있는 것으로 볼 때 이 역시 특징 으로 볼 수 있다.

'-응게'는 '-으니까'라는 이유를 나타내는 표현과 유사하다.

> "저 넘어로 훌떡 지나갔응게 얼른 가라."구
> "다 갔응게 이제 가그라"

> "이것두 인연이지 않냐구, 나는 장개두 못가구 했응게, 어차피 나를 불쌍하게 생각하구 살아달라."

> "내가 잘 간직을 하구 있응게, 어디다가 간수를 했던지 잘 간수를 하 구 있응게 주마구."

> 그럴 수가 없응게 그냥,

'-닝게'는 '-니까'라는 이유를 나타내는 표현과 유사하다.

> 하닝게 노루가 나와서 이제 그 말을 노루가 할 수가 없잖아,

> 먼저 올라간 이는 첫째 딸, 다음에 올라간 이는 둘째 딸, 나중에 올라 가는 이가 셋째 딸이닝게, 옷을 벗어 놓은 것에, 셋째 딸 옷을 벗어 놓 거든, 목욕다하구 올라갈 때 그 옷을 감춰놓구는,

> "당신, 이렇게 정답게 사닝게 그 옷을 달라."구

> 하구 오닝게 애기들 둘을 양쪽 팔에서 끼 앉구선 올라가 버렸네.
> 올려 보닝게 남편이 올라오거든,

다음은 '-두'이다. '-두'는 총 11번의 빈도를 보인다. 이는 표준어의 '-도'와 유사한 표현으로 어떤 것이 포함되고 그 위에 더함을 나타내거나 허용됨을 나타낼 때 사용된다.

나무를 하러 가서 나무를 하믄서두,
"나는 어떻게 나무를 남과 같이 해서 어머니 봉양하구, 나두 장개를 갈까?"

"이것두 인연이지 않냐구, 나는 장개두 못가구 했응게",

"이렇게 둘을 낳는데 어떡하겠냐구, 그렁게 달라구, 그게 천상에서 참 사랑하던 옷인데 달라구. 쳐다라두 보게."

그래서 가서 그가서 쓩내야 아무 소용두 없어. 그래 그 자리 가서 갈 퀴나무를 긁으믄서,
"이런 데는 노루두 안오더라."

"그러지 말구, 그렇게 애태우지두 말구 그 참 선녀를 만날라거든."

연결, 종결형 표현을 통해 전라도 지역 화자의 대화 방식을 살필 수 있다. 특히 전라방언 사용 화자의 말하기 방식을 확인할 수 있다. 앞서 살핀 바와 같이 설화 <나무꾼과 선녀>에 자주 등장하는 연결, 종결형은 '-구', '-응게'와 '-닝게', '두'이다. 그 중에서 가장 자주 등장하는 연결, 종결형은 인용 표현인 '-구'이다. 들은 이야기를 전달하고 있는 구비문학 자료임을 감안하더라도 '-구'는 월등히 자주 등장한다. 이는 전라도 화자가 대화에 참여할 때 다른 사람의 발화를 직접 또는 간접적으로 자주 인용하고 있으며, 다른 사람의 이야기를 인용하거나 전해야 할 때 '-구' 표현을 자주 사용함을 의미한다.

다음으로 대화 상황에서 이유 표현인 '-응게'와 '-닝게' 표현이 자주 사용된다. 이는 전라도 화자의 발화 방식에 이유를 계속 설명하고자 하는 특성이 있음을 보여준다.

또한 '-두' 표현도 자주 사용된다. 이는 '-두'를 통해 대화를 계속 첨가하는 형태로 발화에 참여함을 알 수 있다. 즉, 모든 설명을 한 번에 하는 것이 아니라 정보를 하나씩 나누어 지속적으로 문장을 첨가하여 상황을 설명하는 발화 특징을 살필 수 있다. 이러한 전라도 지역의 발화 방식 특징을 결혼이민자들에게 교육하게 되면 전라도 화자와의 대화 상황을 빠르게 이해하고 대화에 자연스럽게 참여하는데 도움을 줄 수 있을 것이다.

3.2. 어휘

설화 <나무꾼과 선녀> 텍스트 속에는 전라방언 어휘인 '장가', '남', '맨들다'가 등장한다. 그 내용은 다음과 같다.

먼저 '장가'와 같은 의미로 사용되고 있는 '장개'이다. '장개'는 총 7번의 빈도는 나타내며, 사내가 아내를 맞는 일을 의미하고 있다.

그 동네에서 총각 하나가 맘은 참 좋은디 장개갈 임이 없던 것이지.

장개를 못가서 항상 그것이 한이었어.

나는 어떻게 나무를 남과 같이 해서 어머니 봉양하고, 나두 장개를 갈까?"

"이것두 인연이지 않냐구, 나는 장개두 못가구 했응게, 어차피 나를 불쌍하게 생각하구 살아달라."

다음으로 '남'과 같은 의미로 사용되고 있는 '넘'이다. 이때 '넘'은 5번 등장하며 자기 이외의 다른 사람을 의미한다.

그래 넘은 장개가는데 자기가 힘이 없어,

그래 넘 하는 것을 다 해 놓구서는 그래서 가보니 그렇게 좋아.

또 다른 하나는 '만들다'와 같은 의미로 사용되고 있는 '맨들다'이다. '맨들다'는 노력이나 기술 따위를 들여 목적하는 사물을 이루다의 의미로 사용되고 있다.

텔레비에서 언젠가 두레박 맨들어서 내려 오드먼,

이처럼 설화 <나무꾼과 선녀>에는 전라방언의 연결, 종결형 및 어휘들이 문장 속에서 생생하게 살아 사용되고 있다. 따라서 방언 한국어 교육에 매우 효과적인 자료라 할 수 있다. 이러한 나무꾼과 선녀를 방언 교육에 활용한다면 자국에 있는 이야기와 줄거리가 비슷해 내용이 익숙하기 때문에 학습자들이 내용 이해에 큰 부담 느끼지 않을 것으로 기대한다. 즉, 텍스트 내용 이해에 대한 학습자의 부담이 줄어 방언 학습의 효과가 증대될 것이라 생각된다.

4. 설화 <나무꾼과 선녀> 텍스트의 전라방언 교육 방안

앞서 살펴 본 바와 같이 설화 <나무꾼과 선녀> 텍스트에는 전라방언의 연결, 종결형 및 어휘들이 내재되어 있다. 이를 활용하여 전라방언 교육이 필요한 결혼이민자들에게 한국어 방언 교육을 실시할 수 있다. 앞서 논의한 바와 같이 설화 <나무꾼과 선녀>텍스트는 전 세계에 널리 분포되어 있는 광포설화이다. 따라서 내용의 이해에 있어서 학습자에게 특별한 어려움이나 이질감은 크지 않을 것이다. 방언으로 되어 있는 텍스트로 방언 교육을 하더라도 내용이 자국에 존재하는 이야기이기 때문에 큰 어려움 없이 효과적으로 방언 교육이 가능할 것으로 기대된다. 특히 앞서 살펴본 한국구비문학대계 전라북도 편을 활용한다면 전라방언의 교육이 가능하다. 이는 방언 교육의 필요성을 절실히 느끼고 있는 전라북도 결혼이민자들에게 매우 유용할 것이다. 교육의 내용은 앞서 살펴 본 연결, 종결형과 어휘들을 대상으로 삼아 진행할 수 있다. 그 방안은 다음과 같다.

먼저 전라방언의 연결, 종결형 교육은 전라방언이 등장하는 설화 <나무꾼과 선녀> 텍스트를 학습자에게 제시한 후 학습자들에게 직접 자주 등장하는 연결, 종결형을 찾아보게 하는 방안을 활용할 수 있다. 이때 구비문학자료의 특징을 살려 이야기를 들려주는 방식을 활용하면 효과적이다. 방언으로 녹음된 자료를 들려주어 실제 방언을 듣고 의미를 파악해 보게 하는 것이다. 설화 <나무꾼과 선녀>를 듣게 한 후 텍스트에 자주 등장하는 연결, 종결형인 '-구', '-응게'와 '-닝게', '-두'를 학습자 스스로 찾아보게 한 후 앞 뒤 문맥 상황을 통해 '-구', '-응게'와 '-닝게', '-두' 표현의 의미를 추측하게 한다. '-구', '-응게'와 '-닝게', '-두'의 연결 및 인용, 이유, 첨가의 의미를 이해시킨 후 학습자에게 직접 다양한 문장을 만들어 보게 한다. 이때 '-구', '-응게'와 '-닝게', '-두' 방언 표현의 특징을 살릴 수 있도록 구어적인 연습을 하는 것이 중요하며, 연습을 통해 그 의미를 자연스럽게 체득하고 실제 생활에 활용할 수 있도록 교육한다.

또한 앞서 논의한 전라도 화자의 발화 특징인 다른 사람의 발화를 직간접적으로 자주 인용하는 발화 특징, 정보를 하나씩 나누어 지속적으로 문자을 첨가하여 상황을 설명하는 발화 특징 등을 함께 교육하여 학습자들이 전라방언 사용 화자들의 발화 방식을 이해하게 하는 것도 매우 중요하다. 전라방언 사용 화자들의 발화 방식을 이해하게 되면 대화 참여가 더욱 자연스러워질 수 있으며, 문장 흐름을 이해하여 대화에서 소외되지 않을 수 있기 때문이다.

다음으로 전라방언의 어휘 교육 역시 설화 <나무꾼과 선녀> 텍스트를 학습자에게 듣기 자료로 들려준 후 자주 등장하는 방언 어휘를 찾아보고, 이해하게 하는 방안을 활용할 수 있다. 방언 텍스트를 듣고 방언 어휘인 '장개', '넘', '맨들다'를 학습자 스스로 찾아내게 한 후 문장 흐름 속에서 그 의미를 추측하게 한다. '장가', '남', '만들다'의 의미를 확인한 후 방언 어휘가 들어가 문장을 만들어 보게 한다. 방언 어휘를 활용한 문장 만들기 연습을 통해 어휘의 정확한 의미 이해를 돕는다. 또한 표준어의 의미를 함께 이해하도록 표준어와 방언을 함께 연계적으로 지도하여 구어적으로 방언을 이해하고 표현함과 동시에 문어적으로 표준어 활용도 가능하도록 지도한다.

이처럼 설화 <나무꾼과 선녀> 텍스트는 문화적인 교육166) 뿐만 아니라 설화 속 방언을 활용하여 방언 교육도 함께 가능할 것으로 보인다. 앞서 논의한 것과 같이 결혼이민자들에게 방언 교육은 꼭 필요한 부분으로 학습자와 교수자 모두 그 필요성을 인식하고 있다. 그렇다고 해서 결혼이민자를 대상으로 하는 한국어 교육에서 표준어 교육이 중요하지 않다는 것은 절대 아니다. 한국어 교육에서 주를 이루어야 하는 것은 당연히 표준어 교육이다. 결혼이민자들에게 어느 지역, 어느 연령에서든 소통이 가능한 것은 표준어이기 때문이다. 그러나 결혼이민자들이 생활하는 환경이 방언과 표준어를 함께 사용하는 특수한 환경이기 때문에 표준어 교육과 더불어 일부 방언 교육이 필요하다는 것이다. 즉 문어적인 부분에서는 표

---

166) 김미진(2009), 「설화를 통한 한국어 문화 교육 연구」, 『교과 교육 연구』1, 293-324면

준어가 필요하며, 구어적인 부분에서는 방언이 필요하다. 따라서 한국어 교육에서도 이러한 부분을 반영하여 구어적인 부분에서 추가적으로 방언 교육을 도입한다면 결혼이민자들의 의사소통 능력 향상과 함께 한국 사회의 일원으로 적응하고 살아가는데 큰 도움을 줄 수 있을 것이다.

5. 결론

현재 한국 사회는 국제 결혼의 증가로 결혼이민자들이 급격하게 증가하였다. 결혼이민자들은 한국에서 가족과 함께 생활하며 살아가야 한다. 그 가족의 구성원 중 가장 많은 의사소통을 해야 하는 구성원의 하나는 바로 나이가 많은 시부모이다. 이처럼 나이가 많은 시부모들은 그 지역의 방언을 자유롭게 사용하며 살아가는 대표적인 사람들이므로 결혼이민자들에게 방언 교육의 필요성은 매우 크다. 이는 교수자와 학습자 모두가 체감하고 있는 부분이다. 그러나 현재 한국어 교육에서 방언 교육은 전무한 상태이며, 관련 연구 또한 매우 저조한 상태이다.

본 연구는 표준어와 방언을 혼용하여 사용하는 언어 환경에 놓인 결혼이민자들에게 방언 한국어 교육이 얼마나 필요한지, 방언 한국어 교육의 목적이 무엇인지에 대해 논의하고자 하였다. 본 연구에서는 방언 한국어 교육의 목적을 크게 기능적 목적과 정의적 목적 두 가지로 나누었다. 기능적 목적은 의사소통 능력 신장, 정의적 목적은 소외감 극복과 관련하여 논의하였다. 또한 이러한 목적을 바탕으로 방언 교육을 절실하게 원하고 있는 전라도 지역 결혼이민자들의 전라방언 교육 가능성을 고찰하고 그 방안을 논의하고자 하였다. 방언 교육의 필요성을 바탕으로 설화 <나무꾼과 선녀> 텍스트를 방언 교육의 텍스트로 삼았다. 이는 광포 설화인 <나무꾼과 선녀> 텍스트를 방언 교육 텍스트로 삼게 되면 학습자의 내용 이해에 대한 부담을 줄일 수 있기 때문이었다. 또한 설화 <나무꾼과 선녀> 텍스트는 본 연구자의 앞선 연구에서 볼 수 있듯이 문화 교육적 요소를 다수 담지하고 있는 텍스트로, 문화와 방언을 함께 교육하기에 적절한 텍스트이기 때문에 선정하게 되었다.

전라방언을 교육하기 위해 한국구비문학대계 전라북도 편에 실린 <나무꾼과 선녀> 설화를 활용하여 전라 방언의 교육 가능성을 살펴보았다. 특히 설화 <나무꾼과 선녀> 텍스트 속에 등장하는 방언 연결, 종결형과 어휘들의 빈도 수를 조사하여 높은 빈도를 보이는 형태와 특정 방언 어휘를 교육 요소로 삼고 이를 교육하기 위한 방안을 논의하였다. 먼저 전라방언의 연결, 종결형 '-구', '-응게'와 '-닝게', '-두'를 추출하여 연결 및 인용, 이유, 첨가의 의미를 이해시키는 교육 방안을 제시하였다. 다음으로 전라방언 어휘 '장개', '넘', '맨들다'를 추출하여 '장가', '남', '만들다'의 의미를 이해하는 교육 방안을 제시하였다.

앞서 논의 한 바와 같이 현재 한국어 교육에서 방언 교육에 대한 연구는 매우 부족한 상황이며, 실제 방언 교육이 많은 현장에서 활용되고 있지도 않은 상황이다. 하지만 결혼이민자들의 언어 생활 환경을 살펴볼 때 방언 교육의 중요성과 필요성은 매우 크다. 본 연구에서 논의한 설화 <나무꾼과 선녀> 텍스트를 통한 전라방언 교육 연구가 결혼이민자들의 방언 한국어 교육에 활용되어 결혼이민자들의 의사소통 능력 향상에 도움이 되기를 기대한다. 특히 본 연구에서 일부 논의한 방언에 나타나는 지역 문화적 발화 방식에 관한 연구는 향후 더 연구하고자 한다. 결혼이민자들을 대상으로 한 방언 한국어 교육에 대한 연구자들의 인식이 증대되어 향후 방언 한국어 교육 요소 및 방안에 관련된 연구들이 이어지기를 바란다.

참고문헌

강보선(2013), 「다문화 시대의 방언 교육 방향 연구」,『새국어교육』95권 0호, 한국국어
　　　교육학회.

국립국어원(2008),『다문화가정 대상 방언 한국어 교재 개발 타당성 조사 연구 용역
　　　보고서』, 국립국어원・세명대 한국학센터.

국립국어원(2011),『다문화가족 국어사용 환경 조사 연구 보고서』, 국립국어원・한국
　　　어문화 연구소.

권영철(1965), 「금강산 선녀설화연구」,『효성여대 연구논문집』, 대구:효성여대.

김문선(2002), 「동물보은 설화의 교육적 의미」,『설화・고소설 교육론』, 민속원.

김미진(2009), 「설화를 통한 한국어 문화 교육 연구」,『교과 교육 연구』1, 전북대학교
　　　교과 교육 연구소.

김봉국(2009), 「지역방언과 국어교육」,『국어교육학연구』35집, 국어교육학회.

김인환 번역(1984), 선녀의 날개옷,『일본민화집』, 서울:창작과비평사.

김종철(2002), 「한국 고전문학과 한국어교육」,『한국어교육』Ⅰ. 서울대 사범대학 외국
　　　인을 위한 한국어교육 지도자 과정.

김홍수(2001), 「소설의 방언에 대하여」,『문학과 방언』, 역락.

류수열(2009), 「고전문학의 사회・문화적 소통과 방언의 행방」,『국어교육학연구』35권
　　　0호, 국어교육학회.

민영 번역(1983), 옥으로 된 사슴,『중국 민화집』1, 서울:창작과비평사.

배원룡(2002), 「나무꾼과 선녀 설화 구조와 의미의 교육적 고찰」,『설화・고소설 교육
　　　론』, 민속원.

설동훈 외(2005),『국제결혼 이주여성 실태조사 및 보건복지지원 정책 방안』, 보건복
　　　지부.

성기열(1979),『한・일 민담의 비교연구』, 서울:일조각.

성기열(1980), 「민담의 한국화 변이양상」,『구비문학』3, 성남:한국정신문화연구원.

손진태(1954),『조선민족설화의 연구』, 서울:을유문화사.

양민정(2005), 「외국인을 위한 한국문화 교육 방안 연구-한국 고전문학을 중심으로」,
　　　한국외국어대학교 외국학종합연구센터.

우한용(1999),『문학교육과 문화론』, 서울: 서울대 출판부.

윤여탁(2002), 「한국어 문화교수 학습론」,『21세기 한국어교육학의 현황과 과제』, 서울:
　　　한국문화사.

이성희(1999), 「설화를 통한 한국어 문화 교육 방안」, 국제한국어교육학회 한국어교육.

이성희(2004), 「여성주의 시각에서 <선녀와 나무꾼> 읽기」, 『고전문학 다시읽기』, 민속원.

이태영(2004), 「문학 작품에 나타난 방언의 기능」, 『어문론총』41권 0호, 한국문학언어학회.

장미영(2006), 「여성결혼이민자를 위한 체감형 한국어교육콘텐츠 개발 및 구성 -전복지역을 중심으로-」, 『한국어교육』17권 3호, 국제한국어교육학회.

정영림(1985), 하늘 나라 공주와의 사랑, 『말레이시아 민화집』, 서울:창작과비평사.

최남선(1983), 『조선의 신화와 전설』, 서울:홍성사.

최래옥(1981), 『한국구비문학대계 5-2 전라북도 전주시 완주군 편』, 한국정신문화연구원.

최상수(1957), 「백조처녀설화의 비교연구」, 민속학보 제2집.

최운식 외(2002), 『설화·고소설 교육론』, 민속원.

최운식·김기창(1998), 『전래동화 교육의 이론과 실제』, 집문당.

한창훈(2009), 『고전문학과 교육의 다각적 해석』, 도서출판 역락.

Synkdp(깜짝새) 프로그램.

A. Aarne·S. Thompson(1964). *The Types of Folktale*. Helsinki: Suomalainen Tiedeakatemia Academia Scientiarrum Fennica.

Jeremiak curtin(1909), *A Journey in Southern Siberia*, New York.

<부록 1> 판소리계열 텍스트를 활용한 한국어 문화 교수-학습 방안

1-1. <심청전>을 활용한 가족문화 교수-학습 방안

<교육 목표 및 내용>

- 단원 목표

  심청전 서사를 읽고 한국 문화를 이해할 수 있으며 자국의 문화와 비교해 말할 수 있다.

- 단원 내용

  1) 효 의식
  2) 한국의 긍정적인 부인상
  3) 전통적인 가족생활 문화

<수업 개요>

차시	교육 내용	교육 활동	시간	준비물
1	소개 도입 내용 이해(서사 확인 및 비교)	심청전 읽고 시간 순서에 따라 모티브 정리하기 심청전과 유사한 자국의 설화 소개하기 심청 관련 축제(곡성심청효문화대축제) 소개하기	50	심청전 텍스트
2	효 의식	심청전에 나타난 한국인의 효 의식의 장단점 토론하기 자국의 효 의식 소개하기 긍정적인 며느리상에 대해 이야기해 보기 시부모님과 부모님께 효심을 담은 편지를 써 보기	50	심청전 텍스트
3	한국의 긍정적인 부인상	곽씨 부인과 뺑덕어미의 성격을 정리하여 글로 써 보기 긍정적인 부인상에 대해 이야기해 보기	50	심청전 텍스트
4	전통적인 가족생활 문화	전통 가옥, 전통 음식, 전통 의복 등의 전통 문화 화면으로 보고 자국의 의식주 문화와 비교하여 소개하기	50	심청전 텍스트 영상 자료

<교육 절차>

▶ 1차시

단원	심청전
차시	1/4차시
학습목표	심청전 서사를 읽고 내용을 이해한 후 자국의 설화와 비교할 수 있다.

교수-학습 활동	- 도입
	  1. 학생들과 인사한다.
	  2. 심청에 대해 들어 본 적이 있는지 자유롭게 이야기한다.
	- 제시(내용 이해, 문화 비교)
	  1. 심청전을 읽고 중요 모티브를 시간 순서에 따라 글로 쓴다.
	  2. 학습자 자국에 심청전과 비슷한 이야기가 있는지 서로 이야기한다.
	  3. 한국의 심청전과 자국의 이야기의 공통점과 차이점을 글로 정리한 후 발표한다.

	4. 한국에서 행해지고 있는 심청 관련 축제를 소개하고 참가하고 싶은 행사나 추가하면 좋을 행사가 있는지 이야기한다. – 마무리 1. 수업 시간에 사용한 어휘나 문법을 간단히 정리한다. 2. 심청전의 내용을 순서에 따라 정리한다.
과제	심청전을 네 컷 만화로 그려오기

▶ 2차시

단원	심청전
차시	2/4차시
학습목표	심청전에 나타난 한국의 효 의식을 이해하고 자국의 효 의식과 비교하여 효 의식을 정립할 수 있다.
교수-학습 활동	– 도입 1. 학생들과 인사한다. 2. 최근 시부모님이나 부모님과 의견 차이로 다툼이 없었는지 자유롭게 이야기한다. 3. 지난 시간에 학습한 심청전의 모티브를 그림으로 제시하여 학생들에게 시간 순서에 따라 순서를 맞춰 보도록 한다. 4. 학생들에게 한국에서 며느리로 살아가는 것의 장단점에 대해 이야기하게 한다. – 제시(내용 이해, 문화 비교) 1. 심청이 행하는 효를 바탕으로 한국인들이 생각하는 효에 대해 이야기한다. 2. 학생들의 자국에서 생각하는 효에 대해 발표한다. 3. 한국과 자국의 효 의식을 비교하여 어느 정도 수준의 행동까지 효와 관련된 행동이라 생각하는지 이야기해 보도록 한다. 4. 한국에서 며느리로서 행할 수 있는 효에 대해 생각하고 발표한다. 5. 한국의 시부모님과 자국의 부모님께 효심을 담아 편지를 쓴다. – 마무리 1. 수업 시간에 사용한 어휘나 문법을 간단히 정리한다. 2. 자신이 행할 수 있는 효도를 한 가지씩 발표한다.
과제	자신이 행할 수 있는 효도로 발표한 효도를 직접 행한 후 느낌을 글로 써오기

3차시

단원	심청전
차시	3/4차시
학습목표	심청전에 나타난 한국의 긍정적인 부인상을 이해하고 자국에서 긍정적으로 생각하는 부인상과 비교할 수 있다.
교수–학습 활동	– 도입 1. 학생들과 인사한다. 2. 지난 시간에 학습한 효 관념에 대해 상기한다. 3. 한국 남편과 살아서 좋은 점이나 불편한 점이 없는지 자유롭게 이야기한다. – 제시(내용 이해, 문화 비교) 1. 심청전에서 곽씨 부인과 뺑덕어미의 행동을 묘사하는 부분을 읽고 두 인물의 성격을 글로 정리하여 발표한다. 2. 학생들의 자국에서 이상적으로 생각하는 부인의 모습에 대해 발표한다. 3. 한국과 학습자 자국의 부인상을 비교하여 자신이 생각하는 긍정적인 부인상에 대하여 이야기해 보도록 한다. 4. 남편에게 사랑을 담아 편지를 쓴다. – 마무리 1. 수업 시간에 사용한 어휘나 문법을 간단히 정리한다. 2. 자신이 원하는 부인의 행동을 한 가지씩 이야기한다.
과제	자신이 되고 싶은 부인의 모습을 글로 써 오기

4차시

단원	심청전
차시	4/4차시
학습목표	심청전에 나타난 한국의 전통적인 가족생활 문화를 이해하고 자국의 문화와 비교하여 말할 수 있다.
교수–학습 활동	– 도입 1. 학생들과 인사한다. 2. 지난 시간에 학습한 한국의 부인상에 대해 상기한다. 3. 한국의 의식주 문화 중에서 독특하다고 느낀 것이 없는지 자유롭게 이야기한다. – 제시(내용 이해, 문화 비교) 1. 심청전에서 전통 가옥, 전통 음식, 전통 의복 등의 전통 문화가 묘사하는 부분을 읽고 한국의 전통적인 가족생활 문화의 특징을 글로 정리하여 발표한다. 2. 학습자 자국의 의식주 문화와 비교하여 공통점과 차이점을 이야기한다. 3. 한국의 전통적인 의식주 문화와 현재 한국에서 경험하고 있는 현대적

	인 의식주 문화의 차이를 이야기해 보도록 한다.
	4. 고향의 친구에게 한국의 전통적인 의식주 문화를 소개하는 소개 글을 쓴다.
	– 마무리
	1. 수업 시간에 사용한 어휘나 문법을 간단히 정리한다.
	2. 현재 주변에서 볼 수 있는 전통적이 의식주 문화에는 무엇이 있는지 간단히 이야기한다.
과제	현재까지 남아 있는 전통적인 의식주 문화가 담긴 사진 찍어오기

<차시별 수행>

1차시

1. 심청전을 읽고 내용을 시간 순서에 따라 정리하십시오.

① 옛날에 맹인 심봉사와 그의 부인 곽씨가 살았다.
② 곽씨 부인은 태몽을 꾼 후에 심청을 낳고 병을 얻어 죽는다.
③ 황후가 된 심청은 아버지를 만나기 위해 맹인잔치를 연다.
④ 심청은 예닐곱 살부터 동냥과 품팔이를 통해 아버지를 봉양하였다.
⑤ 그 연꽃을 황제가 보게 되고 심청은 황후가 된다.
⑥ 심청의 아버지인 심봉사는 많은 고생을 하며 심청이를 키운다.
⑦ 심청은 아버지의 눈을 뜨게 하려고 선인들에게 제물로 몸을 팔아 인당수에 빠진다.
⑧ 맹인잔치 소식을 들은 심봉사는 맹인잔치에 참석하여 심청을 만나 눈을 뜬다.
⑨ 심청이 사라진 후 심봉사는 뺑덕어미와 살다가 재산을 모두 잃고 버림을 받는다.
⑩ 심봉사는 개천에 빠졌다가 눈을 뜰 수 있다는 말에 공양미 300석 시주를 약속한다.
⑪ 눈을 뜬 심봉사는 심청과 함께 행복하게 잘 살았다.
⑫ 인당수에 빠진 심청은 옥황상제의 명령으로 연꽃에 싸여 지상으로 다시 올라온다.

 →
_____

2. 드라마 심청의 귀환을 읽고 시간 순서에 따라 정리하십시오.

① 앞을 보지 못하는 아버지와 함께 사는 청이는 어려운 환경에도 낙천적이고 적극적인 성격의 꿈많은 16세 소녀다.
② 인신공양을 해야겠다는 중국 상인의 이야기를 들을 백이방은 심청을 팔아 도둑맞은 삼백 석을 보충하기로 결심한다.
③ 개울에 빠진 아버지 심봉사를 구해준 화주승이 공양미 삼백석으로 아버지의 눈을 뜰 수 있다고 하자 바치겠다고 약속을 한다.

<부록 1> 판소리계열 텍스트를 활용한 한국어 문화 교수-학습 방안　　221

④ 황현감은 전국 최고의 효 사례를 조정에 올려 중앙정계로 진출할 생각에 백이방에게 효자 효녀를 발굴하라고 한다.

⑤ 심청마을의 아전인 백이방네 곡식창고에 있던 삼백석이 도적떼에게 털리자 백이방은 손해를 막아낼 방법을 생각한다.

⑥ 한편 심청마을은 심청의 사연이 알려지며 전국의 명소가 되었고, 임금이 심청마을에 내려와 심봉사를 위로하는 맹인잔치를 열 계획 중이었다.

⑦ 백이방에게서 공양미 삼백석을 마련할 방안을 들은 심청은 아버지 심봉사가 눈을 떠서 청의 얼굴을 보는 것이 소원이라 하자 결국 결심한다.

⑧ 그리하여 뺑덕에게 버림받고 떠돌던 심봉사를 데려와 맹인잔치를 준비하던 백이방은 심청이 살아 돌아왔다는 소식에 놀란다.

⑨ 인당수에서 뛰어 내린 심청은 외딴 섬에서 정신을 차리게 되고 섬에 유배된 왕자인 홍은 청을 처음 보는 순간 사랑을 느낀다.

⑩ 청이 자신이 공양미 삼백석을 빼돌렸다는 사실을 알면 모든 일이 수포로 돌아간다는 생각에 청이를 죽이려 하지만 실패한다.

⑪ 아버지가 걱정된 청은 홍에게 섬에서 떠나 아버지 곁으로 가겠다고 하고 홍은 청과 야반도주를 한다.

⑫ 공연패 탈을 쓰고 관아에 들어간 청과 홍은 백이방에서 쫓기다 결국 연회장에 들어가게 되고 임금 앞에서 청은 소리를 하겠다고 한다.

⑬ 홍은 세자의 신분을 회복하여 청을 세자빈으로 간택하여 혼인하고 둘은 행복하게 산다.

⑭ 청은 아버지 심봉사를 구하기 위해 목숨을 걸고 맹인잔치가 벌어지는 관아로 들어간다.

⑮ 심청의 소리를 듣고 임금과 많은 맹인들은 감격하고, 심봉사는 눈을 뜬다.

① →

3. 여러분 나라에 심청전과 비슷한 이야기가 있는지 이야기해 보고, 비슷한 점과 다른 점을 써 봅시다.

　공통점 :

　차이점 :

4. 심청 축제에서 시행하면 좋을 행사가 있는지 이야기해 보고, 외국인들이 함께 할 심청 축제를 직접 기획해 봅시다.

```
<심청 축제 기획하기>
일시 :

장소 :

행사 내용 :
```

2차시

1. 심청이 아버지를 위해 제물로 몸을 파는 장면을 보고 심청이 하는 행동에 대해 이야기해 봅시다.

2. 여러분의 나라에서는 부모님께 어떻게 행동해야 된다고 생각합니까? 여러분이 생각하는 효를 실천하는 행동은 무엇인지 대해 써 봅시다.

3. 부모님에 대한 효심을 생각하며 부모님께 편지를 써 봅시다.

3차시

1. 심청전에서 곽씨 부인과 뺑덕어미의 행동을 묘사하는 부분을 읽고 두 인물의 행동과 성격을 비교해 봅시다.

곽씨 부인 :
뺑덕어미 :

2. 여러분은 어떤 사람과 결혼을 하고 싶습니까? 여러분 나라에서 생각하는 좋은 신랑, 신부의 조건과 한국의 모습을 비교해 봅시다. 그리고 자신의 이상형도 함께 이야기해 봅시다.

　사회에서 좋아하는 이상형 :

　자신이 원하는 이상형 :

3. 결혼을 한 사람은 현재의 남편, 아내에게 결혼을 하지 않은 사람은 미래의 남편, 아내에게 편지를 써 봅시다.

4차시

1. 심청전에서 가족생활 문화가 묘사된 부분을 읽고 한국의 전통적인 의식주 문화의 특징을 정리해 봅시다.

　전통 가옥 :

　전통 음식 :

　전통 의복 :

2. 현재 한국에서 경험하고 있는 현재적인 가족생활 문화와 과거 한국의 가족생활 문화를 비교하여 달라진 점을 이야기해 봅시다. 그리고 여러분 나라의 의식주 문화와 비슷한 점과 다른 점을 이야기해 봅시다.

　공통점 :

　차이점 :

3. 한국 생활을 궁금해 하는 고향의 친구에게 한국이 전통적인 가족생활 문화와 현재의 가족생활 문화를 소개하는 글을 써 봅시다.

1-2. <춘향전>을 활용한 대중문화 교수-학습 방안

<교육 목표 및 내용>

- 단원 목표

  춘향전과 쾌걸 춘향을 보고 한국 문화를 이해할 수 있으며 자국의
  문화와 비교해 말할 수 있다.

- 단원 내용

  1) 절개 의식

  2) 한국의 여성상

  3) 한국의 사회상

<수업 개요>

차시	교육 내용	교육 활동	시간	준비물
1	소개 도입 내용 이해(서사 확인 및 비교)	판소리계 소설 춘향전과 드라마 쾌걸춘향을 보고 시간 순서에 따라 모티브 정리하기 춘향전과 유사한 자국의 설화 소개하기 춘향 관련 축제(남원 춘향제) 소개하기	50	춘향전 텍스트
2	절개 의식	자국의 절개 의식 소개하기 한국인의 과거와 현재 남녀간의 절개 의식에 대하여 토론하기 긍정적인 연인상에 대해 글로 써 보기	50	춘향전 텍스트
3	한국의 여성상	한국의 과거와 현재의 여성상을 비교하여 이야기해 보기 자국의 여성상과 한국의 여성상의 공통점과 차이점을 글로 써 보기	50	춘향전 텍스트
4	한국의 사회상	과거 조선 시대의 신분 차이와 현재 한국의 경제적 차이에 대하여 이해하고 자국의 사회상과 비교해 보기	50	춘향전 텍스트

<교육 절차>

1차시

단원	춘향전
차시	1/4차시
학습목표	춘향전과 쾌걸 춘향의 내용을 각각 이해한 후 공통점과 차이점을 말할 수 있다.
교수-학습 활동	– 도입 1. 학생들과 인사한다. 2. 춘향과 몽룡에 대해 들어 본 적이 있는지 자유롭게 이야기한다. – 제시(내용 이해, 문화 비교) 1. 춘향전과 쾌걸 춘향의 중요 모티브를 시간 순서에 따라 글로 쓴다. 2. 춘향전과 쾌걸 춘향을 비교하여 공통점과 차이점을 이야기한다. 3. 학습자 자국에 춘향전과 비슷한 이야기가 있는지 서로 이야기한다. 4. 자국의 이야기와 춘향전의 공통점과 차이점을 글로 정리한 후 발표한다. 5. 한국에서 행해지고 있는 춘향 관련 축제를 소개하고 참가하고 싶은 행사나 추가하면 좋을 행사가 있는지 이야기한다. – 마무리 1. 수업 시간에 사용한 어휘나 문법을 간단히 정리한다. 2. 춘향전과 쾌걸 춘향의 내용을 순서에 따라 정리한다.
과제	춘향전과 로미오와 줄리엣의 주인공 비교하여 글로 정리하기

2차시

단원	춘향전
차시	2/4차시
학습목표	춘향전에 나타난 한국의 절개 의식을 이해하고 남녀 관계에서 필요한 절개 의식을 자국의 의식과 비교하여 말할 수 있다.
교수-학습 활동	– 도입 1. 학생들과 인사한다. 2. 지난 시간에 학습한 춘향전과 쾌걸 춘향의 모티브를 각각 장면으로 제시하여 학생들에게 시간 순서에 따라 순서를 맞춰 보도록 한다. – 제시(내용 이해, 문화 비교) 1. 춘향전의 춘향과 쾌걸 춘향의 춘향이 각각 몽룡을 사랑하고 기다리는 절개 관념을 비교하여 공통점과 차이점을 이야기해 보고 과거 한국의 절개 의식과 현재 한국의 절개 의식을 이해한다. 2. 학생들의 자국에서 생각하는 절개에 대해 발표한다. 3. 한국과 자국의 절개 의식을 비교하여 남녀 관계에서 어느 정도까지 신의를 지켜야 하는지 이야기해 보도록 한다.

	4. 자신이 바라는 이상적인 연인의 행동을 글로 써 본다. – 마무리 1. 수업 시간에 사용한 어휘나 문법을 간단히 정리한다. 2. 자신이 사랑을 지키기 위해 할 수 있는 행동을 발표한다.
과제	미래의 연인에게 자신이 사랑을 어떻게 지켜나갈 것인지에 대하여 영상 편지로 녹화하기

▶ 3차시

단원	춘향전
차시	3/4차시
학습목표	춘향전과 쾌걸 춘향에 나타난 한국의 여성상의 변화를 이해하고 자국의 여성상과 비교할 수 있다.
교수-학습 활동	– 도입 1. 학생들과 인사한다. 2. 지난 시간에 학습한 절개 관념에 대해 상기한다. 3. 자신이 바라는 이상형을 간단히 이야기한다. – 제시(내용 이해, 문화 비교) 1. 춘향전과 쾌걸 춘향의 주인공인 춘향의 성격을 각각 글로 정리하고 두 인물의 공통점과 차이점을 발표한다. 2. 학습자 자국의 보편적인 여성의 성격이 과거에서 현재로 어떻게 변화해 왔는지에 대해 발표한다. 3. 한국과 학습자 자국의 여성상을 비교하여 공통점과 차이점을 글로 쓰고 발표한다. 4. 자신이 바라는 긍정적인 여성상과 남성상도 이야기해 보도록 한다. – 마무리 1. 수업 시간에 사용한 어휘나 문법을 간단히 정리한다. 2. 자신이 원하는 남성의 성격, 여성의 성격을 한 가지씩 이야기한다.
과제	자신이 원하는 남성상, 여성상을 글로 정리하기

▶ 4차시

단원	춘향전
차시	4/4차시
학습목표	춘향전에 나타난 한국의 사회상을 이해하고 자국의 사회상과 비교하여 말할 수 있다.
교수-학습 활동	– 도입 1. 학생들과 인사한다.

	2. 지난 시간에 학습한 한국의 여성상에 대해 상기한다.
	3. 한국 사회의 경제적 성장에 대해 자유롭게 이야기한다.
	– 제시(내용 이해, 문화 비교)
	한국의 사회상
	1. 춘향전에서 과거 조선 시대의 신분 차이가 나타나는 부분을 읽고 조선 시대의 신분 제도와 과거 사회상의 특징에 대하여 이야기한다.
	2. 쾌걸 춘향을 보고 현재 한국 사회의 경제적 차이에 따른 문제 상황에 대하여 이야기한다.
	3. 학습자 자국의 사회 모습과 비교하여 공통점과 차이점을 이야기한다.
	4. 자국과 한국 사회에 존재하는 경제적 차이에 따른 차별 상황과 이러한 문제를 해결하기 위한 방안을 글로 쓴다.
	– 마무리
	1. 수업 시간에 사용한 어휘나 문법을 간단히 정리한다.
	2. 과거 한국 사회의 신분 제도를 간단히 정리한다.
과제	현재 한국 사회의 모습을 잘 드러내고 있는 영화나 드라마 의 줄거리 써 오기

<차시별 수행>

1차시

1. 드라마 쾌걸 춘향의 줄거리를 시간 순서에 따라 정리하십시오.

① 남원의 최고 미인이며 우등생인 성춘향은 새로 부임한 경찰서장의 아들인 불량 전학생 이몽룡을 우연히 만난 이후 사사건건 부딪히며 대립한다.
② 몽룡의 집에서 함께 살게 된 두 사람은 자주 싸우면서도 서로에 대한 사랑이 생긴다.
③ 춘향과 몽룡이 함께 잠든 것에 대한 오해가 커져, 두 사람은 퇴학을 막기 위해 어쩔 수 없이 계약 결혼을 하게 된다.
④ 일본으로 떠나려는 순간 춘향은 비행기에서 내려 사라진다.
⑤ 누명을 풀어주는 조건으로 춘향은 학도와 약혼을 하고 일본으로 떠난다.
⑥ 우연한 기회에 학도의 방해를 알아챈 춘향은 몽룡과의 오해를 풀고 사귀게 된다.
⑦ 춘향과 몽룡은 드디어 결혼식을 준비하지만, 이를 안 학도는 몽룡을 성추행범으로 모는 연극을 꾸미고 조작된 동영상을 확보한다.
⑧ 사건을 알게 된 춘향은 학도를 찾아가 몽룡의 누명을 풀어줄 것을 애원한다.
⑨ 지난 날의 잘못을 뉘우친 학도의 고백으로 몽룡은 혐의를 풀고, 학도의 도움으로 범죄 조직을 일망타진한다.
⑩ 서로에 대한 오해를 풀지 못한 채 춘향과 몽룡은 끝내 이별하고 엇갈린다.
⑪ 몽룡은 자신의 장난으로 물에 빠져 감기에 걸린 춘향에 대한 미안한 마음으로 병문안을 갔다가 실수로 과일주를 마시고 춘향 곁에서 잠이 든다.
⑫ 몇 년 후 친구인 단희와 지혁의 결혼식에서 다시 만난 춘향과 몽룡은 서로의 사랑을 확인하고 모두의 축복 속에 결혼식을 올린다.

⑬ 춘향을 우연히 알게 된 후 점점 호감을 느끼는 연예 기획사 사장 변학도와 몽룡의 첫사랑인 채린으로 인해 둘의 사랑에 오해가 쌓인다.

① ➝

2. 춘향전의 줄거리를 시간 순서에 따라 정리하십시오.

① 옛날 남원 지역에 성춘향이라는 얼굴이 예쁘고 똑똑한 기생이 있었다.
② 춘향은 이몽룡을 생각하며 수청을 거절하고 옥살이를 하게 된다.
③ 단오날 춘향은 광한루에서 그네를 타다가 이몽룡을 만난다.
④ 이몽룡이 떠난 후 남원에 변학도가 사또로 부임한다.
⑤ 변학도의 생일 잔칫날 과거에 급제하고 암행어사가 된 이몽룡이 나타나 춘향을 구한다.
⑥ 행복한 날들을 보내던 어느 날 이몽룡이 서울로 떠나게 되어 둘은 이별하게 된다.
⑦ 변학도는 이몽룡에게 벌을 받게 되고 춘향과 몽룡은 행복하게 살았다.
⑧ 변학도는 춘향에게 수청을 들 것을 요구한다.
⑨ 이몽룡은 성춘향을 보고 첫 눈에 반해 춘향의 어머니인 월매를 찾아가 결혼을 하겠다고 이야기한다.

① ➝

3. 드라마 쾌걸춘향과 춘향전을 읽고 두 이야기의 공통점과 차이점을 이야기해 봅시다.
　공통점 :
　차이점 :

4. 학습자 자국에 있는 비슷한 이야기를 소개해 봅시다.

5. 다음은 춘향제 홈페이지입니다. 춘향제 행사 내용을 보고 참가하고 싶은 행사나 추가하면 좋을 행사가 있는지 쓰고 이야기해 봅시다.

춘향제 홈페이지 주소 http://www.chunhyang.org/

2차시

1. 쾌걸춘향과 춘향전의 춘향과 몽룡이 각각 서로를 사랑하는 모습을 통해 과거와 현재 한국의 사랑 방식의 변화에 대해 이야기해 봅시다.

2. 한국과 학습자 자국의 절개 의식을 비교해 보고, 남녀 관계에서 어느 정도까지 신의를 지켜야 하는지 자신의 생각을 이야기해 봅시다.

3. 자신이 바라는 이상적인 연인의 행동을 글로 써 봅시다.

3차시

1. 춘향전과 쾌걸 춘향의 주인공인 춘향의 성격의 공통점과 차이점을 써 보고 이야기해 봅시다.
   공통점 :
   차이점 :

2. 춘향전과 쾌걸 춘향을 통해 한국의 여성상의 모습이 어떻게 변화해 왔는지 알아봅시다.

3. 학습자 자국의 보편적인 여성의 성격이 과거에서 현재로 어떻게 변화해 왔는지에 대해 이야기해 보고, 공통점과 차이점을 글로 써 봅시다.
   공통점 :
   차이점 :

4. 자신이 바라는 긍정적인 여성상과 남성상도 이야기해 봅시다.

4차시

1. 춘향전에서 과거 조선 시대의 신분 차이가 나타나는 부분을 읽고 조선 시대의 신분 제도와 과거 사회상의 특징에 대하여 알아봅시다.

2. 쾌걸 춘향을 보고 현재 한국 사회의 경제적 차이에 따른 문제 상황에 대하여 이야기해 보고 학습자 자국의 사회 모습과 비교하여 공통점과 차이점을 이야기한다.
   공통점 :
   차이점 :

3. 자국과 한국 사회에 존재하는 경제적 차이에 따른 차별 상황과 이러한 문제를 해결하기 위한 방안은 무엇인지 이야기해 봅시다

1-3. <흥부전>을 활용한 사회문화 교수-학습 방안

<교육 목표 및 내용>

- 단원 목표

  흥부전과 박타는 처녀 설화를 읽고 한국 문화를 이해할 수 있으며
  자국인 몽골의 문화와 비교해 말할 수 있다.

- 단원 내용

  1) 우애 의식

  2) 권선징악, 인과응보 사상

  3) 조선시대의 사회상

<수업 개요>

차시	교육 내용	교육 활동	시간	준비물
1	소개 도입 내용 이해(서사 확인 및 비교)	흥부전과 박타는 처녀 설화를 읽고 시간 순서에 따라 모티브 정리하기 흥부전과 박타는 처녀 설화의 공통점과 차이점을 찾아 써 보기 흥부 관련 축제 (남원흥부제) 소개하기	50	흥부전 텍스트
2	우애 의식	자국의 우애 의식 소개하기 흥부의 우애 의식에 대하여 토론하기 자신이 생각하는 긍정적인 형제의 모습에 대해 글로 써 보기	50	흥부전 텍스트
3	권선징악, 인과응보 사상	권선징악, 인과응보 사상을 이해하고 자국의 사상과 비교해 보기 한국의 드라마나 영화에서 등장하는 권선징악, 인과응보 사상을 찾아보고 이야기해 보기 흥부와 놀부의 행동에 대하	50	흥부전 텍스트

차시	교육 내용	교육 활동	시간	준비물
		여 토론하기		
4	조선시대의 사회상	자본주의가 등장하고 신분제가 몰락하는 과거 조선 의 사회상을 이해하고 현재 한 국의 자본주의에 대해 이야 기해 보기 자국과 한국의 경제의식을 비교하여 이야기해 보기	50	흥부전 텍스트

<교육 절차>

1차시

단원	흥부전
차시	1/4차시
학습목표	흥부전 서사를 읽고 박타는 처녀 설화와 내용을 비교하여 공통점과 차이점을 찾을 수 있다.
교수-학습 활동	– 도입 1. 학생들과 인사한다. 2. 박타는 처녀 설화를 알고 있는지 확인한다. 3. 흥부와 놀부에 대해 들어 본 적이 있는지 자유롭게 이야기한다. – 제시(내용 이해, 문화 비교) 1. 흥부전을 읽고 중요 모티브를 시간 순서에 따라 글로 쓴다. 2. 몽골에서 전해지는 박타는 처녀 설화를 순서에 따라 간단히 정리하여 글로 쓴다. 3. 한국의 흥부전과 몽골의 박타는 처녀 설화의 공통점과 차이점을 이야기한다. 4. 한국에서 행해지고 있는 흥부 관련 축제를 소개하고 참가하고 싶은 행사나 추가하면 좋을 행사가 있는지 이야기한다. – 마무리 1. 수업 시간에 사용한 어휘나 문법을 간단히 정리한다. 2. 흥부전의 내용을 순서에 따라 정리한다.
과제	흥부전과 박타는 처녀 설화의 공통점과 차이점을 글로 정리하기

▶ 2차시

단원	흥부전
차시	2/4차시
학습목표	흥부전에 나타난 한국의 우애 의식을 이해하고 형제 관계에서 중요한 우애 의식을 자국의 의식과 비교하여 말할 수 있다.
교수-학습 활동	– 도입 1. 학생들과 인사한다. 2. 형제가 있는지 질문하고 관계가 어떤지 이야기해 본다. 3. 지난 시간에 학습한 흥부전과 박타는 처녀 설화의 모티브를 각각 시간 순서에 따라 나열해 보도록 한다. – 제시(내용 이해, 문화 비교) 1. 흥부와 놀부의 행동을 통해 형제 간의 우애있는 행동은 어떤 행동인지에 대해 이야기해 본다. 2. 자신은 흥부와 같은 형제인지 놀부와 같은 형제인지 자유롭게 이야기해 본다. 3. 학생들의 자국에서 생각하는 우애에 대해 발표한다. 4. 한국과 자국의 우애 의식을 비교하여 형제 관계에서 해야 할 행동과 하지 말아야 할 행동을 글로 써 본다. – 마무리 1. 수업 시간에 사용한 어휘나 문법을 간단히 정리한다. 2. 자신이 생각하는 긍정적인 형제 간의 행동에 대하여 이야기한다.
과제	자신의 형제에게 편지쓰기

▶ 3차시

단원	흥부전
차시	3/4차시
학습목표	흥부전에 나타난 권선징악, 인과응보 사상을 이해하고 자국의 사상과 비교할 수 있다.
교수-학습 활동	– 도입 1. 학생들과 인사한다. 2. 지난 시간에 학습한 우애 관념에 대해 상기한다. 3. 한국에서 착한 사람은 복을 받고 나쁜 사람을 벌을 받는 내용의 드라마나 영화를 본 적이 있는지 자유롭게 이야기한다. – 제시(내용 이해, 문화 비교)권선징악, 인과응보 사상을 이해하고 자국의 사상과 비교해 보기 한국의 드라마나 영화에서 등장하는 권선징악, 인과응보 사상을 찾아보고 이야기해 보기 흥부와 놀부의 행동에 대하여 토론하기 권선징악, 인과응보 사상

	1. 흥부전과 박 타는 처녀 설화에서 흥부와 놀부, 박 타는 두 처녀의 행동과 성격을 묘사하는 부분을 읽고 인물들의 선행과 악행을 비교하여 글로 정리한다. 2. 흥부와 놀부, 박 타는 두 처녀의 행동을 통하여 권선징악, 인과응보 사상을 이해하고 이러한 주제가 자국의 이야기에서도 자주 활용되는지 이야기한다. 3. 한국 드라마나 영화에서 등장하는 권선징악, 인과응보 사상을 찾아 이야기해 보도록 한다. 4. 흥부의 입장과 놀부의 입장에서 흥부와 놀부를 대변하여 흥부와 놀부의 행동에 대하여 토론해 보도록 한다. - 마무리 1. 수업 시간에 사용한 어휘나 문법을 간단히 정리한다. 2. 자신이 주변에서 행할 수 있는 선행을 이야기한다.
과제	자신이 좋아하는 한국 드라마를 보고 선행을 한 인물과 악행을 한 인물의 결말이 어떻게 되는지 글로 정리하기

4차시

단원	흥부전
차시	4/4차시
학습목표	흥부전에 나타난 조선 사회의 시대상을 이해하고 현재 한국 사회의 모습과 비교하여 소개할 수 있다.
교수-학습 활동	- 도입 1. 학생들과 인사한다. 2. 지난 시간에 학습한 한국의 권선징악, 인과응보 사상에 대해 상기한다. 3. 한국 사회의 자본주의에 대해 느낀 것이 없는지 자유롭게 이야기한다. - 제시(내용 이해, 문화 비교) 1. 흥부전에서 자본주의가 등장하며 신분제가 몰락하는 과거 조선 사회의 시대상을 나타내는 부분을 읽고 그 과정에 대해 이야기한다. 2. 현재 한국 사회에 존재하는 자본주의 의식에 대해 소개한다. 3. 한국 사회에 존재하는 자본주의 의식, 한국인의 경제의식과 학습자 자국에 존재하는 자본주의 의식, 경제의식을 비교하여 공통점과 차이점을 이야기한다. 4. 자본주의의 장점과 단점을 글로 쓴다. - 마무리 1. 수업 시간에 사용한 어휘나 문법을 간단히 정리한다. 2. 한국 사회의 자본주의의 형성 과정을 간단히 정리한다.
과제	돈과 행복의 상관관계에 대한 자신의 생각을 글로 써 오기

<차시별 수행>

▶ 1차시

1. 박타는 처녀 이야기를 읽고 시간 순서에 따라 정리하십시오.

① 옛날에 마음이 착한 처녀가 한 명 있었다.
② 얼마 후 그 제비가 튼튼한 몸이 되어서 날아오더니, 씨앗을 주고 갔다.
③ 밖에서 소리가 들려 나가 보니, 제비가 한 마리 땅으로 떨어져 있었다.
④ 얼마 후 나쁜 처녀에게도 제비가 박씨 하나를 가져왔다.
⑤ 처녀는 박 타서 큰 부자가 된 처녀 이야기를 듣고, 제 집에 사는 제비의 부둥깃을 일부러 부러뜨리고, 오색 실로 잘 동여매어 날려 보냈다.
⑥ 나쁜 처녀도 그 씨앗을 심었더니 커다란 박이 하나 열렸다.
⑦ 그 이웃에 마음씨가 나쁜 처녀가 하나 있었다.
⑧ 이 때문에 그 처녀는 큰 부자가 되었다.
⑨ 처녀는 바느질하던 오색 실로 잘 동여매어 주었다.
⑩ 박이 매우 커져서 박을 열어보니 그 속에서 많은 보물이 나왔다.
⑪ 박을 열자, 그 속에서 무서운 독사가 나와서 그 처녀를 물어 죽였다.
⑫ 뜰에 심었더니, 커다란 박이 하나 열렸다.

___① →_____

2. 흥부전을 읽고 시간 순서에 따라 정리하십시오.

① 충청·전라·경상 사이에 놀부라는 형과 흥부라는 동생이 살았다.
② 어느 날 흥부의 집에 제비가 찾아와 새끼를 쳤는데 새끼 한 마리라 땅에 떨어져 다리가 부러졌다.
③ 형은 심술이 매우 사나웠으나, 아우는 형과 반대로 아주 착한 사람이었다.
④ 그 박속에는 금은보화가 많이 나와 흥부는 큰 부자가 되었다.
⑤ 형 놀부는 부모로부터 물려받은 재산을 독차지하고, 동생 흥부에게는 한 푼도 주지 않고 집에서 내쫓았다.
⑥ 이듬해 제비가 박씨 하나를 물어다 주어 흥부는 박씨를 심었다.
⑦ 그 박속에서 온갖 몹쓸 것들이 나와 놀부는 망하게 되었다.
⑧ 이듬해 제비가 박씨 하나를 물어다 주어 놀부도 박씨를 심었다.
⑨ 흥부는 제비 새끼를 불쌍히 여겨 다리를 치료해 주었다.
⑩ 잘못을 뉘우친 놀부는 착한 사람이 되어 흥부를 찾아가 형제가 화목하게 잘 살았다.
⑪ 이 소식을 들은 놀부가 제비 다리를 일부러 부러뜨려 날려 보냈다.

___① →_____

3. 박타는 처녀 설화와 흥부전을 읽고 두 인물의 공통점과 차이점을 쓰고 이야기해 봅시다.

공통점 :

차이점 :

4. 다음은 남원 흥부제에서 하고 있는 행사들입니다. 참가하고 싶은 행사나 추가하면 좋을 행사가 있는지 이야기해 봅시다.

< 남원흥부제 행사 내용> http://www.heungbu.or.kr/
기념행사 (2종목)
– 고유제(인월,아영)
– 개막식(식전공연, 기념식, 축하공연)
경연/공연 (6종목)
– 흥부골 남원 농악 대회
– 흥부전 독후감 쓰기
– 흥부놀부 백일장
– 흥부상징 그림그리기 대회
– 프린지페스티벌(슈퍼스타 HB)
– 창극 흥부전
체험 (1종목)
– 흥부체험마당
연계 행사 (7종목)
– 남원예술제
– 학생판소리경연대회
– 흥부길걷기대회
– 시조경창대회
– 공모사업(이것이 판소리다)
– 시민체육대회
– 남원아시아도자예술심포지엄

2차시

1. 다음은 흥부와 놀부의 행동입니다. 다음 내용을 읽고 형제 간의 우애있는 행동은 어떤 행동인지에 대해 이야기해 봅시다.

놀부는 무척 욕심이 많아서 부모에게 물려받은 재산을 동생인 흥부에게는 조금도 나누어 주지 않고 자기가 독차지했다. 그리고 흥부와 그의 가족이 행랑채에 사는 것도 못마땅해 매일 트집을 잡으며 내쫓을 구실을 찾았다. 그러던 어느 날이었다. 심술궂은 놀부는 담뱃대를 입에 물고 안마당을 왔다 갔다 했다. 그 모습을 본 놀부 아내가 긴 치맛자락을 우악스럽게 추어 올리며 다가왔다.

"무슨 생각을 그렇게 하세요?"

"흥부네 식구를 쫓아낼 방법이 도무지 떠오르지 않는구려."

놀부가 고개를 가로저었다. 그러자 놀부 아내가 혀를 차며 말했다.

"쯧쯧, 참 답답하군요. 그냥 내쫓으면 되지 무슨 방법이 필요해요?"

그 말을 듣고 놀부의 입가에 슬쩍 웃음이 머물렀다. 그러고는 무릎을 탁치며 말했다.

"옳거니, 왜 여태 그 생각을 못 했을까? 당장 당신 말대로 해야겠소. 역시 내 마누라라니까."

놀부는 행랑채로 성큼성큼 걸어갔다. 그리고 큰 목소리로 흥부를 불렀다.

"에헴! 흥부, 안에 있으면 나와 보거라."

흥부는 놀부의 말이 떨어지기가 무섭게 방문을 열고 나와 버선발로 마당에 섰다.

"형님, 왜 그러십니까?"

흥부는 어리둥절하며 동그랗게 눈을 떴다.

"두말하지 말고 네 식구를 데리고 썩 나가거라."

놀부는 호통치듯 말했다. 흥부는 깜짝 놀라 놀부의 옷자락을 잡으며 매달렸다.

"아니, 형님 그게 무슨 말씀이세요? 이 많은 식구를 데리고 어디로 가란 말입니까?"

흥부의 애원에도 놀부는 매몰차게 뿌리쳤다. 어쩔 수 없이 흥부는 짐을 주섬주섬 챙겨 식구와 함께 놀부의 집을 나왔다.

2. 자신은 흥부와 같은 형제입니까? 아니면 놀부와 같은 형제입니까? 자유롭게 이야기해 봅시다.

3. 여러분의 나라에서는 형제 사이에 어떻게 행동해야 된다고 생각합니까? 형제 관계에서 해야 할 행동과 하지 말아야 할 행동을 써 봅시다.

　　형제 간에 해야 할 행동 :

　　형제 간에 하지 말아야 할 행동 :

▶ 3차시

1. 흥부전과 박 타는 처녀 설화에서 흥부와 놀부, 박 타는 두 처녀의 행동과 성격을 묘사한 부분을 읽고 인물들의 착한 행동과 나쁜 행동을 비교해 봅시다.

　　착한 행동 :

　　나쁜 행동 :

2. 흥부와 놀부, 박 타는 두 처녀는 각각 착한 행동과 나쁜 행동을 통해 복과 벌을 받습니다. 여러분 나라에서도 이러한 주제가 이야기에서 자주 활용됩니까? 비슷한 이야기가 있으면 소개해 봅시다.

3. 한국 드라마나 영화에서 등장하는 권선징악, 인과응보 사상을 이야기해 봅시다.

4. 흥부는 착한 인물로 긍정적으로 평가할 수 있다. 하지만 비판적인 시각에서 본다면 어떤 점을 비판적으로 볼 수 있을지 이야기해 봅시다.

흥부의 문제점 :

4차시

1. 흥부전은 과거 한국 사회인 조선 사회의 시대적 모습을 잘 보여줍니다. 과거의 생활 태도와 사회적 관습을 찾아보고, 현재 한국의 모습을 비교해 봅시다.

조선 시대의 생활 태도 :
조선 시대의 사회적 관습 :

2. 현재 한국 사회에 존재하는 자본주의 의식, 한국인의 경제의식에 대해 이야기해 보고, 학습자 자국에 존재하는 자본주의 의식, 경제의식을 비교해 봅시다.

3. 자본주의의 장점과 단점을 글로 써 봅시다.

장점 :
단점 :

1-4. <옹고집전>을 활용한 종교문화 교수-학습 방안

<교육 목표 및 내용>

- 단원 목표

옹고집전 서사를 읽고 한국 문화를 이해할 수 있으며 자국의 문화와 비교해 말할 수 있다.

- 단원 내용

1) 부모 봉양 문화

2) 종교 문화

3) 공동체 문화 및 사회 나눔 문화

<수업 개요>

차시	교육 내용	교육 활동	시간	준비물
1	소개 도입 내용 이해(서사 확인 및 비교)	옹고집전 읽고 시간 순서에 따라 모티브 정리하기 옹고집전과 유사한 자국의 설화 소개하기 옹고집이라는 어휘의 현대적 의미에 대해 논의하기	50	옹고집전 텍스트
2	부모 봉양 문화	옹고집전과 심청전의 효행이 나타난 장면을 읽고 두 주인공의 효행의 차이점 이야기해 보기 자국의 부모 봉양 형태 소개하기 장자 중심의 부모 봉양 문화의 장단점 토론하기 현재 한국 사회의 가족 형태에 대해 논의하기	50	옹고집전 텍스트, 심청전 텍스트
3	종교 문화	자국에서 국교로 삼고 있는 종교에 대해 소개하기 과거 한국 종교 문화와 현재 한국 종교 문화를 비교하여 논의하기 여러 종교를 인정하는 한국의	50	옹고집전 텍스트

차시	교육 내용	교육 활동	시간	준비물
		모습의 장단점에 대해 이야기 해 보기		
4	공동체 문화 및 사회 나눔 문화	자국의 사회 나눔 의식 소개하기 옹고집전과 심청전의 사회 나눔 문화 비교해 보기 과거의 사회 나눔 문화와 현재의 사회 나눔 문화를 비교하여 공통점과 차이점 이야기해 보기 사회 나눔을 실천한 사람의 기사나 뉴스를 보고 그 사람에 대한 평을 글로 써 보기	50	옹고집전 텍스트, 심청전 텍스트, 신문 기사 및 뉴스

<교육 절차>

1차시

단원	옹고집전
차시	1/4차시
학습목표	옹고집전 서사를 읽고 내용을 이해한 후 자국의 설화와 비교할 수 있다.
교수-학습 활동	- 도입 1. 학생들과 인사한다. 2. 옹고집에 대해 들어 본 적이 있는지 자유롭게 이야기한다. - 제시(내용 이해, 문화 비교) 1. 옹고집전을 읽고 중요 모티브를 시간 순서에 따라 글로 쓴다. 2. 학습자 자국에 옹고집전과 비슷한 이야기가 있는지 서로 이야기한다. 3. 고집이 센 사람을 의미하는 옹고집이라는 어휘의 현대적 의미에 대해 소개하고 자신은 고집이 있는지 없는지 자신의 성격에 대해 이야기한다. 4. 고집이 센 사람과 고집이 없는 사람의 성격적 장단점을 글로 정리한 후 발표한다. - 마무리 1. 수업 시간에 사용한 어휘나 문법을 간단히 정리한다. 2. 옹고집전의 내용을 순서에 따라 정리한다.
과제	옹고집전과 비슷한 자국의 서사를 조사하고 공통점과 차이점을 글로 정리하기

▶ 2차시

단원	옹고집전
차시	2/4차시
학습목표	옹고집전에 나타난 한국의 부모 봉양 문화를 이해하고 자국의 부모 봉양 문화와 비교하여 이해할 수 있다.
교수-학습 활동	– 도입 1. 학생들과 인사한다. 2. 자국에서 결혼을 한 후 부모와 함께 사는 경우가 많은지 따로 사는 경우가 많은지 자유롭게 이야기한다. 3. 지난 시간에 학습한 옹고집전의 모티브를 그림으로 제시하여 학생들에게 시간 순서에 따라 순서를 맞춰 보도록 한다. – 제시(내용 이해, 문화 비교) 1. 옹고집전과 심청전의 효행이 나타난 장면을 읽고 옹고집이 행하는 불효와 심청이 행하는 효행을 비교하여 한국인들이 생각하는 효행에 대해 이야기한다. 2. 효행의 한 형태로 장자가 부모를 봉양하는 한국의 부모 봉양 문화와 학생들의 자국의 부모 봉양 형태를 비교하여 소개해 본다. 3. 장자 중심의 부모 봉양 문화의 장단점 토론해 보도록 한다. 4. 과거 한국 사회의 가족 형태와 현재 한국 사회의 가족 형태를 비교해 보고 그 차이에 대해 이야기해 본다. – 마무리 1. 수업 시간에 사용한 어휘나 문법을 간단히 정리한다. 2. 자신은 결혼 후 부모와 합가하여 사는 것이 좋은지 따로 분가하여 사는 것이 좋은지 발표한다.
과제	분가와 합가의 장단점과 자신의 부모 봉양 계획 및 방법에 대한 생각을 글로 써 오기

▶ 3차시

단원	옹고집전
차시	3/4차시
학습목표	옹고집전에 나타난 한국의 종교 문화를 이해하고 자국의 종교 문화와 비교하여 말할 수 있다.
교수-학습 활동	– 도입 1. 학생들과 인사한다. 2. 지난 시간에 학습한 부모 봉양 문화에 대해 상기한다. 3. 한국의 종교 문화 중에서 독특하다고 느낀 것이 없는지 자유롭게 이야기한다. – 제시(내용 이해, 문화 비교)

	1. 자신의 종교에 대해 소개하고 학습자 자국에 정해진 국교가 있는지 소개한다.
	2. 옹고집전에서 종교 문화를 묘사하는 부분을 읽고 당시 한국 사회의 불교문화 및 유교 문화에 대해 이야기한다.
	3. 한국 사회에 과거부터 현재까지 존재하고 있는 종교 문화의 변화 과정을 논의하고, 과거 한국 종교 문화와 현재 한국 종교 문화를 비교해 이야기해 보도록 한다.
	4. 자국에도 존재하는 동일한 종교임에도 자국과 한국이 다르게 표현되는 종교 문화에 대해 이야기해 보고 글로 쓴다.
	− 마무리
	1. 수업 시간에 사용한 어휘나 문법을 간단히 정리한다.
	2. 여러 종교를 인정하는 한국의 모습의 장단점에 대해 간단히 이야기한다.
과제	성탄절, 석가탄신일, 개천절 모두 국경일로 삼고 있는 한국의 다양한 종교 인정 문화와 자국 종교 인정 문화를 비교하여 글로 써 오기

4차시

단원	옹고집전
차시	4/4차시
학습목표	옹고집전에 나타난 한국의 공동체 문화 및 사회 나눔 의식을 이해하고 자국에서 행해지는 사회 나눔 문화와 비교할 수 있다.
교수−학습 활동	− 도입 1. 학생들과 인사한다. 2. 지난 시간에 학습한 종교 문화에 대해 상기한다. 3. 자신보다 어려운 사람을 도와 준 경험에 대해 자유롭게 이야기한다. − 제시(내용 이해, 문화 비교) 1. 옹고집전에서 사회 나눔 의식이 등장하는 부분을 읽고 자국에 존재하는 사회 나눔 의식 및 사례를 소개해 본다. 2. 옹고집전과 심청전에서 사회 나눔 의식이 등장하는 부분을 읽고 두 사회 나눔 의식의 공통점과 차이점을 이야기해 본다. 3. 과거 한국의 사회 나눔 문화와 현재 한국의 사회 나눔 문화의 모습을 소개하고 공통점과 차이점을 이야기해 본다. 4. 사회 나눔을 실천한 사람의 기사나 뉴스를 보고 그 사람에 대한 평을 글로 쓰고 발표해 본다. − 마무리 1. 수업 시간에 사용한 어휘나 문법을 간단히 정리한다. 2. 자신이 행하고 싶은 사회 나눔에 대해 이야기한다.
과제	자신이 행하고 싶은 사회 나눔 계획에 대해 글로 써 오기

<차시별 수행>

1차시

1. 옹고집전을 읽고 시간 순서에 따라 내용을 정리하십시오.

① 옛날에 심술이 사납고 남을 위해 돈을 한 푼도 쓰지 않으며 병든 노모를 돌보지 않는 옹고집이 살았다.
② 옹고집이 뉘우치고 있는 것을 안 도사는 부적을 주며 집으로 돌아가라고 한다.
③ 옹고집은 동냥을 하러 오는 사람이나 시주를 받으러 온 중에게 언제나 도움을 주지는 않고 괴롭히기만 해서 돌려 보낸다.
④ 집으로 돌아와 부적을 던지니 가짜 옹고집이 허수아비로 변하였다.
⑤ 진짜 옹고집은 온갖 고생을 하며 떠돌며 자신의 잘못을 뉘우친다.
⑥ 괴롭힘을 당한 중 절에 돌아가 그 사실을 이야기하고 옹고집을 혼내 주려고 가짜 옹고집을 만들어 진짜 옹고집에게 보낸다.
⑦ 소송에서 가짜 옹고집이 이기게 되고 진짜 옹고집은 자신의 집에서 쫓겨나게 된다.
⑧ 가짜 옹고집과 진짜 옹고집은 서로 자신이 진짜라며 싸우게 되고 소송을 하게 된다.

① →_____

2. 여러분 나라에 옹고집전과 비슷한 이야기가 있는지 이야기해 보고, 비슷한 점과 다른 점을 써 봅시다.

공통점 :
차이점 :

3. 옹고집이라는 말은 현대에도 자주 사용되는 단어입니다. 옹고집이 뜻하는 의미가 무엇일지 추측해 봅시다.

4. 자신은 고집이 있는 성격인지 고집이 없는 성격인지 생각해 보고 고집이 센 사람과 고집이 없는 사람의 성격적 장점과 단점을 이야기해 봅시다.

장점 :
단점 :

1. 옹고집과 심청은 부모를 대하는 행동이 매우 다른 인물들입니다. 옹고집이 어머니에게 하는 행동과 심청이 아버지에게 하는 행동을 비교해 봅시다.

　옹고집 :
　심청 :

2. 옹고집전에서 옹고집은 늙은 어머니와 함께 삽니다. 여러분 나라에서는 결혼을 한 후 부모님과 함께 사는지 따로 사는지 이야기해 봅시다. 그리고 함께 산다면 어느 자녀와 함께 살며, 그 이유가 무엇인지 이야기해 봅시다.

3. 한국의 장자 중심의 부모 봉양 문화의 장단점에 대해 이야기해 봅시다.

　장점 :
　단점 :

4. 과거 한국 사회의 가족 형태와 현재 한국 사회의 가족 형태를 비교해 보고 그 차이를 이야기해 봅시다.

1. 여러분 나라에 국교로 삼고 있는 종교가 있는지 소개해 보고 자신의 종교에 대해 이야기해 봅시다.

2. 옹고집전에는 불교문화와 유교문화의 모습이 나타나 있습니다. 과거 한국 사회의 종교 문화 모습을 찾아 정리해 봅시다.

불교문화 :

유교문화 :

3. 과거와 현재 한국의 종교문화를 비교해보고 어떻게 변화되었는지 그 모습을 이야기해 봅시다.

4. 여러분 나라와 한국에 모두 존재하는 동일한 종교임에도 다르게 표현되는 종교문화에 대해 이야기해 보고 여러 종교를 인정하는 한국의 모습에 대한 자신의 생각을 써 봅시다.

4차시

1. 여러분 나라에 존재하는 사회 나눔 의식 및 그 사례를 소개해 봅시다.

2. 옹고집전과 심청전의 사회 나눔 의식의 공통점과 차이점을 써 봅시다.

공통점 :

차이점 :

3. 과거와 현재 한국의 사회 나눔 문화의 모습을 소개하고 공통점과 차이점을 이야기해 봅시다.

4. 사회 나눔을 실천한 사람의 기사를 찾아보고 그 사람에 대한 소개와 평을 써 봅시다.

<부록 2> 한국어 문화 교육 수업 시연 결과:
<흥부전>을 대상으로

2-1. 반응 조사 설문 분석

판소리계열 텍스트를 활용한 교수 학습 방안을 바탕으로 직접 수업해 본 후 학습자의 반응을 분석하였다. 여러 텍스트 가운데 본고에서는 판소리계 소설 <흥부전>과 몽골의 <박타는 처녀> 설화 텍스트를 활용한 교수 학습 방안을 바탕으로 직접 수업을 진행해 본 후, 학습자의 반응을 조사하기 위해 설문 조사를 진행하였다. 이는 직접 수업을 진행해 봄으로써 학습자의 반응을 살펴, 본고에서 제시한 교수 학습 방안이 실제적으로 문화 교육에 도움이 될 수 있을지 알아보기 위해서였다. 또한 몽골 학습자들의 반응을 살피기 위하여 흥부전 텍스트를 선택하여 수업을 진행하였다. 설문 조사 방법을 활용하여 학습자의 반응을 살펴보았다. 수업은 2013년 11월에 시행되었다. 4차시에 걸쳐 수업이 진행되었으며 설문 대상자는 총 10명(남6명, 여4명)이었다. 국적은 몽골 4명, 중국 4명, 필리핀 1명, 타지키스탄 1명이었다. 설문 대상자들은 모두 대학 내의 교육기관에서 한국어를 학습하고 있는 학습자였으며 학습자의 한국어 수준은 중급 수준이었다. 또한 이들 학습자들의 한국어 학습 목적은 대부분 학과 공부 및 대학 진학이었다. 학습자들의 한국어 능력이 매우 유창한 수준이 아니었으므로 객관식 질문을 통하여 반응을 조사하였고 추가적 의견을 듣기 위하여 주관식을 일부 반영하여 설문지를 작성하였다. 또한 일부 항목(7번)은 조사자들이 복수 응답을 하여 그 내용에 따라 복수 응답을 허용하였다. 설문은 4차시 수업이 모두 진행된 후 조사되었다. 설문 조사에 응한 학습자들의 응답은 다음과 같다.

1. 판소리계열 텍스트를 활용한 한국어 문화 교육의 내용이 재미있었습니까?

	10명 설문	
	응답자(10명)	백분율(%)
① 매우 재미있다.	0명	0%
② 재미있다.	3명	30%
③ 보통이다.	6명	60%
④ 재미없다.	1명	10%

<표 1> 텍스트의 흥미 조사 결과

이 질문은 텍스트의 흥미에 관한 질문이다. 응답 결과 재미있다 30%, 보통이다 60%로 단 한 명을 제외한 대다수의 학습자들이 판소리계열 텍스트에 대해 흥미를 보였다. 이는 학습자들에게 판소리계열 텍스트가 과거 한국의 이야기로 재미없게만 느껴질 것이라는 우려를 빗겨간 결과였다. 학습에 대한 흥미는 학습의 전체적인 효과에 큰 영향을 미칠 수 있기 때문에 판소리계열 텍스트의 활용은 한국어 문화 교육에 긍정적인 영향을 줄 수 있을 것으로 예측된다. 그러나 매우 재미있다 항목에 대한 응답자가 없는 것으로 보아 향후 판소리계열 텍스트를 한국어 문화 교육에 활용할 때 학습자의 흥미를 좀 더 향상 시킬 수 있는 방안이 추가적으로 개발되어야 할 것으로 보인다.

2. 판소리계열 텍스트가 쉬웠습니까?

	10명 설문	
	응답자(10명)	백분율(%)
① 매우 쉽다.	2명	20%
② 조금 쉽다.	2명	20%
③ 보통이다.	5명	50%
④ 어렵다.	1명	10%

<표 2> 텍스트의 이해도 조사 결과

이 질문은 텍스트의 이해도에 관한 질문이다. 응답 결과 매우 쉽다 20%, 조금 쉽다 20%, 보통이다 30%로 응답자 90%가 판소리계열 텍스트가 어렵지 않다고 응답하였다. 판소리계열 텍스트에 대한 일반적인 인식과 문화 교육에 활용하기 어려울 것으로 예상되어왔던 가장 큰 이유인 텍스트 어려움에 관한 우려가 실제 학습자에게는 어려움이 아니었다는 것을 알 수 있었다. 이 결과를 바탕으로 볼 때 학습자들에게 큰 어려움 없이 판소리계열 텍스트가 활용될 수 있으리라는 가능성을 살펴볼 수 있었다. 특히 고어를 그대로 사용하는 것이 아니라 학습자의 수준에 맞도록 어휘를 교체하여 수업에 적용한다면 큰 무리가 없으며, 수업 텍스트가 이야기라는 특성상 학습자들은 맥락을 통해 이야기를 인식하여 이해에 큰 어려움이 없음을 알 수 있었다.

3. 판소리계열 텍스트의 내용 중 어떤 부분이 제일 기억에 남습니까?

이 질문은 학습자들이 판소리계열 텍스트의 내용 중 가장 인상적이었던 부분을 질문함으로써 어느 부분이 구체적으로 흥미로웠는지 확인하는 질문이었다. 주관식으로 질문이 진행되어 모든 학습자가 응답하지는 않았다. 응답 내용은 다음과 같다.

- 동물에게 함부로 대하지 않고 잘 대해 준 흥부의 선행이 기억에 남
  았다.
- 몽골 사람이라 그런지 몽골의 박타는 처녀 이야기가 나와서 반갑
  게 느껴져서 '좋았다.
- 형제 간의 우애가 중요하다는 점을 알았다.
- 나도 흥부처럼 동물이 다치면 고쳐주고 싶다.

학습자들은 흥부전의 주제인 우애와 권선징악의 내용을 가장 인상적
으로 기억하고 있었다. 이는 텍스트를 올바르게 이해했음을 반증하는 결
과였다. 또한 몽골학습자의 경우 자국의 이야기의 등장에 친밀감을 느껴
학습에 흥미를 느끼는 모습도 볼 수 있었다.

4. 판소리계열 텍스트의 내용 중 이해가 되지 않는 부분은 무엇입니까?

이 질문은 판소리계열 텍스트의 내용 중 이해가 어려웠던 부분을 묻는
질문으로 구체적으로 어느 부분의 이해가 어려웠는지 확인하기 위한 질
문이었다. 응답 내용은 다음과 같다.

- 놀부의 악행이 이해되지 않는다.
- 어렵다.

놀부가 왜 그런 악행을 저지르는지 논리적으로 이해되지 않는다는 의
견과 단순히 어렵다는 의견을 내놓은 두 사람 이외에는 모두 이해되지
않는 부분이 없다는 응답을 하였다. 놀부의 악행에 관한 의문은 텍스트
를 이해하고 있기에 가능한 의문이기 때문에 이해가 되지 않는 것은 아
니라고 판단된다. 대다수의 학습자가 텍스트 이해에 어려움이 없었다고
답한 데에는 학습자 자국에서 전통적으로 전해 내려오는 이야기들과의
유사성이 내용 이해에 도움을 주었을 것으로 예측된다. 이는 학습자 가
운데 수업이 진행되는 동안 반복적으로 자국에도 이러한 이야기가 있음

을 논의하며 비교하던 학생의 행동을 바탕으로 예측할 수 있었다.

5. 판소리계열 텍스트를 활용한 한국어 문화 수업은 어떤 점에서 좋았습니까?

	10명 설문	
	응답자(10명)	백분율(%)
① 내용이 재미있다.	5명	50%
② 한국 문화를 이해하기 쉽다.	2명	20%
③ 배운 내용이 잘 기억된다.	1명	10%
④ 기타	1명	10%

<표 3> 텍스트의 유용성 조사 결과

이 질문은 판소리계열 텍스트의 유용성에 관한 질문이다. 응답 결과
내용이 재미있다가 50%의 응답을 보임으로써 판소리계열 텍스트에 대한
흥미성이 부각되었다. 그 다음으로 한국 문화를 이해하기 쉽다는 응답이
20%로 판소리계열 텍스트의 문화 교육 활용 가능성을 살필 수 있었다.
이 질문을 통해 판소리계열 텍스트가 흥미성을 지니고 있으며 한국 문화
에 대한 이해도를 높이는데 기여할 수 있음을 예측할 수 있었다.

6. 판소리계열 텍스트를 활용한 한국어 문화 수업은 어떤 점에서 좋지 않았습니까?

	10명 설문	
	응답자(10명)	백분율(%)
① 내용이 재미없다.	1명	10%
② 한국 문화를 이해하기 어렵다.	3명	30%
③ 배운 내용이 잘 기억되지 않는다.	2명	20%
④ 기타(없다)	4명	40%

<표 4> 텍스트의 불만도 조사 결과

이 질문은 판소리계열 텍스트의 불만에 관한 질문이다. 응답 결과 좋
지 않은 점이 없다는 응답이 40%로 가장 높았다. 그러나 그 뒤를 이은
한국 문화를 이해하기 어렵다는 응답이 30%로 나타나 학습자에게 한국

문화를 좀 더 쉽게 이해시킬 수 있는 방안의 개발이 필요함을 살펴볼 수 있었던 설문 결과였다. 또한 배운 내용이 잘 기억되지 않는다는 응답 결과로 보아 학습한 문화 내용을 잘 기억시킬 수 있는 교수 학습 방안의 개발도 더 이루어져야 할 과제로 인식되었다.

7. 판소리계열 텍스트를 활용하여 한국어 문화 수업을 하니까 어떤 부분에서 도움이 많이 됩니까? (복수응답허용)

	10명 설문	
	응답자(10명)	백분율(%)
① 전통 문화	4	26.67%
② 현대 문화	0	0%
③ 생활 문화	7	46.67%
④ 언어 문화	4	26.67%

<표 5> 문화 영역별 유용성 조사 결과

이 질문은 판소리계열 텍스트가 어느 문화 영역 학습에 유용하게 작용했는지에 관한 질문이다. 학습자들이 여러 영역을 동시에 응답한 결과가 있어 복수응답을 허용하여 백분율을 확인하였다. 그 결과 생활문화 영역에서 많은 도움을 받았다는 응답이 46.67%로 가장 높았다. 또한 전통 문화와 언어 문화에 도움을 받았다는 응답도 각각 26.67%로 나타났다. 이는 판소리계열 텍스트의 활용이 전통, 생활, 언어 문화 영역 교육에 효과적임을 알 수 있는 결과였다. 특히 질문을 통해 판소리계열 텍스트가 한국 문화 가운데 생활문화 영역 교육에 많은 효과를 나타내고 있음을 알 수 있었다. 이와 반대로 현대 문화와 연관된 수업 내용이 있었음에도 불고하고 현대 문화에 도움을 받았다는 응답이 하나도 없는 것으로 보아 학습자들이 전통적인 이야기는 전통 문화와 관계가 있을 것으로 미리 짐작하고 수업에 임하고 있음을 예측할 수 있었다. 따라서 현대와의 관련

성을 좀 더 부각시켜 전통과 현대를 접목할 수 있는 교수법 개발이 필요함을 인식할 수 있었다.

8. 한국어 문화 수업에서 활용한 판소리계열 텍스트의 내용이 적절하여 문화 학습에 도움이 되었습니까?

	10명 설문	
	응답자(10명)	백분율(%)
① 그렇다	8명	80%
② 그렇지 않다	1명	10%
③ 보통이다	1명	10%

<표 6> 문화 내용 제시에 대한 적절성 조사 결과

이 질문은 한국어 문화 내용이 적절히 제시되어 한국어 문화 학습에 유용했는지에 관한 질문이다. 응답 결과 한국어 문화 수업에서 판소리계열 텍스트의 내용이 적절히 제시되어 한국어 문화 학습에 도움이 되었다는 응답이 80%의 압도적인 결과를 보였다. 단 한명의 응답자만이 그렇지 않다는 응답을 했다. 이를 통해 학습자들이 판소리계열 텍스트를 통해 문화 학습에 도움을 받았음을 알 수 있었으며, 본고에서 제시한 판소리계열 텍스트를 활용한 한국어 문화 교수 내용이 유용함을 보여주는 결과였다. 그러나 그렇지 않다라고 응답한 학습자의 의견이 소수 나마 있는 것으로 보아 판소리계열 텍스트를 활용한 한국어 문화 교수 내용을 좀 더 확인하고 개발할 필요가 있다고 보여 진다.

9. 판소리계열 텍스트를 활용한 한국어 문화 수업 활동이 적절하여 문화 학습에 도움이 되었습니까?

	10명 설문	
	응답자(10명)	백분율(%)
① 그렇다	7	70%
② 그렇지 않다	0	0%
③ 보통이다	3	30%

<표 7> 문화 수업 활동에 대한 유용성 조사 결과

이 질문은 한국어 문화 수업 활동이 적절하여 한국어 문화 학습에 유용했는지에 관한 질문이다. 응답 결과 판소리계열 텍스트를 활용한 한국어 문화 수업 활동이 적절하여 한국어 문화 학습에 도움이 되었다는 응답이 70%, 보통이라는 응답이 30%를 보임으로써 문화 수업 활동이 적절하였으며 문화 학습에 도움이 되었음을 알 수 있었다. 또한 그렇지 않다의 응답이 단 한명도 나오지 않은 것으로 볼 때 학습자들에게 문화 수업 활동이 흥미로웠으며 유용했음을 예측해 볼 수 있다.

10. 판소리계열 텍스트를 활용한 한국어 문화 수업을 받은 학습소감을 써 주십시오.

이 질문은 학습자들이 판소리계열 텍스트를 활용한 한국어 문화 수업을 받은 후 전체적인 소감을 확인하는 질문이었다. 주관식으로 질문이 진행되어 모든 학습자가 응답하지는 않았으나 다수의 학생이 응답을 했다. 응답 내용은 다음과 같다.

· 재미있었다.
· 많이 어렵지 않아 이해하기 괜찮았다.
· 몽골 사람이지만 몽골의 이야기를 모르고 있었는데 몽골의 이야기를 배워서 좋았다.
· 재미뿐만 아니라 한국 문화도 쉽게 알 수 있었다.

· 몽골 이야기도 재미있고 기억에 남았으며 한국의 문화를 이해하는
데 도움을 받았다.
· 흥부처럼 살아야겠다고 생각했다.
· 판소리를 더 배우고 싶다.
· 한국어 문화도 배울 수 있고 한국어에도 도움이 많이 될 것 같다.

학습자들은 대부분 판소리계열 텍스트를 활용한 한국어 문화 수업이
재미있었으며, 한국의 문화를 알 수 있어 좋았다는 긍정적인 평을 내렸
다. 특히 몽골 학생임에도 몽골이야기를 모르고 있었는데 한국 이야기와
비교하며 알게 되어 흥미롭고 좋았다는 평을 통해 흥부전과 박타는 처녀
설화가 몽골 학습자에게 유용할 것이라는 예상에 뒷받침이 되었다. 또한
몽골학생이 아님에도 몽골이야기와 한국 이야기의 비교가 흥미로웠으며
기억에 남았다는 의견을 통해 꼭 몽골학생만을 위한 텍스트가 아니라 다
국적으로 활용이 가능함을 알 수 있었다. 또한 판소리에 대한 흥미를 나
타낸 학습자의 반응을 통해 판소리계열 텍스트를 활용한 한국어 문화 교
육의 효과뿐만 아니라 한국의 판소리를 세계적으로 알릴 수 있는 가능성
을 엿볼 수 있었다.

11. 판소리계열 텍스트를 활용한 한국어 문화 수업이 계속 이어지기를 원합니까?

	10명 설문	
	응답자(10명)	백분율(%)
① 매우 그렇다	5명	50%
② 그렇다	4명	40%
③ 보통이다	1명	10%
④ 아니다	0명	0%

<표 8> 텍스트의 선호도 조사 결과

이 질문은 판소리계열 텍스트를 활용한 한국어 문화 수업이 향후 지속

적으로 이어지기를 원하는가를 질문함으로써 앞으로의 가능성을 살펴보는 질문이다. 응답자의 비율을 살펴보면 매우 그렇다가 50%, 그렇다가 40%로 전체 응답자의 90%가 판소리계열 텍스트를 활용한 한국어 문화 수업이 계속 이어지기를 원한다고 응답하였다. 또한 판소리계열 텍스트를 활용한 한국어 문화 수업이 계속 이어지기를 원하지 않는다라고 응답한 응답자는 단 한 명도 없었다. 이를 통해 학습자들은 판소리계열 텍스트를 활용한 한국어 문화 수업을 상당히 원하고 있으며 흥미를 느끼고 있음을 알 수 있었다.

12. 판소리계열 텍스트를 활용하여 한국어 문화 학습에 얼마나 도움이 되었습니까?

	10명 설문	
	응답자(10명)	백분율(%)
① 매우 도움이 되었다	2명	20%
② 조금 도움이 되었다	5명	50%
③ 보통이다	3명	30%
④ 전혀 도움이 되지 않았다	0명	0%

<표 9> 텍스트의 학습 효과 조사 결과

이 질문은 판소리계열 텍스트를 활용한 한국어 문화 수업이 학습에 얼마나 도움이 되었는가를 질문하여 학습 효과를 조사하기 위한 질문이다. 응답 결과 전체 응답자의 70% 응답자가 도움이 되었다고 응답하였다. 반대로 도움이 되지 않았다고 응답한 응답자는 없었다. 이를 통해 판소리계열 텍스트가 한국어 문화 학습에 상당한 도움을 줄 수 있으며 활용 가치가 높음을 예측할 수 있었다. 그러나 보통이다라고 응답한 응답자의 의견을 수렴하여 한국어 문화 학습에 도움이 될 수 있도록 판소리계열 텍스트를 활용한 문화 교수 내용 및 교수 방안의 개발, 연구가 지속적으로 이어져야 할 것으로 보인다.

2-2. 성과 및 한계

여기서 실시한 설문 조사 결과 분석을 통해 판소리계열 텍스트는 학습자들에게 매우 흥미로운 텍스트이며 유용한 텍스트임을 알 수 있었다. 그 결과 판소리계열 텍스트는 한국어 문화 교육 영역에서 그 활용 가치가 매우 높은 것으로 분석되었다. 또한 본고에서 제시한 교수 학습 방안들이 문화 교육에 적절한 방법들이었음 역시 밝힐 수 있었다. 이러한 성과와 함께 일부 한계점들도 있었다. 많은 수의 학습자를 대상으로 많은 시수의 수업을 시행해 볼 수 없었던 점, 더 다국적인 학생의 의견을 들을 수 없었던 점 등이 그것이다. 그러나 이는 현재 한국어 교육 분야에서 문화 교육이 진행되고 있지 않아 따로 특별히 많은 시수의 수업 시간을 마련하기 어려웠던 점을 감안하여 볼 때 최선이었음을 밝힌다. 또한 판소리계열 텍스트를 활용한 한국어 문화 교육에 대한 연구가 거의 전무한 상태임을 감안할 때 본 연구가 향후 판소리계열 텍스트를 활용한 한국어 문화 교육 연구에 바탕이 되길 기대해 본다. 현재까지 연구 성과를 바탕으로 미비한 점으로 논의된 점들은 보완하고 유용한 방안들은 추가되어 앞으로 판소리계열 텍스트를 활용한 한국어 문화 교육에 대한 연구가 지속적으로 진행되어야 할 것이다.

2-3. 설문지

1. 판소리계열 텍스트를 활용한 한국어 문화 교육의 내용이 재미있었습니까?
   ① 매우 재미있다.　　　　　② 재미있다.
   ③ 보통이다.　　　　　　　④ 재미없다.

2. 판소리계열 텍스트가 쉬웠습니까?
   ① 매우 쉽다.　　　　　　② 조금 쉽다.
   ③ 보통이다.　　　　　　④ 어렵다.

3. 판소리계열 텍스트의 내용 중 어떤 부분이 제일 기억에 남습니까?
   _____

4. 판소리계열 텍스트의 내용 중 이해가 되지 않는 부분은 무엇입니까? (없다면 쓰지 않아도 됩니다.)
   _____

5. 판소리계열 텍스트를 활용한 한국어 문화 수업은 어떤 점에서 좋았습니까?
   ① 내용이 재미있다.
   ② 한국 문화를 이해하기 쉽다.
   ③ 배운 내용이 잘 기억된다.
   ④ 기타 : _____

6. 판소리계열 텍스트를 활용한 한국어 문화 수업은 어떤 점에서 좋지 않았습니까?
   ① 내용이 재미없다.
   ② 한국 문화를 이해하기 어렵다.
   ③ 배운 내용이 잘 기억되지 않는다.
   ④ 기타 : _____

7. 판소리계열 텍스트를 활용하여 한국어 문화 수업을 하니까 어떤 부분에서 도움이 많이 됩니까?
   ① 전통 문화　　　　　　② 현대 문화
   ③ 생활 문화　　　　　　④ 언어 문화

8. 한국어 문화 수업에서 활용한 판소리계열 텍스트의 내용이 적절하여 문화 학습에 도움이 되었습니까?
   ① 그렇다 (이유 :   )
   ② 그렇지 않다. (이유 :   )
   ③ 보통이다. (이유 :   )

9. 판소리계열 텍스트를 활용한 한국어 문화 수업 활동이 적절하여 문화 학습에 도움이 되었습니까?
   ① 그렇다 (이유 :   )
   ② 그렇지 않다. (이유 :   )
   ③ 보통이다. (이유 :   )

10. 판소리계열 텍스트를 활용한 한국어 문화 수업을 받은 학습소감을 써 주십시오.
_____

11. 판소리계열 텍스트를 활용한 한국어 문화 수업이 계속 이어지기를 원합니까?
   ① 매우 그렇다.   ② 그렇다.
   ③ 보통이다.   ④ 아니다.

12. 판소리계열 텍스트를 활용하여 한국어 문화 학습에 얼마나 도움이 되었습니까?
   ① 매우 도움이 되었다.   ② 조금 도움이 되었다.
   ③ 보통이다.   ④ 전혀 도움이 되지 않았다.

<부록 2> 한국어 문화 교육 수업 시연 결과: <흥부전>을 대상으로   259

찾아보기

저자 소개

김미진(金美眞) | 전북대학교 한국어학당 한국어 강사
　　　　　　　전북대학교 인문대학 국어국문학과 졸업
　　　　　　　전북대학교 교육대학원 국어교육학과 석사(한국어교육 전공)
　　　　　　　전북대학교 일반대학원 어문교육학과 박사(한국어교육 전공)

전북대학교 교과교육연구총서 ⑪

고전 텍스트와 한국어 문화 교육

초판 인쇄 2019년 5월 20일 | **초판 발행** 2019년 5월 24일
지은이 김미진
펴낸이 이대현 | **편집** 박윤정
펴낸곳 도서출판 역락 | **등록** 제303-2002-000014호(등록일 1999년 4월 19일)
주소 서울시 서초구 동광로46길 6-6 문창빌딩 2층
전화 02-3409-2058(영업부), 2060(편집부) | **팩시밀리** 02-3409-2059
전자우편 youkrack@hanmail.net
역락홈페이지 http://www.youkrackbooks.com

ISBN 979-11-6244-238-8 94370
　　　979-11-5686-187-4(세트)